Prüfe dein Wissen
Rechtsfälle in Frage und Antwort

Knemeyer/Schmidt
Polizei- und Ordnungsrecht

# Polizei- und Ordnungsrecht

von

**Dr. Franz-Ludwig Knemeyer**

em. Ordinarius an der Universität Würzburg

**Dr. Thorsten Ingo Schmidt**

Professor an der Universität Potsdam,
Richter am OVG Berlin-Brandenburg

4., neu bearbeitete Auflage 2016

C.H.BECK

**www.beck.de**

ISBN 978 3 406 62356 1


Wilhelmstraße 9, 80801 München
Druck und Bindung: Nomos Verlagsgesellschaft mbH & Co. KG
In den Lissen 12, D-76547 Sinzheim

Satz: Druckerei C.H. Beck, Nördlingen

Umschlaggestaltung: Martina Busch, Grafikdesign, Homburg Saar

Gedruckt auf säurefreiem, alterungsbeständigem Papier
(hergestellt aus chlorfrei gebleichtem Zellstoff)

# Vorwort

Der Wechsel des Autors, zumal bei einem so eingeführten Werk, bedeutet stets eine große Zäsur. Umso mehr freue ich mich und bin dankbar, dass der sehr verehrte Herr Kollege Knemeyer mir das Vertrauen geschenkt hat, sein erfolgreiches Werk zum Polizei- und Ordnungsrecht weiterzuführen.

Nachdem mehr als ein Jahrzehnt seit der Vorauflage vergangen war, galt es das Werk an aktuelle Entwicklungen des Gefahrenabwehrrechts anzupassen, ohne indes seine bewährte Grundstruktur in Frage zu stellen. Zu diesem Zweck wurden zum einen zahlreiche Fälle zu neuartigen polizeilichen Maßnahmen wie der Herbeiführung eines künstlichen Staus (vgl. Fall 111), dem Gefährderanschreiben (vgl. Fall 114) oder der section control (vgl. Fall 155) aufgenommen. Zum anderen wurden, wo immer dies möglich und ratsam erschien, abstrakte Wissensfragen durch konkrete Fälle ersetzt (z. B. Fälle 225 ff.).

Den Schwerpunkt des Buches bildet weiterhin das allgemeine Polizei- und Ordnungsrecht, wobei dessen Verzahnung mit dem Versammlungsrecht, das bekanntlich seit der Föderalismusreform I ebenfalls in die Zuständigkeit der Länder fällt, besonderes Augenmerk geschenkt wurde (siehe Fälle 164 ff.). Besonderer Wert wurde stets auf die Herausarbeitung der Grundgedanken und Strukturen der jeweiligen Vorschriften gelegt, weniger auf reine Detailregelungen. Dabei werden an geeigneter Stelle auch Parallelen zum Zivil- (vgl. Fälle 216 ff.) und zum Strafrecht (vgl. Fall 64) gezogen. Die Gesetzesstellen werden in bewährter Weise nach dem Musterentwurf eines einheitlichen Polizeigesetzes des Bundes und der Länder (MEPolG) zitiert. Aus der Synopse am Ende des Buches lassen sich dann schnell die jeweiligen landesrechtlichen Parallelfundstellen ermitteln.

Für die vielfältige Unterstützung bei der Erstellung des Werkes danke ich sehr meinen Mitarbeitern Hanna Dieckwisch, Claudia Grummt, Kristian Heise, Timo Heller, Anna Moschke, Paul Platzek, Reda Rerbal und Anne Scherer.

Ich hoffe, dass Studierende dieses Werk mit Gewinn zur Vorbereitung auf Prüfungen zur Hand nehmen, und bin stets dankbar für Hinweise, Anregungen und Kritik, die zur Verbesserung dieses Bandes beitragen.

Potsdam, im Oktober 2015 *Thorsten Ingo Schmidt*

# Inhaltsverzeichnis

## Abkürzungsverzeichnis

| | |
|---|---|
| ABl. | Amtsblatt |
| Abs. | Absatz |
| a. E. | am Ende |
| AEUV | Vertrag über die Arbeitsweise der Europäischen Union |
| a. F. | alte Fassung |
| AG | Aktiengesellschaft |
| AL | Ad Legendum (Zs.) |
| Alt. | Alternative |
| AöR | Archiv des öffentlichen Rechts (Zs.) |
| Art. | Artikel |
| BadVGH | Badischer Verwaltungsgerichtshof |
| BadWürt | Baden-Württembergisch |
| Bay | Bayerisch |
| BayObLGSt | Entscheidungen des Bayerischen Obersten Landesgerichts in Strafsachen |
| BayVBl. | Bayerische Verwaltungsblätter (Zs.) |
| BB | Betriebs-Berater (Zs.) |
| Bbg. | Brandenburgisch |
| BBodSchG | Bundesbodenschutzgesetz |
| Bd. | Band |
| BeamtStG | Beamtenstatusgesetz |
| BFStrMG | Bundesfernstraßenmautgesetz |
| BGB | Bürgerliches Gesetzbuch |
| BGBl. | Bundesgesetzblatt |
| BGH | Bundesgerichtshof |
| BImSchG | Gesetz zum Schutz vor schädlichen Umwelteinwirkungen durch Luftverunreinigungen, Geräusche, Erschütterungen und ähnliche Vorgänge – Bundes-Immissionsschutzgesetz |
| Bln | Berliner |
| BPolG | Gesetz über die Bundespolizei – Bundespolizeigesetz |
| Brem | Bremer |
| bspw. | beispielsweise |
| BVerfG | Bundesverfassungsgericht |
| BVerfGE | Entscheidungssammlung des Bundesverfassungsgerichts |
| BVerfGG | Bundesverfassungsgerichtsgesetz |
| BVerwG | Bundesverwaltungsgericht |
| BVerwGE | Entscheidungssammlung des Bundesverwaltungsgerichts |
| BWVPr | Baden-Württembergische Verwaltungspraxis (Zs.) |
| bzw. | beziehungsweise |
| ca. | circa |
| CIC. | culpa in contrahendo (Verschulden bei Vertragsschluss) |
| DDR | Deutsche Demokratische Republik |

| | |
|---|---|
| ders. | derselbe |
| d. h. | das heißt |
| DÖV | Die Öffentliche Verwaltung (Zs.) |
| Drs. | Drucksache |
| DVBl. | Deutsches Verwaltungsblatt (Zs.) |
| DVP | Deutsche Verwaltungspraxis (Zs.) |
| EG | Europäische Gemeinschaft |
| EGStGB | Einführungsgesetz zum Strafgesetzbuch |
| EMRK | Europäische Menschenrechtskonvention |
| ErbbauRG | Gesetz über das Erbbaurecht – Erbbaurechtsgesetz |
| etc. | et cetera (und so weiter) |
| EU | Europäische Union |
| EuGH | Europäischer Gerichtshof |
| EU-GrCH | Charta der Grundrechte der Europäischen Union |
| EuR | Europarecht (Zs.) |
| EUV | Vertrag über die Europäische Union |
| EuZW | Europäische Zeitschrift für Wirtschaftsrecht (Zs.) |
| f.; ff. | folgende(r) |
| FamFG | Gesetz über das Verfahren in Familiensachen und in Angelegenheiten der freiwilligen Gerichtsbarkeit |
| Frontex-VO | Verordnung 2007/2004/EG des Rates der Europäischen Union vom 26.10.2004 |
| FS | Festschrift |
| GBl. | Gesetzblatt |
| GewArch | Gewerbearchiv (Zs.) |
| GewO | Gewerbeordnung |
| GewSchG | Gewaltschutzgesetz |
| GG | Grundgesetz |
| ggf. | gegebenenfalls |
| GmbH | Gesellschaft mit beschränkter Haftung |
| GoA | Geschäftsführung ohne Auftrag |
| GOBT | Geschäftsordnung des Bundestages |
| grds. | grundsätzlich |
| GS | Gesetzessammlung; Gedächtnisschrift |
| GVBl. | Gesetz- und Verordnungsblatt |
| GVG | Gerichtsverfassungsgesetz |
| Hess | Hessisch |
| h. M. | herrschende Meinung |
| Hrsg. | Herausgeber |
| Hs. | Halbsatz |
| HSOG | Hessisches Gesetz über die öffentliche Sicherheit und Ordnung |
| i. d. F. | in der Fassung |
| i. d. R. | in der Regel |
| IFG | Informationsfreiheitsgesetz |

| | |
|---|---|
| i. S. d. | im Sinne der/des |
| i. S. e. | im Sinne einer/eines |
| i. V. m. | in Verbindung mit |
| JA | Juristische Arbeitsblätter (Zs.) |
| JR | Juristische Rundschau (Zs.) |
| Jura | Juristische Ausbildung (Zs.) |
| JuS | Juristische Schulung (Zs.) |
| JZ | Juristenzeitung (Zs.) |
| KommJur | Kommunaljurist (Zs.) |
| KUG | Kunsturhebergesetz |
| LG | Landgericht |
| lit. | littera (Buchstabe) |
| LKRZ | Zeitschrift für Landes- und Kommunalrecht Hessen, Rheinland-Pfalz, Saarland (Zs.) |
| LKV | Landes- und Kommunalverwaltung (Zs.) |
| LOG | Landesorganisationsgesetz |
| LSA | Land Sachsen-Anhalt |
| LuftSiG | Luftsicherheitsgesetz |
| LV | Landesverfassung |
| LVerfG | Landesverfassungsgericht |
| LVerfGE | Entscheidungen der Verfassungsgerichte der Länder |
| LVerfGG | Gesetz über das Landesverfassungsgericht |
| m. a. W. | mit anderen Worten |
| m. E. | meines Erachtens |
| MEPolG | Musterentwurf eines einheitlichen Polizeigesetzes |
| MV | Mecklenburg-vorpommerisch |
| m. w. N. | mit weiteren Nachweisen |
| Nds | Niedersächsisch |
| n. F. | neue Fassung |
| NJW | Neue Juristische Wochenschrift (Zs.) |
| NordÖR | Zeitschrift für öffentliches Recht in Norddeutschland (Zs.) |
| Nr. | Nummer |
| NVwZ | Neue Zeitschrift für Verwaltungsrecht (Zs.) |
| NW | Nordrhein-westfälisch |
| NZA | Neue Zeitschrift für Arbeitsrecht (Zs.) |
| NZBau | Neue Zeitschrift für Baurecht (Zs.) |
| NZM | Neue Zeitschrift für Mietrecht (Zs.) |
| NZV | Neue Zeitschrift für Verkehrsrecht (Zs.) |
| OBG | Ordnungsbehördengesetz |
| ÖPNV | Öffentlicher Personennahverkehr |
| OVG | Oberverwaltungsgericht |
| OVGE | Entscheidungen des Oberverwaltungsgerichts |
| OWiG | Gesetz über Ordnungswidrigkeiten |

| | |
|---|---|
| PAG | Polizeiaufgabengesetz |
| Parl | Das Parlament (Zs.) |
| POG | Polizei- und Ordnungsbehördengesetz |
| PolG | Polizeigesetz |
| POR | Polizei- und Ordnungsrecht |
| PrALR | Allgemeines Landrecht für die Preußischen Staaten |
| PrGS | Preußische Gesetzessammlung |
| PrOVG | Preußisches Oberverwaltungsgericht |
| PrOVGE | Entscheidungen des Preußischen Oberverwaltungsgerichts |
| pVV | positive Vertragsverletzung |
| RGBl. | Reichsgesetzblatt |
| Rn. | Randnummer |
| RP | Rheinland-pfälzisch |
| S. | Satz; Seite |
| s. | siehe |
| s. a. | siehe auch |
| Saarl. | Saarländisch |
| Sächs. | Sächsisch |
| SächsVBl. | Sächsische Verwaltungsblätter (Zs.) |
| SGB VII | Siebtes Buch Sozialgesetzbuch – Gesetzliche Unfallversicherung |
| SH | Schleswig-Holsteinisch |
| sog. | so genannte |
| SOG | Sicherheits- und Ordnungsgesetz |
| StGB | Strafgesetzbuch |
| StPO | Strafprozessordnung |
| str. | strittig |
| StVG | Straßenverkehrsgesetz |
| StVO | Straßenverkehrsordnung |
| StVZO | Straßenverkehrs-Zulassungs-Ordnung |
| SVR | Straßenverkehrsrecht (Zs.) |
| ThürV | Verfassung des Freistaats Thüringen |
| ThürVBl. | Thüringische Verwaltungsblätter (Zs.) |
| u. a. | und andere/unter anderem |
| UAbs. | Unterabsatz |
| usw. | und so weiter |
| v. | vom |
| v. a. | vor allem |
| Var. | Variante |
| VBlBW | Verwaltungsblätter Baden-Württemberg (Zs.) |
| VersG | Versammlungsgesetz |
| Verw | Die Verwaltung (Zs.) |
| VerwArch | Verwaltungsarchiv (Zs.) |
| VG | Verwaltungsgericht |
| VGH | Verwaltungsgerichtshof |

| | |
|---|---|
| vgl. ...................... | vergleiche |
| VR ....................... | Verwaltungsrundschau (Zs.) |
| VVDStRL ........... | Veröffentlichungen der Vereinigung der Deutschen Staatsrechtslehrer |
| VwGO ................ | Verwaltungsgerichtsordnung |
| VwVfG ............... | Verwaltungsverfahrensgesetz |
| VwVG ................ | Verwaltungsvollstreckungsgesetz |
| VwZG ................ | Verwaltungszustellungsgesetz |
| WaffG ................. | Waffengesetz |
| WHG ................. | Gesetz zur Ordnung des Wasserhaushalts – Wasserhaushaltsgesetz |
| WRV .................. | Weimarer Reichsverfassung |
| ZaöRV ................ | Zeitschrift für ausländisches öffentliches Recht und Völkerrecht (Zs.) |
| ZAR .................... | Zeitschrift für Ausländerrecht (Zs.) |
| z. B. ..................... | zum Beispiel |
| ZfBR .................. | Zeitschrift für deutsches und internationales Bau- und Vergaberecht (Zs.) |
| ZfS ...................... | Zeitschrift für Schadensrecht (Zs.) |
| ZPO .................... | Zivilprozessordnung |
| ZRP ..................... | Zeitschrift für Rechtspolitik (Zs.) |
| Zs. ....................... | Zeitschrift |
| ZUR .................... | Zeitschrift für Umweltrecht (Zs.) |

Römische Ziffern hinter Artikeln oder Paragraphen bezeichnen Absätze, arabische Ziffern Sätze innerhalb eines Absatzes.

# Literatur (in Auswahl)


**I. Handbücher**

*Lisken, Hans / Denninger, Erhard,* Handbuch des Polizeirechts, 5. Auflage, München, 2012

**II. Länderübergreifende Lehrbücher**

Drews, Bill / Wacke, Gerhard / Vogel, Klaus / Martens, Wolfgang, Gefahrenabwehr, 9. Auflage, Köln u. a., 1986

*Götz, Volkmar,* Allgemeines Polizei- und Ordnungsrecht, 15. Auflage, München, 2013

*Gusy, Christoph,* Polizei- und Ordnungsrecht, 9. Auflage, Tübingen, 2014

*Habermehl, Kai,* Polizei- und Ordnungsrecht, 2. Auflage, Baden-Baden, 1993

*Knemeyer, Franz-Ludwig,* Polizei- und Ordnungsrecht, 11. Auflage, München, 2007

*Kugelmann, Dieter,* Polizei- und Ordnungsrecht, 2. Auflage, Berlin, Heidelberg, 2012

*Möller, Manfred / Warg, Gunter,* Allgemeines Polizei- und Ordnungsrecht mit Verwaltungszwang und Bescheidtechnik, 6. Auflage, Stuttgart, 2011

*Pieroth, Bodo / Schlink, Bernhard / Kniesel, Michael,* Polizei- und Ordnungsrecht mit Versammlungsrecht, 8. Auflage, München, 2014

*Schenke, Wolf-Rüdiger,* Polizei- und Ordnungsrecht, 8. Auflage, Heidelberg, 2013

*Schenke, Wolf-Rüdiger,* Polizei- und Ordnungsrecht, in: Steiner, Udo (Hrsg.), Besonderes Verwaltungsrecht, 8. Auflage, Heidelberg, 2006

*Schoch, Friedrich,* Grundfälle zum Polizei- und Ordnungsrecht,
JuS 1994, 94, 391, 479, 570, 667, 754, 849, 932, 1026
JuS 1995, 30, 215, 307, 504

*Schoch, Friedrich,* Polizei- und Ordnungsrecht, in: Schmidt-Aßmann, Eberhard / Schoch, Friedrich (Hrsg.), Besonderes Verwaltungsrecht, 14. Auflage, Berlin, 2008

*Tettinger, Peter J. / Erbguth, Wilfried / Mann, Thomas,* Besonderes Verwaltungsrecht: Kommunalrecht, Polizei- und Ordnungsrecht, Baurecht, 11. Auflage, Heidelberg, 2012

*Würtenberger, Thomas,* Polizei- und Ordnungsrecht, in: Ehlers, Dirk / Fehling, Michael / Pünder, Hermann (Hrsg.), Besonderes Verwaltungsrecht, Band 3, Kommunalrecht, Haushalts- und Abgabenrecht, Ordnungsrecht, Sozialrecht, Bildungsrecht, Recht des öffentlichen Dienstes, 3. Auflage, Heidelberg, Hamburg (u. a.), 2013

# Erster Teil: Grundlagen

## § 1 Einführung in das Polizei- und Ordnungsrecht

**Literatur:** *Graulich, Kurt,* Sicherheitsrecht, DVBl. 2013, S. 1210–1219; *Mann, Thomas / Fontana, Sina,* Entwicklungslinien des Polizeirechts im 21. Jahrhundert, JA 2013, S. 734–741; *Möstl, Markus,* Die neue dogmatische Gestalt des Polizeirechts, DVBl. 2007, S. 581–589; *Schoch, Friedrich,* Grundlagen und System des allgemeinen Polizei- und Ordnungsrechts, Jura 2006, S. 664–671; *Volkmann, Uwe,* Polizeirecht als Sozialtechnologie, NVwZ 2009, S. 216–222.

### 1. Begriff der Polizei

a) Was versteht man unter der Polizei im formellen, materiellen und institutionellen Sinne?
b) In welchem Verhältnis stehen der formelle und materielle Polizeibegriff zueinander?

a) Die Polizei im formellen Sinne ist die Summe aller Aufgaben, die von den institutionell als Polizei bestimmten Verwaltungsbehörden wahrgenommen werden, unabhängig davon, ob diese präventiver oder repressiver Natur sind. Sowohl die Gefahrenabwehr als auch die Strafverfolgung zählen dazu. Die Polizei im materiellen Sinne stellt jede Staatstätigkeit zum Zwecke der Gefahrenabwehr dar, umfasst also nicht die Strafverfolgung. Die Polizei im institutionellen Sinne ist eine bestimmte Behördenorganisation, die schwerpunktmäßig, aber nicht unbedingt ausschließlich mit Aufgaben der Gefahrenabwehr betraut ist.

b) Beide Begriffe stehen im Verhältnis zweier sich schneidender Kreise zueinander. In der Schnittmenge befinden sich die Aufgaben der Gefahrenabwehr, die von den Polizeibehörden im institutionellen Sinne wahrgenommen werden. In der Differenzmenge der Polizei im nur formellen Sinne sind sonstige Aufgaben der institutionellen Polizeibehörden, etwa die Strafverfolgung. Die Differenzmenge der Polizei im nur materiellen Sinne beinhaltet die Gefahrenabwehr durch andere Behörden wie die kommunalen Ordnungsbehörden.

### 2. Gegenstand des Polizei- und Ordnungsrechts

a) Was ist herkömmlich der Gegenstand des Polizei- und Ordnungsrechts?
b) In welchem Verhältnis steht das Polizei- und Ordnungsrecht zum Strafprozessrecht?

a) Das Polizei- und Ordnungsrecht beschäftigt sich mit der Gefahrenabwehr durch die staatlichen Polizeibehörden und die staatlichen und kommunalen Ordnungsbehörden. Es hat also die Polizei im materiellen Sinne zum Gegenstand.

b) Das Strafprozessrecht hingegen behandelt die Strafverfolgung durch die Polizei und die Staatsanwaltschaft sowie das strafprozessuale Gerichtsverfahren. Hinsichtlich der Aufgaben und Befugnisse der staatlichen Polizei verhalten sich das Polizeirecht und das Strafprozessrecht spiegelbildlich: Das Polizeirecht hat die präventiven Aufgaben und Befugnisse zum Gegenstand, das Strafprozessrecht die repressiven.

## § 2 Geschichte des Polizei- und Ordnungsrechts

**Literatur:** *Knemeyer, Franz-Ludwig,* Polizeibegriffe in Gesetzen des 15. bis 18. Jahrhunderts, AöR 92 (1967), S. 153–180.

### 3. Policeyordnungen des 16. Jahrhunderts

**a) Was versteht man unter den „Reichspoliceyordnungen" von 1530, 1548 und 1577 und was war darin geregelt?**
**b) Welche entsprechenden Regelungen bestanden in den Territorialstaaten?**
**c) Worin liegt der rechtsphilosophische Hintergrund der Verwendung des Polizeibegriffs?**
**d) Wo finden sich heute vergleichbare Regelungen?**

a) Die Reichspoliceyordnungen wurden auf den Reichstagen von Augsburg 1530 und 1548 sowie Regensburg 1577 beschlossen und regelten zum einen die „gute Ordnung" des gesellschaftlichen Lebens, z. B. in Form von nach Ständen verschiedenen Bekleidungsvorschriften, zum anderen das Wirtschafts- und Arbeitsrecht, etwa in Gestalt von Maßen und Gewichten sowie Vorschriften über Preise und Wucher. Zudem fanden sich auch gerichtsverfahrensrechtliche Vorschriften. Siehe *Weber, Matthias,* Die Reichspolizeiordnungen von 1530, 1548 und 1577, 2002.

b) V. a. die Reichspoliceyordnung von 1548 stellte einen Rahmen dar, innerhalb dessen sich Landespoliceyordnungen in den Territorialstaaten entfalteten, die auch zahlreiche privatrechtliche Rechtsgebiete wie Handelsbräuche, das Recht der Freien Berufe, Registerwesen, Vormundschaften und Testamente regelten.

c) Mit dem Begriff der Reichspoliceyordnung orientierte man sich an Platons Werk „Politeia", das den Idealzustand eines politischen Gemeinwesens beschreibt. Diesem Zustand eiferte man mit dem Erlass der Reichspoliceyordnungen nach.

d) Heute finden sich vergleichbare Regelungen v. a. im Familien- und Erbrecht des BGB, in den Berufsordnungen der Freien Berufe sowie in der Gewerbeordnung.

### 4. Preußisches Allgemeines Landrecht und Kreuzberg-Urteil

**a) Welcher Vorläufer der polizeilichen Generalklausel findet sich im preußischen Recht?**
**b) Welcher Unterschied bestand in den polizeilichen Schutzgütern?**
**c) Wie wurde diese Bestimmung zunächst ausgelegt?**
**d) Welche besondere Bedeutung kommt dem Kreuzberg-Urteil des Preußischen Oberverwaltungsgerichts (PrOVGE 9, 353) zu?**

a) Ein Vorläufer der polizeilichen Generalklausel war § 10 II 17 des Preußischen Allgemeinen Landrechts von 1794, der lautete: „Die nöthigen Anstalten zur Erhaltung der öffentlichen Ruhe, Sicherheit und Ordnung und zur Abwendung der dem Publico oder einzelnen Mitgliedern desselben bevorstehenden Gefahr zu treffen, ist das Amt der Polizey."

b) Im Unterschied zu modernen polizeilichen Generalklauseln war als weiteres polizeiliches Schutzgut noch die öffentliche Ruhe enthalten, die heute in der öffentlichen Sicherheit i. V. m. den Vorschriften über den Lärmschutz aufgeht.

c) Zunächst wurde die Bestimmung nicht nur i. S. d. Gefahrenabwehr ausgelegt, sondern allgemein als Befugnis zur Förderung des Gemeinwohls verstanden.

d) Erst mit dem Kreuzberg-Urteil des PrOVG(E 9, 353) wird die Verbindung der Wohlfahrtsförderung mit dem materiellen Polizeibegriff beendet. In diesem Urteil wurde eine Polizeiverordnung für ungültig erklärt, welche die Bebauung einer Straße höhenmäßig begrenzte, um die Sicht auf das Siegesdenkmal auf dem Berliner Kreuzberg freizuhalten. Das PrOVG erblickte in diesem Bauverbot eine Maßnahme der Wohlfahrtspflege und sprach der Polizei dafür die Kompetenz ab. Siehe *Kroeschell, Karl*, Das Kreuzberg-Urteil, VBlBW 1993, S. 268–271; *Vogel, Klaus*, Über die Herkunft des Polizeirechts aus der liberalen Staatstheorie, FS Wacke, 1972, S. 375–389; *Weyreuther, Felix*, Eigentum, öffentliche Ordnung und Baupolizei, 1972.

## 5. Weitere Entwicklung in Preußen bis 1945

**a) In welches polizeirechtliche Gesetz mündete die weitere Rechtsentwicklung in Preußen ein?**
**b) Worin liegt die normative Weiterentwicklung gegenüber dem PrALR?**
**c) Welche grundlegende Differenzierung fehlte in diesem Gesetz noch?**

a) Von dem Kreuzberg-Urteil 1882 führte der Weg zum Preußischen Polizeiverwaltungsgesetz von 1931 (PrGS S. 77). Dessen § 14 bestimmte: „Die Polizeibehörden haben im Rahmen der geltenden Gesetze die nach pflichtmäßigem Ermessen notwendigen Maßnahmen zu treffen, um von der Allgemeinheit oder dem Einzelnen Gefahren abzuwehren, durch die die öffentliche Sicherheit oder Ordnung bedroht wird." Siehe *Götz, Volkmar*, Vor 60 Jahren – Preußisches Polizeiverwaltungsgesetz, JuS 1991, S. 805–809; *Heuer, Hartmut*, Die Generalklausel des preußischen Polizeirechts, 1988.

b) Im Unterschied zum PrALR wird die öffentliche Ruhe nicht mehr zu den polizeirechtlichen Schutzgütern gezählt.

c) Im Preußischen Polizeiverwaltungsgesetz ist noch nicht in gleicher Weise wie in modernen Polizeigesetzen die Trennung zwischen den Aufgaben und den Befugnissen der Polizei verwirklicht.

## 6. Entwicklung in den süddeutschen Staaten bis 1945

**a) Wie unterscheidet sich die Entwicklung des materiellen Polizeibegriffs in den süddeutschen Ländern von derjenigen in Preußen?**

**b) Welche gesetzgeberische Regelungstechnik war für die süddeutschen Länder im Unterschied zu Preußen üblich?**

a) Während in Preußen der materielle Polizeibegriff durch die Gefahrenabwehr als Ziel der polizeilichen Maßnahme gekennzeichnet ist, wurde in Süddeutschland auf den Einsatz von Zwang als Mittel der Polizei abgestellt.

b) Die süddeutsche Entwicklung führte zu sog. „Polizeistrafgesetzbüchern", etwa in Bayern 1861 (Gesetzblatt für das Königreich Bayern, Nr. 24, München, 9. Januar, 1862, S. 321–424) und in Baden 1863 (Großherzogliches Badisches Regierungsblatt, Nr. XLVII, Karlsruhe, 14. November 1863, S. 439–476). Diese enthielten im Unterschied zum preußischen Recht keine Generalklausel, sondern eine Vielzahl von Einzelermächtigungen.

## 7. Organisationssysteme

**a) Was versteht man unter dem Trennsystem im Polizei- und Ordnungsrecht und was bedeutet dies für die Rechtsgrundlagen?**
**b) Was ist der Gegenbegriff?**
**c) Was versteht man unter dem Mischsystem?**
**d) Warum kam es zu dem Trennsystem?**

a) Bei dem Trennsystem werden der Polizeivollzugsdienst und die sonstigen der Gefahrenabwehr dienenden Behörden, etwa die Ordnungsämter, organisatorisch getrennt. Diese organisatorische Trennung setzt sich in den Ländern Bayern und Nordrhein-Westfalen (und diesen später folgend Brandenburg und Thüringen) auch in jeweils verschiedenen Rechtsgrundlagen für den Polizeivollzugsdienst einerseits und die sonstigen Gefahrenabwehrbehörden andererseits fort. In den Ländern Berlin, Hamburg, Hessen, Niedersachsen, Schleswig-Holstein (und diesem Vorbild sich später anschließend auch in Mecklenburg-Vorpommern und Sachsen-Anhalt) besteht hingegen trotz des organisatorischen Trennsystems ein gemeinsames Gesetz sowohl für den Polizeivollzugsdienst als auch für die sonstigen Gefahrenabwehrbehörden.

b) Der Gegenbegriff ist das Einheitssystem wie es vor dem Zweiten Weltkrieg in Deutschland verbreitet war. Danach gab es enge organisatorische und personelle Verknüpfungen zwischen der Vollzugspolizei und den sonstigen Gefahrenabwehrbehörden. Deshalb sprach man auch von einer „Baupolizei" oder einer „Gewerbepolizei".

c) In den Ländern Baden-Württemberg, Bremen, Rheinland-Pfalz, Saarland (und dem später folgend Sachsen) besteht ein organisatorisches Mischsystem mit einer gemeinsamen Rechtsgrundlage für Vollzugspolizei und sonstige Gefahrenabwehrbehörden.

d) Weil die Westalliierten im Einheitssystem eine rechtsstaatlich unerwünschte Machtzusammenballung bei einer Behörde erblickten, wurde v. a. auf Betreiben der Briten und Amerikaner die Vollzugspolizei von der Verwaltungspolizei getrennt.

## 8. Musterentwurf

**a) Was versteht man unter dem Musterentwurf eines einheitlichen Polizeigesetzes?**
**b) Welche Bedeutung hat dieser Entwurf entfaltet?**
**c) Besteht eine Verpflichtung der Länder zur Umsetzung dieses Entwurfs?**
**d) Kennen Sie auch aus anderen Rechtsgebieten Musterentwürfe?**

a) Der Musterentwurf eines einheitlichen Polizeigesetzes wurde von einem Arbeitskreis der Innenministerkonferenz von Bund und Ländern in den Jahren 1972–1976 erarbeitet und 1977 von der Innenministerkonferenz beschlossen.

b) Der Entwurf hat zwar nicht selbst Gesetzeskraft erlangt, er diente aber als Vorbild für die Polizeigesetze der Länder und des Bundes.

c) Nein. Es handelt sich um eine Absprache der Minister als Teil der Exekutive, die nicht das Gesetzgebungsrecht der Landtage beschränken kann. In der Praxis sind gleichwohl die Länder diesem Entwurf jeweils weitgehend gefolgt.

d) Musterentwürfe sind ein beliebtes Mittel der Länder, ihre Gesetzgebungstätigkeit zu koordinieren und so das Bedürfnis nach einer Regelung durch Bundesgesetz (ggf. nach Grundgesetzänderung) zu vermindern. Musterentwürfe gibt es etwa zu den Landesbauordnungen, den Strafvollzugsgesetzen der Länder sowie zu den Versammlungsgesetzen.

## 9. Polizei- und Ordnungsrecht in der ehemaligen DDR

**Auf welcher gesetzlichen Grundlage beruhte das Handeln der Polizei in der ehemaligen DDR a) vor der politischen Wende, b) kurz vor der Wiedervereinigung und c) seit Mitte der 90er Jahre des vergangenen Jahrhunderts?**

a) Mit dem „Gesetz über die Aufgaben und Befugnisse der Deutschen Volkspolizei" vom 11.6.1968 (GBl. I S. 232) wurde zwar die Generalklausel des Preußischen Polizeiverwaltungsgesetzes übernommen, die Aufgaben der Volkspolizei gingen aber weit darüber hinaus, weil diese auch die sozialistische Staats- und Gesellschaftsordnung schützen sollte.

b) Das Volkspolizeigesetz wurde abgelöst durch das „Gesetz über die Aufgaben und Befugnisse der Polizei" vom 13.9.1990 (GBl. I S. 1489), das ein rechtsstaatliches Gesetz nach bundesdeutschem Vorbild darstellte. Dieses Gesetz galt nach der Wiedervereinigung als paralleles Landesrecht in den neuen Ländern weiter.

c) In der ersten Hälfte der 90er Jahre des vergangenen Jahrhunderts wurde dieses Gesetz dann in den einzelnen neuen Ländern jeweils durch ein eigenes Landespolizeigesetz abgelöst.

### 10. Polizei- und Ordnungsrecht seit 1990

Welche Entwicklungen kennzeichnen das Polizei- und Ordnungsrecht seit der Wiedervereinigung?

Das Polizeirecht wird seit 1990 v. a. von der zunehmenden Internationalisierung und den weiterreichenden technischen Handlungsmöglichkeiten geprägt. Auf die Internationalisierung haben die Gesetzgeber u. a. mit Normen geantwortet, die auch das grenzüberschreitende Tätigwerden ausländischer Polizeibeamter ermöglichen. Die vermehrten technischen Möglichkeiten führten zur gesetzlichen Regelung neuer Eingriffsbefugnisse wie der Ortung von Mobiltelefongeräten. Hingegen sind die zum Teil seit Jahrzehnten bekannten regelungsbedürftigen Probleme wie der Zweckveranlasser oder die Gewährung von Entschädigungsansprüchen auch für andere Betroffene als den Notstandspflichtigen bis heute keiner gesetzlichen Normierung zugeführt worden.

## § 3 Verfassungsrechtliche Vorgaben des Polizei- und Ordnungsrechts

**Literatur:** *Gärditz, Klaus Ferdinand,* Strafprozeß und Prävention – Entwurf einer verfassungsrechtlichen Zuständigkeits- und Funktionenordnung, 2003; *Gusy, Christoph,* Die Gewährleistung von Freiheit und Sicherheit im Lichte unterschiedlicher Staats- und Verfassungsverständnisse, VVDStRL Bd. 63 (2004), S. 151–190; *Kniesel, Michael,* „Innere Sicherheit" und Grundgesetz, ZRP 1996, S. 482–489; *Pitschas, Rainer,* Innere Sicherheit in „guter Verfassung"? Zur Terrorismusbekämpfung im präventiven Gewährleistungsstaat, FS Schnapp, 2008, S. 231–252.

### 11. Überblick über die Verteilung der Gesetzgebungskompetenzen für das Polizei- und Ordnungsrecht

**Durch ein neues „Bundessicherheitsgesetz" werden die Aufgaben und Befugnisse a) der Bundespolizei für den Grenzschutz und als Bahnpolizei, b) des Bundeskriminalamts, c) der Landespolizeibehörden und d) der Landeskriminalämter umfassend geregelt. Steht dem Bund jeweils die Gesetzgebungskompetenz zu?**

a) Soweit die Hauptaufgabe der Bundespolizei, der Schutz der deutschen Außengrenzen, betroffen ist, folgt die Gesetzgebungskompetenz des Bundes aus Art. 71; 73 I Nr. 5 GG. Soweit die Aufgaben als Bahnpolizei in Frage stehen, ergibt sich die Gesetzgebungskompetenz des Bundes als Annexkompetenz zu der ausschließlichen Kompetenz aus Art. 71; 73 I Nr. 6a GG bzw. zu der konkurrierenden Kompetenz aus Art. 72; 74 I Nr. 23 GG.

b) Die Gesetzgebungskompetenz des Bundes für das Bundeskriminalamt folgt aus Art. 71; 73 I Nr. 9a, 10 a. E. GG. Siehe *Roggan, Fredrik,* Das neue BKA-Gesetz – Zur weiteren Zentralisierung der deutschen Sicherheitsarchitektur, NJW 2009, S. 257–262.

c) Für die Landespolizeibehörden ist der Bund nicht gesetzgebungsbefugt. Hier verbleibt es nach Art. 30; 70 GG bei der Gesetzgebungskompetenz des jeweiligen Landes. Ein dennoch erlassenes Bundesgesetz ist formell grundgesetzwidrig.

d) Die Aufgaben und Befugnisse der Landeskriminalämter kann der Bund gemäß Art. 71; 73 I Nr. 10 lit. a) GG nur regeln, soweit deren Zusammenarbeit untereinander oder mit dem Bundeskriminalamt betroffen ist. Im Übrigen ist das Bundesgesetz formell grundgesetzwidrig.

## 12. Abgrenzung zwischen Strafprozessrecht und Polizeirecht

**Die Polizei nimmt die Fingerabdrücke des X auf, weil gegen diesen wegen eines Drogendelikts ermittelt und die Begehung weiterer Straftaten durch ihn erwartet wird. War der Bund zur Regelung des § 81b StPO gesetzgebungsbefugt?**

Soweit Fingerabdrücke zur Durchführung eines Strafverfahrens nach § 81b Alt. 1 StPO genommen werden, ergibt sich die Bundesgesetzgebungskompetenz aus Art. 72; 74 I Nr. 1 Var. 4 GG. Soweit die Aufnahme der Fingerabdrücke aber wegen der erwarteten zukünftigen Begehung weiterer Straftaten durch den X erfolgt, könnte man von präventivem polizeilichem Handeln ausgehen, für dessen Regelung dem Bund die Gesetzgebungskompetenz fehlte. Betrachtet man stattdessen das Abnehmen der Fingerabdrücke als vorbeugende Maßnahme zur zukünftigen Strafverfolgung, dann lässt sich auch insofern eine Gesetzgebungskompetenz des Bundes aus Art. 72; 74 I Nr. 1 Var. 4 GG herleiten. Siehe BVerfGE 47, 239 (252) sowie *Gerhold, Sönke / Rakoschek, Wiebke*, Erkennungsdienstliche Maßnahmen zur vorbeugenden Bekämpfung von Straftaten gemäß § 81b 2. Alt. StPO in der Verwaltungsrechtsklausur, Jura 2008, S. 895–900.

## 13. Polizeigewalt des Bundestagspräsidenten

**In der Kuppel des Reichstagsgebäudes enthüllen Demonstranten ein Transparent gegen die deutsche Flüchtlingspolitik und protestieren lautstark.**
**a) Wer ist für die öffentliche Sicherheit im Reichstagsgebäude zuständig?**
**b) Auf welcher Rechtsgrundlage wird gehandelt?**
**c) Warum wird nicht einfach die Bundespolizei oder die Berliner Landespolizei mit dieser Aufgabe betraut?**

a) Die Polizeigewalt im Gebäude des Bundestages übt nach Art. 40 II 1 GG der Bundestagspräsident aus. Er handelt durch die Polizei beim Deutschen Bundestag.

b) Es fehlt eine einfachgesetzliche Regelung der Aufgaben und Befugnisse der Bundestagspolizei. Diese stützt sich neben der unmittelbaren verfassungsrechtlichen Regelung der Polizeigewalt in Art. 40 II 1 GG lediglich auf die „Dienstanweisung des Bundestagspräsidenten zur Polizei des Bundestages". Siehe *Ramm, Arnim*, Die Polizeigewalt des Bundestagspräsidenten. Die Polizei beim Deutschen Bundestag und ihre Ermächtigungsgrundlage, NVwZ 2010, S. 1461–1466.

c) Nach den Erfahrungen der NS-Zeit soll sichergestellt sein, dass keine von der staatlichen Exekutive kontrollierte Polizei die Gewalt in den Räumen des Parlaments ausübt und ggf. Abgeordnete einschüchtert. Zur Immunität der Abgeordneten siehe auch Art. 46 II-IV GG.

## 14. Überblick über die Verteilung der Verwaltungskompetenzen für das Polizei- und Ordnungsrecht

**Der neue Bundesinnenminister plant die gesetzliche Zusammenfassung der Bundespolizei und der Länderpolizeien in einer neuen einheitlichen „Deutschen Polizei". Diese soll für die Wahrung der öffentlichen Sicherheit und Ordnung sowohl auf Bundes- als auch auf Länderebene verantwortlich sein. Ist dieser Plan mit dem Grundgesetz vereinbar?**

Nein. Zwar können nach Art. 87 I 2 GG Bundesgrenzschutzbehörden durch Bundesgesetz errichtet werden. Diesen obliegen aber nur die Aufgaben des Grenzschutzes und die weiteren Polizeiaufgaben auf Bundesebene wie die Bahnpolizei. Die Polizeien der Länder müssen davon organisatorisch und personell getrennt sein. Ihre Einrichtung ist nach Art. 30 GG allein Sache der Länder.

## 15. Überblick über Notstandsfälle

**a) Welche Fälle des äußeren Notstands sind nach dem Grundgesetz zu unterscheiden?**
**b) Welche Konstellationen des inneren Notstands unterscheidet das Grundgesetz?**

a) Der äußere Notstand umfasst den Bündnis- (Art. 80a III GG), Spannungs- (Art. 80a I 1 Alt. 1 GG), Zustimmungs- (Art. 80a I 1 Alt. 2 GG) und Verteidigungsfall (Art. 115a I GG).

b) Das Grundgesetz unterscheidet als Konstellationen des inneren Notstands zwischen dem Katastrophennotstand (Art. 35 II 2, III GG), dem inneren Staatsnotstand (Art. 91; Art. 87a IV GG) und sonstigen Gefahren (Art. 35 II 1 GG).

## 16. Kompetenzen im Katastrophenfall

**Eine schwere Sturmflut verwüstet weite Teile der deutschen Nordseeküste. Kann das Land Schleswig-Holstein Einheiten a) der hessischen Polizei, b) der Bundespolizei und c) der Bundeswehr zur Hilfeleistung anfordern?**
**d) Die Hessische Landesregierung weigert sich wegen einer bevorstehenden Großdemonstration Einheiten abzustellen. Welche Möglichkeit besteht für die Bundesregierung und wie kann die Hessische Landesregierung dagegen vorgehen?**

a) bis c) Ja. Siehe Art. 35 II 2 GG.

d) Bei länderübergreifenden Naturkatastrophen kann die Bundesregierung gemäß Art. 35 III 1 GG eine Landesregierung anweisen, anderen Ländern Polizeikräfte zur Verfügung zu stellen. Die betroffene Landesregierung kann dagegen den Bundesrat anrufen, auf dessen Verlangen nach Art. 35 III 2 GG die Maßnahme der Bundesregierung unverzüglich aufzuheben ist.

Siehe *Walus, Andreas*, Pandemie und Katastrophennotstand: Zuständigkeitsverteilung und Kompetenzmängel des Bundes, DÖV 2010, S. 127–133; ders., Katastrophennotstand in Berlin: Strukturen und Kompetenzkonflikte, LKV 2010, S. 152–159.

## 17. Kompetenzen beim Staatsnotstand

**Im Land L haben Aufständische erheblich an Boden gewonnen und rufen zum gewaltsamen Umsturz der Landesregierung auf.**
**a) Welche Möglichkeiten hat die Landesregierung, auf diese Bedrohung zu reagieren?**
**b) Kann die Bundesregierung der Landesregierung in diesem Fall Weisungen erteilen?**
**c) Kann die Bundeswehr gegen die Aufständischen eingesetzt werden?**

a) Die Landesregierung kann in einem solchen Fall des inneren Staatsnotstandes gemäß Art. 91 I GG Polizeikräfte anderer Länder sowie Kräfte und Einrichtungen anderer Verwaltungen und der Bundespolizei anfordern.

b) Nein. Dies ist gemäß Art. 91 II GG erst möglich, sofern das Land – auch unter Ausschöpfung der Möglichkeiten des Art. 91 I GG – nicht selbst zur Bekämpfung der Gefahr willens oder fähig ist.

c) Ein solcher Einsatz der Bundeswehr im Innern ist gemäß Art. 87a IV GG erst möglich, wenn nicht nur die Voraussetzungen des Art. 91 II GG vorliegen, sondern auch die eingesetzten Polizeikräfte zur Bekämpfung der Aufständischen nicht ausreichen. Der Bundeswehreinsatz zur Wiederherstellung der inneren Sicherheit stellt also die ultima ratio dar.

## 18. Eingriff in Grundrechte

**Die Polizei a) stellt die Identität des Randalierers R fest, b) nimmt ihn in Gewahrsam, c) durchsucht ihn und d) stellt sein mitgeführtes Messer sicher. Welche Grundrechte des R sind jeweils betroffen?**

a) Die Identitätsfeststellung greift in das Grundrecht auf informationelle Selbstbestimmung aus Art. 2 I i. V. m. Art. 1 I GG ein.

b) Die Ingewahrsamnahme betrifft den Schutzbereich der Freiheit der Person nach Art. 2 II 2 GG i. V. m. den verfahrensrechtlichen Anforderungen des Art. 104 GG.

c) Die Durchsuchung greift in das Allgemeine Persönlichkeitsrecht des R nach Art. 2 I i. V. m. Art. 1 I GG ein.

d) Die Sicherstellung betrifft das Grundrecht auf Eigentum des R an dem Messer nach Art. 14 I GG.

**19. Grundrechtliche Schutzpflichten**

**a) Polizist P beobachtet, wie der Gewalttäter G mit einem Stock auf den X einschlägt. In Ausübung des ihm eingeräumten Ermessens entschließt sich P, nicht einzugreifen. Ist dies unter grundrechtlichen Gesichtspunkten zu beanstanden?**
**b) Wie wäre es, wenn es sich um eine harmlose Rauferei zwischen G und X handelte?**

a) Ja. Die Grundrechte stellen nicht nur Abwehrrechte des Bürgers gegen den Staat dar, sondern sie können als grundrechtliche Schutzpflichten die staatlichen Stellen auch zum Einschreiten gegenüber Dritten zu Gunsten des Bürgers als Grundrechtsträger verpflichten. Solche Schutzpflichten folgen aus der Garantie der Menschenwürde nach Art. 1 I 2 Alt. 2 GG, dem Menschenwürdekern der Einzelgrundrechte sowie ausdrücklichen grundgesetzlichen Schutzanordnungen wie Art. 6 IV GG.

b) In diesem Fall ist nicht der Menschenwürdekern des Grundrechts auf körperliche Unversehrtheit nach Art. 2 II 1 Alt. 2 GG berührt. P ist zumindest nicht wegen einer grundrechtlichen Schutzpflicht zum Einschreiten verpflichtet.

**20. Zitiergebot**

**Warum sehen die Polizeigesetze zwar vor, dass durch die Maßnahmen der Polizei die Rechte auf Leben, körperliche Unversehrtheit oder Freiheit der Person eingeschränkt werden können, erwähnen aber regelmäßig nicht Grundrechte wie das Eigentum, die informationelle Selbstbestimmung oder das Allgemeine Persönlichkeitsrecht als betroffene Grundrechte?**

Das Zitiergebot des Art. 19 I 2 GG gilt nach der Rechtsprechung des BVerfG nur, soweit ein Grundrecht seinem Wortlaut nach „eingeschränkt" werden kann. Davon werden Grundrechte wie das Recht auf Eigentum, dessen Inhalt und Schranken durch die Gesetze bestimmt werden, sowie im Grundgesetz nicht ausdrücklich verankerte Grundrechte wie die informationelle Selbstbestimmung oder das Allgemeine Persönlichkeitsrecht nicht erfasst. Die landesverfassungsrechtlichen Zitiergebote gehen zum Teil weiter als Art. 19 I 2 GG und betreffen auch andere Grundrechte. Dann hat der Landespolizeigesetzgeber bei Grundrechtseingriffen auch diese zu zitieren.

**21. Haftung bei Amtspflichtverletzungen**

**Das Land L erlässt ein „Polizeihaftungsgesetz". Danach besteht, unter Ausschluss anderer Ansprüche, nur noch ein Entschädigungsanspruch des durch**

**vorsätzliches rechtswidriges Handeln eines Polizeibeamten Verletzten unmittelbar gegen diesen. Ist das Polizeihaftungsgesetz grundgesetzgemäß?**

Nein. Dem Land L kommt zwar die Gesetzgebungskompetenz zu, weil der Bund von seiner konkurrierenden Gesetzgebungskompetenz für das Staatshaftungsrecht gemäß Art. 72; 74 I Nr. 25 GG bislang keinen Gebrauch gemacht hat und zudem die Haftung für polizeiliches Handeln auch als Annex zur Gesetzgebungskompetenz der Länder für das Polizei- und Ordnungsrecht nach Art. 30; 70 GG betrachtet werden kann. Aus Art. 34 S. 1 GG ergibt sich aber, dass der Haftungsanspruch grds. gegen den Hoheitsträger bestehen muss, nicht bloß gegen den Amtswalter. Art. 34 S. 2 GG setzt zudem voraus, dass auch für grob fahrlässiges Handeln gehaftet wird, nicht nur für vorsätzliches. Schließlich muss gemäß Art. 34 S. 3 GG auch ein Anspruch auf Schadensersatz und nicht nur auf Entschädigung gegeben sein.

## § 4 Europarechtliche Einflüsse auf das Polizei- und Ordnungsrecht

**Literatur:** *Albrecht, Philipp / Janson, Nils J.*, Die Kontrolle des Europäischen Polizeiamtes durch das Europäische Parlament nach dem Vertrag von Lissabon und dem Europol-Beschluss, EuR 2012, S. 230–240; *Beaucamp, Guy*, Primärrechtsschutz gegen Maßnahmen des Europäischen Parlaments, DVBl. 2007, S. 802–806; *Kaufhold, Ann-Katrin*, Gegenseitiges Vertrauen, Wirksamkeitsbedingung und Rechtsprinzip der justiziellen Zusammenarbeit im Raum der Freiheit, der Sicherheit und des Rechts, EuR 2012, S. 408–432; *Saurer, Johannes*, Individualrechtsschutz gegen das Handeln der Europäischen Agenturen, EuR 2010, S. 51–67.

### 22. Regelungen im EUV und AEUV

**Welche Regelungen des Primärrechts der EU nehmen v. a. Einfluss auf das deutsche Polizei- und Ordnungsrecht?**

Im Europäischen Primärrecht finden sich Regelungen mit Einfluss auf das deutsche Polizei- und Ordnungsrecht vornehmlich in den Art. 67 ff. AEUV über den Raum der Freiheit, der Sicherheit und des Rechts. Ziel ist eine gemeinsame Kontrolle der Außengrenzen bei gleichzeitigem Wegfall der Kontrollen an den Binnengrenzen. In diesem gemeinsamen Raum sollen die Grundrechte und die verschiedenen Rechtsordnungen und -traditionen der Mitgliedstaaten geachtet werden. Art. 87 bis 89 AEUV behandeln die polizeiliche Zusammenarbeit der Mitgliedstaaten, wobei Art. 88 AEUV die Grundlage für Europol bildet.

### 23. Schengener Abkommen

**Der Franzose F reist mit dem Zug von Minsk über Warschau und Berlin nach Paris und schließlich weiter nach London. An welchen Grenzen wird er kontrolliert?**

F wird zunächst an der Außengrenze der EU zwischen Polen und Weißrussland kontrolliert. An der deutsch-polnischen und der deutsch-französischen Grenze bestehen keine Grenzkontrollen mehr, weil es sich um EU-Binnengrenzen handelt und für alle drei beteiligten Staaten das Schengen-Abkommen gilt, das nach Art. 67 II AEUV in das EU-Recht integriert wurde. Im Zug nach London wird hingegen wiederum eine Grenzkontrolle stattfinden, weil Großbritannien (wie auch Irland) eine Ausnahmeregelung durchgesetzt hat. *Trennt, Matthias*, Die (Un-)Vereinbarkeit der Ermächtigungsgrundlagen zur Schleierfahndung mit dem Schengener Grenzkodex, DÖV 2012, S. 216–224; *Winkelmann, Holger*, 25 Jahre Schengen: Der Schengen-Acquis als integraler Bestandteil des Europarechts – Bedeutung und Auswirkung auf die Einreise- und Aufenthaltsrechte – Teil 1, ZAR 2010, S. 213–222; Teil 2, ZAR 2010, S. 270–278

## 24. Europol

**Dürfen Beamte von Europol**
**a) Daten über eine europaweit agierende Kunstfälscherbande speichern und auswerten?**
**b) die Fälscher observieren?**
**c) den Kopf der Bande festnehmen?**

a) Betrachtet man das Fälschen von Kunstgegenständen als eine Erscheinungsform schwerer Kriminalität, so dürfen die Daten von Europol gemäß Art. 88 Abs. 2 UAbs. 1 S. 2 lit. a) AEUV i. V. m. Art. 5 I lit. a) Beschluss des Rates 2009/371/JI vom 6.4.2009 zur Errichtung des Europäischen Polizeiamts (Europol), ABl. EU L 121/37 gespeichert und ausgewertet werden.

b) Operative Maßnahmen wie die Beobachtung der Fälscher dürfen Beamte von Europol gemäß Art. 88 III 1 AEUV nicht alleine, sondern nur i. V. m. Behörden des betroffenen Mitgliedstaats ausführen.

c) Die Anwendung von Zwangsmitteln durch Beamte von Europol ist gemäß Art. 88 III 2 AEUV stets ausgeschlossen.

## 25. Frontex

**a) Worum handelt es sich bei Frontex?**
**b) Auf welchen Rechtsgrundlagen beruht diese Organisation?**
**c) Über welche Organe verfügt Frontex?**
**d) Von Deutschland zu Frontex entsandte Beamte werden gemeinsam mit polnischen Kollegen an der polnischen EU-Außengrenze tätig. Wessen Recht gilt für ihre Maßnahmen?**

a) Bei Frontex handelt es sich um eine Agentur der Europäischen Union mit eigener Rechtspersönlichkeit zur Koordination des Schutzes der Außengrenzen der Europäischen Union durch die jeweiligen mitgliedstaatlichen Grenzschutzkräfte. Siehe *Priebe, Reinhard*, Agenturen der Europäischen Union – Europäische Verwaltung durch eigenständige Behörden, EuZW 2015, S. 268–272.

b) Frontex wurde errichtet durch die Verordnung 2007/2004/EG des Rates der Europäischen Union vom 26.10.2004 (Frontex-VO). Diese wurde geändert durch die Verordnung 1168/2011/EG des Rates der Europäischen Union vom 25.10.2011. Beide Verordnungen werden jeweils gestützt auf Art. 74; 77 II AEUV. Siehe *Fischer-Lescano, Andreas / Tohidipur, Timo*, Europäisches Grenzkontrollregime. Rechtsrahmen der europäischen Grenzschutzagentur, ZaöRV 2007, S. 1219–1274.

c) Frontex verfügt über einen Verwaltungsrat nach Art. 20 ff. Frontex-VO mit je einem Vertreter je Mitgliedstaat und zwei Vertretern der EU-Kommission sowie einem dem Verwaltungsrat gegenüber verantwortlichen Exekutivdirektor nach Art. 25 Frontex-VO.

d) Auch für die von Deutschland zu Frontex entsandten Beamten ist gemäß Art. 10 Frontex-VO das nationale Recht des Einsatzmitgliedstaats, hier Polens, maßgebend.

# Zweiter Teil: Die Elemente der Gefahrenabwehr („Primärebene")

## § 5 Aufgaben und Befugnisse der Gefahrenabwehrbehörden

**Literatur:** *Gusy, Christoph*, Gefahraufklärung zum Schutz der öffentlichen Sicherheit und Ordnung, JA 2011, S. 641–650.

### 26. Trennung zwischen Aufgaben- und Befugnisnormen

a) Definieren Sie Aufgaben- und Befugnisnormen mit Hilfe der Kategorien von Ziel und Mittel!
b) Ist die Trennung zwischen Aufgaben- und Befugnisnormen im Grundgesetz angelegt?
c) Welche Beziehung besteht zwischen Aufgabennormen und der klassischen Staatsaufgabenlehre?
d) Welcher grundrechtliche Hintergrund besteht einerseits bei Befugnisnormen, andererseits bei Aufgabennormen?
e) Kann von einer polizeilichen Aufgabe auf die entsprechende Befugnis der Polizei geschlossen werden?
f) Ist es umgekehrt möglich, von einer polizeilichen Befugnis auf die zu Grunde liegende Aufgabe zu folgern?

a) Aufgabennormen gemäß § 1 MEPolG beschreiben das vom Gesetzgeber festgelegte Ziel, das die Behörde zu verfolgen hat. Befugnisnormen wie §§ 8 ff. MEPolG geben der Behörde gegenüber den Bürgern die rechtlichen Mittel an die Hand, dieses Ziel zu erreichen.

b) Ja. Aus Art. 30 GG ergibt sich, dass das Grundgesetz klar zwischen einfachgesetzlichen Aufgaben- und Befugnisnormen unterscheidet.

c) Dem Grundgesetz liegt zwar keine ausdrücklich normierte Staatsaufgabenlehre zu Grunde, der Schutz der Inneren Sicherheit zählt aber zu den klassischen Staatsaufgaben und wird durch die der Polizei und den anderen Gefahrenabwehrbehörden gesetzlich übertragene Aufgabe der Wahrung der öffentlichen Sicherheit und Ordnung umgesetzt.

d) Gesetzliche Befugnisnormen sind erforderlich wegen des Gesetzesvorbehalts der Grundrechte. Die Gefahrenabwehrbehörden dürfen nur auf gesetzlicher Grundlage in ein Grundrecht als Abwehrrecht eines Störers eingreifen. Aus den Grundrechten ergeben sich aber auch Schutzpflichten zu Gunsten des jeweiligen Grundrechtsträgers. Diese Schutzpflichten überhöhen die gesetzlich festgelegte Aufgabe der Polizei und der anderen Gefahrenabwehrbehörden zur Wahrung der öffentlichen Sicherheit und Ordnung.

e) Nein. Der grundrechtliche Gesetzesvorbehalt verbietet es, aus bloßen Aufgabenzuweisungen an die Polizei auch schon deren Befugnis herzuleiten, in Grundrechte der Bürger einzugreifen. Dafür bedarf es vielmehr einer gesonderten gesetzlichen Ermächtigung. Allerdings kommt dieser Frage in der Praxis angesichts der polizeilichen Generalklausel nur eingeschränkte Bedeutung zu.

f) Ja. Wenn der Gesetzgeber der Polizei mit einer Befugnisnorm ein Mittel in die Hand gibt, in Grundrechte der Bürger einzugreifen, dann kann daraus auch auf ein zu Grunde liegendes Ziel, also eine Aufgabe der Polizei, geschlossen werden. Grundrechte der Bürger stehen nicht entgegen.

## 27. Überblick über die Aufgaben der Polizei

**a) Welche präventiven und repressiven Aufgaben hat die Polizei zu erfüllen?**
**b) Was sind ihre jeweiligen Rechtsgrundlagen?**
**c) Wie lassen sich die Abwehr künftiger Gefahren und die Vorsorge für die Aufklärung von Straftaten in der Zukunft in dieses Gefüge präventiver und repressiver Aufgaben einordnen?**
**d) Wird die Polizei auch im Privatinteresse tätig?**

a) Die Polizei hat präventiv Gefahren für die öffentliche Sicherheit und Ordnung nach § 1 I 1 MEPolG abzuwehren und repressiv bereits begangene Straftaten und Ordnungswidrigkeiten nach § 1 IV MEPolG i. V. m. § 163 I 1 StPO bzw. § 53 I 1 OWiG aufzuklären.

b) Rechtsgrundlage für die Gefahrenabwehr sind die Polizeigesetze der Länder, für die Strafverfolgung die StPO und für die Verfolgung von Ordnungswidrigkeiten das OWiG des Bundes.

c) Die Abwehr künftiger Gefahren stellt die Vorsorge für die künftige Gefahrenabwehr gemäß § 1 I 2 Alt. 2 MEPolG dar. Sie ist also eine prä-präventive Aufgabe. Die Vorsorge für die Aufklärung von Straftaten in der Zukunft gemäß § 1 I 2 Alt. 1 MEPolG ist eine gegenwärtige Aufgabe für die zukünftige Strafverfolgung, also eine prä-repressive Aufgabe.

d) Ja. Zwar handelt die Polizei grds. im öffentlichen Interesse, der Einzelne wird aber als Teil der Allgemeinheit geschützt. Sind nur private Interessen betroffen, wird die Polizei nur tätig, wenn kein anderer Schutz – etwa durch die Zivilgerichte – zu erlangen ist.

## 28. Einzelne polizeiliche Aufgaben

**Welche polizeiliche Aufgabe ist jeweils betroffen?**
**a) Die Polizei sichert Fässer voller Chemikalien, die in einem Waldstück abgeladen wurden.**
**b) Sie legt ein Verzeichnis von Betrieben an, die mit wassergefährdenden Chemikalien arbeiten, um im Fall einer Grundwassergefährdung schnell den möglichen Verursacher ermitteln zu können.**
**c) Sie ermittelt den Verursacher einer Schadstoffeinleitung in das Grundwasser und zeigt diesen an.**
**d) Sie notiert Charakteristika der einzelnen verwendeten Schadstoffe, um eine künftige Wasserverunreinigung schnell dem einzelnen Täter zuordnen zu können.**

a) Hier ist die klassische polizeiliche Aufgabe der Abwehr gegenwärtiger Gefahren betroffen.

b) In diesem Fall geht es um die Vorbereitung der Abwehr künftiger Gefahren.

c) Hier wird die Polizei als Strafverfolgungsbehörde tätig und ermittelt wegen Gewässerverunreinigung nach § 324 StGB.

d) Hierbei handelt es sich um die vorbeugende Bekämpfung von Straftaten.

## 29. Subsidiarität des Schutzes privater Rechte

**a) Nachdem der A dem B einen Gebrauchtwagen verkauft und den vereinbarten Kaufpreis nicht erhalten hat, wendet er sich an die Polizei und fordert diese auf, bei B den Kaufpreis einzutreiben oder hilfsweise ihm den Wagen wiederzubeschaffen. Wird die Polizei tätig werden?**
**b) Wie wäre es, wenn der B dem A den Wagen gestohlen hätte und nun versuchte, diesen weiterzuverkaufen?**

a) Nein. Der Schutz privater Rechte, wie hier des Kaufpreisanspruchs des A, obliegt der Polizei nur, wenn gerichtlicher Rechtsschutz nicht rechtzeitig zu erlangen ist und wenn ohne polizeiliche Hilfe die Verwirklichung des Rechts vereitelt oder wesentlich erschwert werden würde. Dafür ist hier nichts ersichtlich.

b) Hier hat der B einen Diebstahl nach § 242 StGB begangen, wobei die Verletzung des Rechtsguts Eigentum des A durch einen Weiterverkauf noch intensiviert werden würde. Werden Zivilrechtsgüter zugleich durch die Strafgesetze geschützt, dann ist zusätzlich auch ein Verstoß gegen die objektive Rechtsordnung als Schutzgut der öffentlichen Sicherheit gegeben, zu deren Schutz die Polizei auch unabhängig von etwaigen zivilrechtlichen Ansprüchen berufen ist (sog. Theorie der pönalisierten Zivilrechtsgüter).

## 30. Vollzugshilfe

**a) Die kommunale Ordnungsbehörde hat dem X unter Fristsetzung aufgegeben, seinen auf dem Grundstück stehenden abgemeldeten alten Wagen, der ständig Öl verliert, zu entsorgen. Als nach erfolglosem Fristablauf Mitarbeiter der Ordnungsbehörde an Stelle des X tätig werden wollen, bedroht er diese und lässt sie nicht auf das Grundstück. Was wird die Ordnungsbehörde tun, wenn ihr die Mittel fehlen, gegen den X gewaltsam vorzugehen?**
**b) Nach Entfernung des Wagens durch die Polizei stellt sich heraus, dass dem Ordnungsamt eine Verwechselung unterlaufen war und tatsächlich das Öl aus dem Wagen des Y ein Grundstück weiter tropfte. Macht dies das Handeln der Polizei rechtswidrig?**
**c) Bei der Entfernung des Wagens beschädigt Polizist P versehentlich das Hoftor des X. Muss die Ordnungsbehörde dafür aufkommen?**

a) Die Ordnungsbehörde wird die Polizei um Vollzugshilfe nach § 25 I MEPolG ersuchen, mit den polizeilichen Mitteln unmittelbaren Zwangs, § 33 I MEPolG, die ordnungsbehördliche Verfügung durchzusetzen. Siehe *Köhler, Gerd Michael,* Die Vollzugshilfe nach bayerischem Polizeirecht, BayVBl. 1998, S. 453–461.

b) Nein. Die Polizei ist gemäß § 25 II MEPolG lediglich für die Art und Weise der Durchführung der Vollzugshilfe verantwortlich, nicht aber für die Rechtmäßigkeit der zu Grunde liegenden Verfügung.

c) Nein. Diese Beschädigung ist während der Durchführung der Vollzugshilfe entstanden und dafür muss der Träger der Polizei, also das Land, aufkommen.

## 31. Überblick über die Befugnisse der Polizei

**a) Aus welchen Gesetzen ergeben sich die Befugnisse der Polizei?**
**b) Der Polizist P hält durch Zeichen mit der Winkerkelle den Autofahrer A an, befragt ihn über sein Fahrtziel, stellt seine Identität fest und warnt ihn vor der Weiterfahrt wegen drohender Ausschreitungen im Zusammenhang mit einem Fußballspiel. Zufällig fällt ihm auf, dass der A in seinem Fahrzeug Betäubungsmittel mit sich führt. Diese stellt P sicher. Worin liegt jeweils die Ermächtigungsgrundlage für das Handeln des P?**

a) Die Befugnisse der Polizei zum präventiven Handeln können sich zum einen aus Spezialgesetzen ergeben, zum anderen aus den Standardmaßnahmen der Polizeigesetze der Länder, schließlich auch aus der landesgesetzlichen polizeilichen Generalklausel. Repressives Handeln der Polizei ist regelmäßig auf die StPO gestützt.

b) Die Anhaltebefugnis ergibt sich aus § 36 V StVO als einer spezialgesetzlichen Regelung. Die Befragung und die Identitätsfeststellung sind Standardmaßnahmen auf der Grundlage des jeweiligen Landespolizeigesetzes. Die Warnung vor der Weiterfahrt ist als Gefährdetenansprache auf die polizeiliche Generalklausel gestützt. Die Sicherstellung der Betäubungsmittel schließlich erfolgt zu Zwecken der Strafverfolgung nach § 94 StPO.

## 32. Überblick über die Handlungsformen der Gefahrenabwehrbehörden

**Polizeirat R ordnet an, dass Polizist P am Vormittag in einem Wohngebiet Streife fährt. Dort wird die Straße nach einem Unfall von einem Menschenauflauf blockiert. P spricht einen Platzverweis gegen die Menschenmenge aus. Danach nimmt er den Unfall so auf, wie es in einer allgemeinen Dienstanweisung des Polizeipräsidenten vorgesehen ist. Weil der Unfall möglicherweise durch Telefonieren am Steuer verursacht wurde, stellt er das Mobiltelefon des Fahrers sicher, um dieses im Labor untersuchen zu lassen. Schließlich bringt er den Dienstwagen, der merkwürdige Fahrgeräusche erzeugt, zur Reparatur in eine private Autowerkstatt. In welchen rechtlichen Formen wurde jeweils gehandelt?**

Die Anordnung des Polizeirats R stellt eine Weisung dar, also eine Maßnahme des Innenrechts im Einzelfall. Die Streifenfahrt ist ein Realakt. Der Platzverweis stellt eine adressatenbezogene Allgemeinverfügung gemäß § 35 S. 2 Var. 1 VwVfG dar. Die allgemeine Dienstanweisung ist eine Verwaltungsvorschrift als abstrakt-generelle Regelung des Innenrechts. Die Sicherstellung des Mobiltelefons ist als Verwaltungsakt gemäß § 35 S. 1 VwVfG einzuordnen. Der Reparaturauftrag schließlich ist ein privatrechtlicher Werkvertrag nach § 631 BGB.

## § 6 Öffentliche Sicherheit und Ordnung

**Literatur:** *Baumann, Anne,* Die öffentliche Ordnung im Polizei- und Ordnungsrecht, DVP 2008, S. 450–455; *Erbel, Günter,* Öffentliche Sicherheit und Ordnung, DVBl. 2001, S. 1714–1724; *Finger, Thorsten,* Sicherheit, Sauberkeit und Ordnung im urbanen Raum, Verw 40 (2007), S. 105–124; *Frotscher, Werner,* Der Schutz der Allgemeinheit und der individuellen Rechte im Polizei- und Ordnungsrecht, DVBl. 1976, S. 695–705; *Hill, Hermann,* Abschied von der öffentlichen Ordnung im Polizei- und Ordnungsrecht?, DVBl. 1985, S. 88–96; *Kaulbach, Detlef,* Bedeutungswandel des polizeirechtlichen Begriffs der „öffentlichen Ordnung", ZRP 1979, S. 159–160; *Schoch, Friedrich,* Die Schutzgüter der polizei- und ordnungsrechtlichen Generalklausel, Jura 2003, S. 177–181; *Waechter, Kay,* Die Schutzgüter des Polizeirechts, NVwZ 1997, S. 729–737.

### 33. Überblick über die Schutzgüter der öffentlichen Sicherheit

Was versteht man unter öffentlicher Sicherheit?

Öffentliche Sicherheit ist die Unverletzlichkeit der Rechtsordnung, der subjektiven Rechte und Rechtsgüter des Einzelnen sowie des Bestandes, der Einrichtungen und Veranstaltungen des Staates und sonstiger Träger der Hoheitsgewalt (vgl. § 3 Nr. 1 SOG LSA).

### 34. Objektive Rechtsordnung

**a) Raser R will auf einer städtischen Ausfallstraße mit seinem Sportwagen gerade zu einem Spurt ansetzen, als sein Radarwarngerät anschlägt. Er durchfährt daraufhin mit den erlaubten 50 km/h eine Geschwindigkeitskontrollstelle der Polizei. Liegt eine Gefahr für die öffentliche Sicherheit vor?**
**b) Wie wäre es, wenn der Beifahrer B des R das Radarwarngerät betrieben und dann den R über die drohende Geschwindigkeitsmessung informiert hätte?**

a) Ja. Zwar hat R die erlaubte Geschwindigkeit nicht überschritten, auch hat er durch seine Fahrweise nicht andere Personen oder bedeutende Sachwerte gefährdet. Er hat aber gegen § 6 I Nr. 3 lit. i) StVG, § 23 Ib StVO verstoßen, wonach der Betrieb eines Radarwarngerätes verboten ist. Diese Vorschriften des Straßenverkehrsrechts gehören zur objektiven Rechtsordnung und sind damit Teil der Schutzgüter der öffentlichen Sicherheit.

b) In diesem Fall läge kein Verstoß gegen § 6 I Nr. 3 lit. i) StVG, § 23 Ib StVO vor, weil danach nur dem Fahrzeugführer, nicht aber anderen Fahrzeuginsassen der

Betrieb eines solchen Geräts verboten ist. Damit wäre zumindest kein Verstoß gegen die objektive Rechtsordnung gegeben. Allenfalls könnte man erwägen, dass B durch sein Handeln die polizeiliche Veranstaltung Geschwindigkeitskontrolle störte und damit die Funktionsfähigkeit der Polizei beeinträchtigte.

## 35. Bestand, Einrichtungen und Veranstaltungen der Hoheitsträger

**a) Während der zurückgetretene Bundesverteidigungsminister mit einem großen Zapfenstreich der Bundeswehr verabschiedet wird, stören Autonome durch gellende Pfiffe. Liegt eine Gefahr für die öffentliche Sicherheit vor?**
**b) In die Vorlesung des allseits unbeliebten Professors P an der staatlichen Universität U dringen Studenten eines anderen Fachbereichs ein, um gegen die geplante Einführung von Studiengebühren zu demonstrieren. Ist die öffentliche Sicherheit gefährdet?**

a) Ja. Zu den Schutzgütern der öffentlichen Sicherheit zählen auch Veranstaltungen von Hoheitsträgern. Diese müssen nicht unmittelbar der Funktionsfähigkeit des Hoheitsträgers dienen, wie ein Manöver der Bundeswehr, sondern können auch zu Zwecken der Repräsentation und der Selbstvergewisserung erfolgen.

b) Ja. Auch die Funktionsfähigkeit der staatlichen Leistungsverwaltung wie der Universität ist ein Schutzgut der öffentlichen Sicherheit. Kann eine Vorlesung nicht mehr durchgeführt werden, liegt eine Gefahr für die öffentliche Sicherheit vor.

## 36. Subjektive Rechte und Rechtsgüter

**a) Mieter M, der dem Vermieter V noch mehrere Monatsmieten schuldet, zieht heimlich aus der Wohnung aus. Als V zufällig den Umzugswagen entdeckt, fordert er die Polizei auf, zum Schutz seiner Mietschulden den wertvollen Sekretär des M sicherzustellen. Liegt eine Gefahr für die öffentliche Sicherheit vor?**
**b) Nachdem V sich im Wege der Selbsthilfe gemäß § 562b BGB den Besitz an dem Sekretär gesichert hat, dringt M in den Lagerschuppen des V ein und holt sich seinen Sekretär zurück. Ist nun eine Gefahr für die öffentliche Sicherheit gegeben?**

a) Nein. Der V muss seinen Anspruch auf Mietzins nach § 535 II BGB selbst zivilgerichtlich durchsetzen. Der Anspruch wird zusätzlich abgesichert durch das Vermieterpfandrecht nach §§ 562 ff. BGB. Der Schutz eines solchen privatrechtlichen Anspruchs obliegt der Polizei nur, wenn gerichtlicher Rechtsschutz nicht rechtzeitig zu erlangen ist und wenn ohne polizeiliche Hilfe die Verwirklichung des Rechts vereitelt oder wesentlich erschwert werden würde. V ist daher zunächst auf den Zivilrechtsweg zu verweisen.

b) Ja. Zwar geht es inhaltlich weiterhin um den privatrechtlichen Mietzinsanspruch des V nach § 535 II BGB, doch hat M sich mit der Zurückholung des Sekretärs der Pfandkehr nach § 289 StGB schuldig gemacht. Wird eine zivilrechtliche Rechtsposition aber zusätzlich durch eine Strafrechtsnorm geschützt, so liegt in der Verletzung der Strafrechtsvorschrift zugleich ein Verstoß gegen die objektive Rechtsordnung als Teil der öffentlichen Sicherheit. Man spricht von sog. „pönalisierten Zivilrechtsgütern".

## 37. Kollektive Rechtsgüter

**A befand sich in einem Flugzeug, mit dem auch ein an Ebola Erkrankter nach Deutschland reiste. Nach Ausbruch der Krankheit wird auch A – ohne ausdrückliche Rechtsgrundlage – unter Quarantäne gestellt, obwohl er noch keinerlei Symptome der Krankheit zeigt. Liegt eine Gefahr für die öffentliche Sicherheit vor?**

Ja. Möglicherweise leidet A an einer hochansteckenden, oftmals tödlich verlaufenden Krankheit, die sich ohne Gegenmaßnahmen als Epidemie weiter ausbreiten könnte. Hier besteht eine Gefahr für die Volksgesundheit, die als kollektives Rechtsgut ebenfalls Schutzgut der öffentlichen Sicherheit ist. Kollektive Rechtsgüter sind solche, deren Schutz mit Rücksicht auf die Allgemeinheit, vornehmlich auf das Leben in der staatlich organisierten Gemeinschaft geboten ist (vgl. BVerwG, DVBl. 1974, 297 (300)).

## 38. Schutzgüter der öffentlichen Ordnung

**Was versteht man unter öffentlicher Ordnung?**

Öffentliche Ordnung ist die Gesamtheit der im Rahmen der verfassungsmäßigen Ordnung liegenden ungeschriebenen Regeln für das Verhalten des Einzelnen in der Öffentlichkeit, deren Beachtung nach den jeweils herrschenden Anschauungen als unerlässliche Voraussetzung eines geordneten staatsbürgerlichen Zusammenlebens betrachtet wird (vgl. § 3 Nr. 2 SOG LSA).

## 39. Verfassungsmäßigkeit des Schutzguts der öffentlichen Ordnung

**a) Warum könnte man das Schutzgut der öffentlichen Ordnung als grundgesetzwidrig betrachten?**
**b) Warum wird man gleichwohl die öffentliche Ordnung als grundgesetzgemäß ansehen müssen?**

a) Die öffentliche Ordnung besteht aus ungeschriebenen Regeln, welche die Grundlage für Grundrechtseingriffe darstellen sollen. Dies könnte mit dem Gesetzesvorbehalt der Grundrechte kollidieren. Soll es auf die jeweils herrschenden Anschauungen ankommen, müssen diese überhaupt erst einmal – z. B. mit den Mitteln der Demographie – festgestellt werden, was aber in aller Regel nicht erfolgt. Soll die Meinung der Mehrheit maßgebend sein, werden abweichende Anschauungen und Lebensweisen möglicherweise unterdrückt, obgleich diese auch zulässige Grundrechtsausübung darstellen können. Zudem ist zu befürchten, dass in Großstädten einerseits, in ländlichen Regionen andererseits unterschiedliche Maßstäbe angelegt werden. Sind die ungeschriebenen Regeln schließlich unerlässliche Voraussetzung eines geordneten staatsbürgerlichen Zusammenlebens, dann sollte der Gesetzgeber sie auch normieren.

b) Trotz dieser Bedenken wird man die öffentliche Ordnung als grundgesetzgemäß ansehen müssen, weil das Grundgesetz selbst in Art. 13 VII; 35 II GG dieses Schutzgut anerkennt und man diese Bestimmungen nicht als anfängliches grundgesetzkernwidriges Verfassungsrecht wird ansehen können.

## 40. Betteln

**a) In der Fußgängerzone der Stadt S sitzt der Bettler A stumm am Straßenrand und bittet auf einem selbstgemalten Schild um Almosen. Ist dieses Verhalten zulässig?**
**b) Einige Meter weiter springt der Bettler B den Passanten in den Weg, fordert sie lautstark zu einer „Spende" auf und verfolgt sie ein Stück, wenn sie ihm nichts geben. Gegenüber der herbeigerufenen Polizei macht er geltend, Betteln sei Grundrechtsausübung und dementsprechend erlaubt. Zu Recht?**

a) Ja. Seit der Aufhebung des § 361 I Nr. 4 StGB im Jahr 1974 ist Betteln in Deutschland nicht mehr strafbar. Das bloß passive Betteln beeinträchtigt auch nicht die Rechtsgüter Dritter, und es besteht auch keine ungeschriebene Regel, wonach Passanten der Anblick von Bettlern nicht zumutbar sei.

b) In diesem Fall belästigt B die Passanten als Teil der Allgemeinheit, was nach h. M. eine Beeinträchtigung der öffentlichen Ordnung darstellt. B hat zudem den Ordnungswidrigkeitentatbestand des § 118 OWiG erfüllt, weshalb zugleich ein Verstoß gegen die öffentliche Sicherheit vorliegt.

## 41. Nacktheit in der Öffentlichkeit

**Nudist N ist begeisterter Nacktwanderer. a) Er läuft zunächst am FKK-Strand, b) dann im wenig besuchten Stadtwald und c) schließlich in der Innenstadt nackt herum. Liegt jeweils ein Verstoß gegen die öffentliche Ordnung vor?**

a) Nein. Am FKK-Strand entspricht das Verhalten des N der Widmung dieser Anlage und ist rechtmäßig.

b) Hier kommt es darauf an, ob andere Besucher des Stadtwaldes belästigt werden, was in einem wenig besuchten Stadtwald regelmäßig nicht der Fall sein dürfte.

c) Ja. In der vielbesuchten Innenstadt drängt N den anderen Passanten den Anblick seines entblößten Körpers auf, was diese belästigt und die öffentliche Ordnung beeinträchtigt. Es wird zugleich der Ordnungswidrigkeitentatbestand des § 118 OWiG erfüllt, worin auch ein Verstoß gegen die objektive Rechtsordnung als Teil der öffentlichen Sicherheit liegt.

## 42. Prostitution

**Erotikunternehmer E betreibt mehrere Bordelle, und zwar a) im Gewerbegebiet einer Großstadt, b) in einer Großstadt neben einer Schule, c) im Sperrbezirk einer Großstadt und d) in einer Kleinstadt mit 15.000 Einwohnern. Ist dieser Bordellbetrieb jeweils zulässig?**

a) Ja. Nach dem Prostitutionsgesetz vom 20.12.2001 (BGBl. I S. 3983) ist die Schaffung eines Arbeitsumfeldes für Prostituierte nicht mehr verboten, sofern diese nicht ausgebeutet werden. Baurechtlich ist ein Bordell als ein Gewerbebetrieb eigener Art einzuordnen und zumindest in einem Gewerbegebiet nach § 8 BauNVO zulässig.

b) Der Betrieb eines Bordells neben einer Schule stellt ungeachtet der bauplanungsrechtlichen Einordnung zumindest eine grob ungehörige, die Allgemeinheit gefährdende und die öffentliche Ordnung beeinträchtigende Handlung i. S. d. § 118 OWiG dar und ist dementsprechend verboten.

c) Nach Art. 297 I 1 Nr. 2 EGStGB kann die Landesregierung zum Schutz der Jugend oder des öffentlichen Anstands für Teile des Gebiets einer Großstadt durch Rechtsverordnung die Prostitution verbieten. Diese Ermächtigung kann sie gemäß Art. 297 II EGStGB auch auf andere Behörden, z. B. auf die jeweilige Kommune, übertragen. Wird einer solchen Sperrgebietsverordnung zuwidergehandelt, liegt zumindest ein Verstoß gegen die objektive Rechtsordnung als Schutzgut der öffentlichen Sicherheit vor.

d) Gemäß Art. 297 I 1 Nr. 1 EGStGB kann in kleineren Gemeinden die Prostitution vollständig verboten werden. Ist dies erfolgt, liegt auch hier ein Verstoß gegen die öffentliche Sicherheit vor.

## 43. Tötungsspiele

**a) Unternehmer U will eine Laserdromeanlage errichten lassen. In einer naturnahen Landschaft sollen Spieler in Tarnkleidung in einer kriegsähnlichen Simulation mit einem Infrarotsignalgeber, Phaser genannt, auf andere Spieler schießen können. Sofern diese an einem bestimmten, auf einer Schutzweste befestigten Signalgeber getroffen werden, gelten sie als „erschossen" und scheiden aus dem Spiel aus. Liegt eine Gefahr für die öffentliche Sicherheit und Ordnung vor?**
**b) Ändert sich etwas, wenn die Spieler in futuristischer Kleidung in einem Parcours aus künstlichen Hindernissen in streng geometrischen Formen an dem Laserdromespiel teilnehmen.**

a) Derzeit sind solche Tötungssimulationen weder gewerbe- noch baurechtlich verboten. Erblickt man in der kriegsähnlichen Ausgestaltung und in der spielerischen Simulation von Tötungshandlungen aber eine Verletzung der Menschenwürde der Teilnehmer, liegt darin zugleich ein Verstoß gegen die öffentliche Ordnung. Vgl. BVerwG, NVwZ 2002, S. 598–604, sowie *Kramer, Urs / Strube, Julie*, Der Streit ums Laserdrom – zugleich kritische Anmerkungen zu neuen Tendenzen in der Rechtsprechung des BVerwG, ThürVBl. 2003, S. 265–270; *Scheidler, Alfred,* Möglichkeiten behördlichen Einschreitens gegen Laserdrome- und Paintballanlagen, GewArch 2005, S. 312–319; ders., Verstoßen Tötungsspiele gegen die Menschenwürde?, Jura 2009, S. 575–578.

b) Je mehr das Spiel durch futuristische Kleidung und künstlich abstrakte Hindernisse verfremdet wird und sich von einer realen Kriegssituation entfernt, desto weniger wird man damit eine kriegsähnliche Simulation von Tötungshandlungen erblicken können, was eher gegen eine Verletzung der Menschenwürde der Teilnehmer sprechen dürfte.

## 44. Umgang mit Verstorbenen

**Der Anatom A ersetzt bei den Leichen Verstorbener mit deren Einverständnis Zellflüssigkeiten durch Kunststoffe (sog. Plastination) und stellt auf diese Weise großräumige Präparate her. In einer öffentlichen Ausstellung zeigt er zum einen eine Raucherlunge, zum anderen einen Leichnam in der Pose eines Basketballspielers. Liegt eine Gefahr für die öffentliche Sicherheit und Ordnung vor?**

Soweit A eine Raucherlunge zeigt, lässt sich der Eingriff in das postmortale Persönlichkeitsrecht der Verstorbenen durch das wissenschaftliche Interesse und den aufklärerischen Bildungszweck rechtfertigen. Sofern aber ein Leichnam in der Pose eines Basketballspielers gezeigt wird, dominiert der reine Unterhaltungszweck. Das Einverständnis des Verstorbenen ist nur beachtlich, sofern man in der Zurschaustellung nicht zugleich eine Verletzung der Menschenwürde erblickt. Bejaht man eine solche Verletzung, liegt darin zugleich ein Verstoß gegen die öffentliche Sicherheit und Ordnung. Siehe VGH Baden-Württemberg VBlBW 2006, S. 186–189, sowie *Benda, Ernst,* Von der Vergänglichkeit zum Plastinat. Zur „Körperwelten"-Ausstellung in Köln, NJW 2000, S. 1769–1771; *Finger, Thorsten / Müller, Philipp,* Körperwelten im Spannungsfeld von Wissenschaftsfreiheit und Menschenwürde, NJW 2004, S. 1073–1077; *Gotzen, Hans-Heiner,* Der praktische Fall – Die Körperwelten-Ausstellung, VR 2000, S. 384–387; *Röhl, Christoph,* Neuer Wirbel um die „Körperwelten". Plastinierte Liebesakte zwischen Menschenwürde und Wissenschaftsfreiheit, BayVBl 2010, S. 73–76; *Thiele, Christoph,* Plastinierte „Körperwelten", Bestattungszwang und Menschenwürde, NVwZ 2000, S. 405–408.

## 45. Weitere Schutzgüter?

**Gibt es weitere Schutzgüter der polizeilichen Generalklausel neben der öffentlichen Sicherheit und Ordnung?**

Nein. Diese beiden Schutzgüter sind abschließend, § 1 I MEPolG. Ältere Gesetze, wie § 10 II 17 PrALR von 1794, sahen hingegen auch noch die öffentliche Ruhe als weiteres Schutzgut vor. Die öffentliche Ruhe wird aber inzwischen durch das

BImSchG und andere Lärmschutzbestimmungen geschützt, bei deren Verletzung zugleich ein Verstoß gegen die objektive Rechtsordnung und damit gegen die öffentliche Sicherheit gegeben ist.

## § 7 Gefahr für die öffentliche Sicherheit und Ordnung

**Literatur:** *Pils, Michael Johannes*, Zum Wandel des Gefahrenbegriffs im Polizeirecht – Oder: Wie viele Körner bilden einen Haufen? -, DÖV 2008, S. 941–948; *Schlink, Bernhard*, Das Objektive und das Subjektive beim polizeirechtlichen Gefahrbegriff, Jura, 1999, S. 169–172; *Schoch, Friedrich*, Die „Gefahr“ im Polizei- und Ordnungsrecht, Jura 2003, S. 472–476; *Voßkuhle, Andreas*, Grundwissen – Öffentliches Recht: Der Gefahrenbegriff im Polizei- und Ordnungsrecht, JuS 2007, S. 908–909.

### 46. Begriff der konkreten Gefahr

Was versteht man unter einer konkreten Gefahr?

Eine konkrete Gefahr ist eine Sachlage, bei der im einzelnen Fall die hinreichende Wahrscheinlichkeit besteht, dass in absehbarer Zeit ein Schaden für die öffentliche Sicherheit oder Ordnung eintreten wird (vgl. § 3 Nr. 3 lit. a) SOG LSA).

### 47. Maßstab der konkreten Gefahr

**a) Im Hauptbahnhof der Stadt S wird ein herrenloser Koffer gefunden, aus dem Tickgeräusche zu vernehmen sind. Die Polizei befürchtet eine Bombe und bringt den Koffer an einer geschützten Stelle kontrolliert zur Explosion. Erst danach stellt sich heraus, dass sich in dem Koffer nur Kleidungsstücke und ein alter Wecker befanden. Lag eine Gefahr für die öffentliche Sicherheit vor?**
**b) Im Ausgangsfall hat ein Polizist zufällig beobachtet, wie der Kofferinhaber den Wecker hineinlegte, bevor er sich zur Toilette entfernte. Was ändert sich?**
**c) Wie wäre der Ausgangsfall zu beurteilen, wenn die Polizei sowohl das Vorhandensein als auch das Nichtvorhandensein einer Bombe für möglich hielt?**

a) Ja. Maßgeblich ist die ex ante – Sicht eines durchschnittlichen, verständigen Amtswalters. Aus dieser Perspektive ist die Polizei fehlerfrei davon ausgegangen, dass sich eine Bombe in dem Koffer befand. Für das Vorliegen einer Gefahr ist unerheblich, dass sich ex post herausstellte, dass tatsächlich keine Bombe vorhanden war.

b) Selbst wenn ein durchschnittlicher, verständiger Amtswalter vom Vorliegen einer Gefahr ausginge, ist zusätzliches Sonderwissen des Amtswalters in der konkreten Situation stets zu berücksichtigen. Es lag daher keine konkrete Gefahr vor und die Polizei handelte rechtswidrig.

c) Bei einem solchen Gefahrenverdacht sind grds. nur vorläufige Maßnahmen zulässig (sog. Gefahrerforschungsmaßnahmen). Angesichts des besonderen Ausmaßes der drohenden Gefahr durfte die Polizei in diesem Fall allerdings trotz ihrer Ungewissheit auch zu endgültigen Maßnahmen wie der Vernichtung des Koffers greifen.

## 48. Überschreiten der Gefahrenschwelle

**a) In welchem Verhältnis stehen die Elemente der Wahrscheinlichkeit und des Ausmaßes des drohenden Schadens zueinander im Hinblick auf das Überschreiten der Gefahrenschwelle?**
**b) Was besagt also die „Je-desto-Formel“?**

a) Die Gefahrenschwelle wird überschritten, falls mit hoher Wahrscheinlichkeit ein zumindest geringer Schaden für die öffentliche Sicherheit und Ordnung droht oder wenn mit geringer Wahrscheinlichkeit ein großer Schaden für die öffentliche Sicherheit und Ordnung zu befürchten ist.

b) Die „Je-desto-Formel“ tritt in zwei Varianten auf: Zum einen gilt, dass je größer und folgenreicher der drohende Schaden ist, desto geringere Anforderungen an die Wahrscheinlichkeit des Schadenseintritts zu stellen sind. Dem entspricht zum anderen, dass je größer die Wahrscheinlichkeit des Schadenseintritts ist, desto geringer das Ausmaß des drohenden Schadens sein muss.

## 49. Einzelfälle des Überschreitens der Gefahrenschwelle

**Liegt in den folgenden Fällen jeweils eine Gefahr vor?**
**a) Ein an einer vielbefahrenen Straße stehender großer Baum ist morsch und droht auf die Straße zu stürzen.**
**b) Ein gesunder Nadelbaum steht an der Straße, der nur bei einem starken Sturm entwurzelt zu werden droht.**
**c) Fall wie a), aber der Baum steht mitten im Wald fern von jedem Weg.**
**d) Fall wie b), aber auch dieser Baum steht mitten im Wald fern von jedem Weg.**

a) Ja. Es besteht eine hohe Wahrscheinlichkeit des Eintritts eines großen Schadens.

b) Nein. Zwar drohte bei Umsturz des Baumes ein großer Schaden, dieses Ereignis ist jedoch unwahrscheinlich.

c) Nein. Zwar ist der Umsturz des Baumes wahrscheinlich, der drohende Schaden aber gering.

d) Nein. Es ist sowohl die Wahrscheinlichkeit des Umsturzes gering als auch das Ausmaß des drohenden Schadens.

## 50. Kinderlärm

**In einem Mehrfamilienhaus ist im Erdgeschoss eine Kindertagesstätte untergebracht, aus der regelmäßig erheblicher Lärm dringt, der die Grenzwerte des BImSchG überschreitet. Liegt eine Gefahr für die öffentliche Sicherheit vor?**

Nein. Zwar werden die Grenzwerte des BImSchG überschritten, was an sich einen Verstoß gegen die objektive Rechtsordnung als Teil des Schutzgutes öffentliche Sicherheit bedeutet, jedoch stellen gemäß § 22 Ia 1 BImSchG Geräuscheinwirkungen, die von Einrichtungen für Kinder hervorgerufen werden, im Regelfall keine schädliche Umwelteinwirkung dar. Zudem dürfen gemäß § 22 Ia 2 BImSchG zur Beurteilung der Geräuscheinwirkungen Immissionsgrenz- und -richtwerte nicht herangezogen werden. Eine Gefahr für die öffentliche Sicherheit könnte daher nur noch angenommen werden, wenn ein anderes Schutzgut der öffentlichen Sicherheit auch unter Anlegung eines strengen Maßstabs gefährdet wäre, etwa die Gesundheit der übrigen Hausbewohner. Dafür bestehen hier keine Anhaltspunkte. Siehe *Fricke, Hanns-Christian / Schütte, Matthias*, Die Privilegierung des Kinderlärms im Bundes-Immissionsschutzgesetz – Eine rechtliche Anmerkung zu § 22 Abs. 1a BImSchG, ZUR 2012, S. 89–95; *Rojahn, Ondolf*, Kinderlärm zwischen Immissionsschutz und Sozialadäquanz, ZfBR 2010, S. 752–757; *Schröer, Thomas*, Neues zum Schutzgut Kinderlärm, NZBau 2010, S. 303–305; *Stollenwerk, Detlef*, Kinderlärm im Miet-, Wohnungseigentums- und Nachbarrecht, NZM 2004, S. 289–292.

## 51. Ziviler Ungehorsam

**Die Deutsche Bahn hat eine weitere Erhöhung der Fahrpreise im Nahverkehr angekündigt. Empörte Fahrgäste verabreden sich daraufhin zu folgender Protestaktion: Sie hängen sich Schilder um, auf denen steht: „Ich fahre ohne Fahrschein. Für einen freien ÖPNV!", besteigen Nahverkehrszüge und fahren auf derselben Strecke hin und her. Liegt eine Gefahr für die öffentliche Sicherheit vor?**

Ja. Zwar sind die Voraussetzungen einer Bestrafung nach § 265a StGB wegen Erschleichens von Leistungen nicht gegeben, weil die Fahrgäste gerade demonstrativ die Fahrleistung ohne die geforderte Gegenleistung in Anspruch nehmen. Doch auch der Verstoß gegen die Beförderungsbedingungen eines öffentlichen Verkehrsunternehmens, der nicht mit Strafe bedroht ist, stellt noch einen Verstoß gegen die objektive Rechtsordnung dar. Die Fahrgäste sind auch nicht unter dem Gesichtspunkt des sog. „Zivilen Ungehorsams" gerechtfertigt. Denn selbst wenn man diesen als Mittel anerkannte, auf tatsächliche oder vermeintliche Missstände durch demonstrative Übertretung eher unwichtigerer Normen mit möglichst geringem tatsächlichem Schaden aufmerksam zu machen, so wird dadurch das Handeln der Fahrgäste nicht gerechtfertigt. Auch der demonstrative Normverstoß bleibt ein Normverstoß. A. A. *Dreier, Ralf*, Scupin-FS, 1983, S. 573 ff.

## 52. Gegenwärtige Gefahr

**a) Was versteht man unter einer gegenwärtigen Gefahr?**
**b) Bei welchen polizeilichen Maßnahmen spielt das Erfordernis einer gegenwärtigen Gefahr eine Rolle?**

a) Eine gegenwärtige Gefahr ist eine Gefahr, bei der das schädigende Ereignis bereits begonnen hat oder unmittelbar oder in allernächster Zeit mit einer an Sicherheit grenzenden Wahrscheinlichkeit bevorsteht (vgl. § 3 Nr. 3 lit. b) SOG LSA).

b) Die Gegenwärtigkeit der Gefahr hat im Polizei- und Ordnungsrecht v. a. zwei Funktionen: Zum einen ersetzt sie das Fehlen einer anderen tatbestandlichen Voraussetzung, zum anderen dient sie als zusätzliche Voraussetzung bei besonders schwerwiegenden Maßnahmen. Das Fehlen einer anderen Voraussetzung wird ersetzt beim Tätigwerden an sich unzuständiger Polizeibeamter eines anderen Landes statt derjenigen des eigenen Landes, bei der Inanspruchnahme eines Notstandspflichtigen an Stelle eines Verantwortlichen, beim Absehen von der Androhung eines Zwangsmittels sowie bei der Ausübung von Verwaltungszwang ohne vorangegangenen Grundverwaltungsakt. Als zusätzliche Voraussetzung bei besonders schwerwiegenden Eingriffen fungiert die Gegenwärtigkeit der Gefahr beim polizeilichen Schusswaffengebrauch sowie in einzelnen Fallgruppen polizeilicher Standardmaßnahmen wie der Wohnungsverweisung, dem Betreten und Durchsuchen von Wohnungen oder der Sicherstellung von Sachen.

## 53. Erhebliche Gefahr

**a) Was versteht man unter einer erheblichen Gefahr?**
**b) Bei welchen polizeilichen Maßnahmen spielt das Erfordernis einer erheblichen Gefahr eine Rolle?**

a) Eine erhebliche Gefahr ist eine Gefahr für ein bedeutsames Rechtsgut, wie Leben, Gesundheit, Freiheit, wesentliche Vermögenswerte oder den Bestand des Staates (vgl. § 3 Nr. 3 lit. c) SOG LSA).

b) Die Polizeigesetze fordern eine erhebliche Gefahr für bestimmte Fälle der Datenerhebung und Datenübermittlung sowie zusätzlich zur Gegenwärtigkeit der Gefahr bei der Inanspruchnahme Notstandspflichtiger und des Einsatzes von Polizeibeamten anderer Länder an Stelle des eigenen.

## 54. Gefahr für Leib oder Leben

**a) Was ist eine Gefahr für Leib oder Leben?**
**b) Bei welchen polizeilichen Maßnahmen spielt das Erfordernis einer Gefahr für Leib oder Leben eine Rolle?**

a) Eine Gefahr für Leib oder Leben ist eine Gefahr, bei der eine nicht nur leichte Körperverletzung oder der Tod einzutreten droht (vgl. § 3 Nr. 3 lit. d) SOG LSA).

b) Es sind v. a. zwei Gruppen von Maßnahmen zu nennen: Zum einen setzen zahlreiche polizeiliche Standardmaßnahmen eine Gefahr für Leib oder Leben voraus, z. B. die zwangsweise Durchsetzung der Vorladung, Vorführung genannt, oder der Schutzgewahrsam. Zum anderen sind bestimmte Formen des Schusswaffeneinsatzes als Mittel der Verwaltungsvollstreckung von einer Gefahr für Leib oder Leben abhängig.

## 55. Gefahr im Verzug

**a) Wann liegt eine Gefahr im Verzug vor?**
**b) In welchen Fällen beziehen sich die Polizeigesetze üblicherweise auf die Gefahr im Verzug?**

a) Eine Gefahr im Verzug ist eine Sachlage, bei der ein Schaden einträte, wenn nicht an Stelle der zuständigen Behörde oder Person eine andere Behörde oder Person tätig wird (vgl. § 3 Nr. 6 SOG LSA).

b) Da die meisten polizeirechtlichen Maßnahmen ohnehin von jedem Polizeivollzugsbeamten durchgeführt werden können, kann die Gefahr im Verzug nur bei solchen Maßnahmen eine Rolle spielen, bei denen der Kreis der anordnenden Stellen enger gezogen ist. Das sind die Maßnahmen, die unter einem Richter- oder zumindest einem Behördenleitervorbehalt stehen und bei denen nur in Notfällen von diesem Vorbehalt eine Ausnahme gemacht wird. Es handelt sich v. a. um die Durchsuchung und die Wohnraumüberwachung als Eingriffe in das unter Richtervorbehalt nach Art. 13 II bis IV GG stehende Grundrecht der Unverletzlichkeit der Wohnung und die zwangsweise Vorführung eines Vorgeladenen als Eingriff in die ebenfalls unter Richtervorbehalt nach Art. 104 II GG stehende Fortbewegungsfreiheit. Auch die Anordnung von Kontrollstellen ist regelmäßig dem Behördenleiter vorbehalten, wovon nur bei Gefahr im Verzug dispensiert wird.

## 56. Anscheinsgefahr und Scheingefahr

**Der Rollstuhlfahrer R stellt seinen PKW auf einem Behindertenparkplatz ab, vergisst aber, seinen Parkausweis mit Rollstuhlfahrersymbol (Zusatzzeichen lit. d) zu Zeichen 314 der Anlage 3 zur StVO) gut sichtbar hinter der Windschutzscheibe auszulegen.**
**a) Durfte der vorbeikommende Polizist P den Wagen abschleppen lassen, wenn sich später der wahre Sachverhalt herausstellt?**
**b) P kennt zufällig den Wagen des R. Ändert sich etwas an der Beurteilung?**
**c) Wie wäre der Fall a) zu beurteilen, wenn der Wagen des R auch rein äußerlich gut als Wagen eines Rollstuhlfahrers zu erkennen gewesen wäre?**

a) Ja. Aus der Sicht eines verständigen, durchschnittlichen Polizeibeamten in der Rolle des P lag ex ante ein Verstoß gegen die Vorschriften der StVO und damit eine Gefahr für die öffentliche Sicherheit vor. Unerheblich ist, dass sich ex post ergibt, dass tatsächlich überhaupt keine Gefahr bestand. Man spricht von einer sog. Anscheinsgefahr, die grds. wie eine konkrete Gefahr behandelt wird.

b) Ja. Darüber hinausgehendes Sonderwissen des einzelnen Amtswalters ist bei der möglichen Einordnung als Gefahr zu berücksichtigen. Hier fehlt es bereits an einer Anscheinsgefahr.

c) Wäre der Wagen des R auch schon rein äußerlich als Fahrzeug eines Rollstuhlfahrers erkennbar gewesen, hätte auch ein durchschnittlicher Amtswalter in der Rolle des P ersehen müssen, dass kein Verstoß gegen die StVO und damit auch keine Gefahr für die öffentliche Sicherheit vorlag. Es hätte dann lediglich eine Scheingefahr gegeben, auch Putativgefahr genannt, die nicht zum Einschreiten berechtigte.

## 57. Abstrakte Gefahr

**a) Was versteht man unter einer abstrakten Gefahr?**
**b) Für welche gefahrenabwehrrechtlichen Handlungsformen ist die abstrakte Gefahr von Bedeutung?**
**c) Warum spielt die abstrakte Gefahr im Alltag der Vollzugspolizei keine Rolle?**
**d) Was versteht man in Bayern unter einer allgemeinen Gefahr?**

a) Eine abstrakte Gefahr ist eine nach allgemeiner Lebenserfahrung oder nach den Erkenntnissen fachkundiger Stellen mögliche Sachlage, die im Falle ihres Eintritts eine konkrete Gefahr darstellt (vgl. § 3 Nr. 3 lit. f) SOG LSA).

b) Die abstrakte Gefahr ist Voraussetzung für den Erlass gefahrenabwehrrechtlicher Verordnungen.

c) Für die Vollzugspolizei ist die abstrakte Gefahr grds. ohne Bedeutung, weil im Zuge der Entpolizeilichung des Gefahrenabwehrrechts gefahrenabwehrrechtliche Verordnungen von den kommunalen und staatlichen Ordnungsbehörden erlassen werden, nicht aber von der Vollzugspolizei.

d) Nach Art. 2 I BayPAG hat die Polizei u. a. die Aufgabe, die allgemein oder im Einzelfall bestehenden Gefahren für die öffentliche Sicherheit oder Ordnung abzuwehren. Bei der Abwehr allgemein bestehender Gefahren geht es um Vorfeldmaßnahmen der Polizei wie Streifenfahrten, Warnungen und Belehrungen, die der Vorbereitung der Abwehr künftiger konkreter Gefahren dienen. Die Abwehr einer allgemeinen Gefahr ermächtigt damit noch nicht zum Verordnungserlass.

## 58. Gefahrenverdacht

**a) Die Polizei erhält einen anonymen Anruf, in 20 Minuten werde in einer vielbesuchten Diskothek eine Bombe explodieren. Darf die Polizei die Diskothek räumen lassen, wenn es polizeilicher Erfahrung entspricht, dass in mehr als 90 % der Fälle solchen Anrufen keine tatsächliche Bedrohung entspricht?**
**b) Nach polizeilicher Räumung der Diskothek stellt sich bei der Durchsuchung heraus, dass tatsächlich keine Bombe vorhanden war. Kann der Betreiber der Diskothek Ersatz für den entgangenen Umsatz verlangen?**

a) In den Fällen des Gefahrverdachts ist ex ante unklar, ob eine Gefahr vorliegt oder nicht. Die Polizei darf zumindest vorläufige Maßnahmen zur Aufklärung der Gefahrenlage ergreifen. Solch ein Gefahrerforschungseingriff wird auf die polizeiliche Generalklausel gestützt. Dabei wird entweder der Gefahrenverdacht der Gefahr gleichgesetzt oder die Generalklausel entsprechend herangezogen. Ob ex post der Verdacht sich bestätigt oder nicht, ist für die Rechtmäßigkeit des Gefahrerforschungseingriffs ohne Belang. Siehe *Poscher, Ralf*, Der Gefahrverdacht, Das ungelöste Problem der Polizeirechtsdogmatik, NVwZ 2001, S. 141–147.

b) Der von einem Gefahrenverdacht Betroffene muss die polizeiliche Maßnahme grds. entschädigungslos hinnehmen. Allenfalls könnte man erwägen, ihm in entsprechender Anwendung der Vorschriften über die Entschädigung Notstandspflichtiger einen Ersatzanspruch zuzubilligen. Entgangener Gewinn ist aber auch danach nur ersatzfähig, wenn und soweit dies zur Abwendung unbilliger Härten geboten erscheint. Dies dürfte hier nicht der Fall sein.

## § 8 Adressaten behördlicher Maßnahmen

### I. Verhaltensverantwortlicher

**Literatur:** *Beaucamp, Guy / Seifert, Jens,* Soll der Zweckveranlasser weiterleben?, JA 2007, S. 577–580; *Hollands, Martin,* Gefahrenzurechnung im Polizeirecht, 2005; *Schoch, Friedrich,* Der Zweckveranlasser im Gefahrenabwehrrecht, Jura 2009, S. 360–366; *Selmer, Peter,* Der Begriff der Verursachung im allgemeinen Polizei- und Ordnungsrecht, JuS 1992, S. 97–102; *Stollenwerk, Detlef,* Verhaltensverantwortlichkeit und Kausaltheorien im Polizeirecht, VR 1999, S. 117–119; *Weidemann, Holger / Barthel, Thorsten F.,* Ordnungsrechtliche Verantwortlichkeit und Zweckveranlasser, VR 2007, S. 217–219.

#### 59. Begriff des Verhaltensverantwortlichen

a) Was versteht man unter einem Verhaltensverantwortlichen?
b) Worin liegen die Unterschiede zwischen einem Verhaltensverantwortlichen und einem Täter im strafrechtlichen Sinne?

a) Ein Verhaltensverantwortlicher i. S. v. § 4 I MEPolG ist ein Verantwortlicher, der durch sein Tun, Dulden oder Unterlassen selbst eine Gefahr verursacht.

b) Bei dem Verhaltensverantwortlichen kommt es nur auf die Verursachung der Gefahr an, die nicht gerechtfertigt werden kann. Der Täter im strafrechtlichen Sinne hingegen muss zusätzlich auch schuldfähig sein und nicht schuldlos oder entschuldigt gehandelt haben.

#### 60. Kausalitätstheorien

a) Was besagt die Äquivalenztheorie?
b) Wonach bestimmt sich im Polizei- und Ordnungsrecht in Ergänzung der Äquivalenztheorie die Verursachung einer Gefahr?
c) Wie wird die Äquivalenztheorie im Zivilrecht eingeschränkt?
d) Auf welche Weise wird die Äquivalenztheorie im Strafrecht begrenzt?

a) Die Äquivalenztheorie besagt, dass jedes Verhalten äquivalent kausal ist, das nicht hinweggedacht werden kann, ohne dass der Erfolg entfiele. Weil danach die verschiedensten, auch ganz fernen Ursachen, wie z. B. die Zeugung der Eltern des Täters, gleichermaßen kausal sind, bedarf die Äquivalenztheorie in den einzelnen Rechtsgebieten der Einschränkung.

b) Im Polizei- und Ordnungsrecht wird die Äquivalenztheorie in verschiedener Weise ergänzt. Dabei können eher faktische und eher normative Theorien unterschieden werden. Nach der Theorie der unmittelbaren Verursachung muss der Verhaltensverantwortliche die Gefahr ohne weitere Zwischenschritte selbst verursacht haben. Nach wohl herrschender Auffassung muss der Verhaltensverantwortliche selbst die Gefahrenschwelle überschritten haben. Nach der normativ geprägten Theorie der pflichtwidrigen Verursachung hingegen muss der Verhaltensverantwortliche gegen eine Pflicht verstoßen haben. Dies wird noch verschärft durch die Theorie der rechtswidrigen Verursachung, wonach der Verhaltensverantwortliche gegen eine Rechtsnorm verstoßen haben muss.

c) Im Zivilrecht wird die Äquivalenztheorie durch die Adäquanztheorie eingeschränkt. Danach darf die Möglichkeit des Schadenseintritts nicht außerhalb aller Wahrscheinlichkeit liegen.

d) Im Strafrecht schließlich wird die Äquivalenztheorie durch die Lehre von der objektiven Zurechnung begrenzt. Danach muss der Täter ein rechtlich relevantes Risiko geschaffen haben, das sich im Erfolg realisiert hat.

### 61. Verhaltensverantwortlichkeit durch Unterlassen

**a) Nach Errichtung einer Stützmauer an seiner Grundstücksgrenze lässt A diese verrotten, so dass sie nunmehr auf die Straße zu stürzen droht. Kann A als Verhaltensverantwortlicher in Anspruch genommen werden?**
**b) Welche Fallgruppen der strafrechtlichen Garantenstellung bei unechten Unterlassungsdelikten gemäß § 13 StGB sind zu unterscheiden? Können diese auf die Verhaltensverantwortlichkeit durch Unterlassen übertragen werden?**

a) Ja. Die Verhaltensverantwortlichkeit wird nicht nur durch Tun, sondern auch durch pflichtwidriges Unterlassen begründet. Hier war A aus der vorangegangenen Errichtung der Stützmauer verpflichtet, diese auch in einem verkehrssicheren Zustand zu erhalten. Unabhängig davon ist A auch als Eigentümer des Grundstücks einschließlich des wesentlichen Bestandteils Stützmauer gemäß §§ 903; 93; 94 BGB Zustandsverantwortlicher.

b) Im Strafrecht unterscheidet man gemäß § 13 StGB bei unechten Unterlassungsdelikten die Garantenstellung aus Gesetz, Vertrag und Ingerenz, d. h. aus vorangegangenem, pflichtwidrigem Verhalten. Im Polizei- und Ordnungsrecht kann eine Verhaltensverantwortlichkeit durch Unterlassen grds. unter den gleichen Gesichtspunkten begründet werden. So können eine ausdrückliche gesetzliche Verpflichtung zum Tun oder eine vertragliche Übernahme einer Aufgabe ebenfalls eine Verhaltensverantwortlichkeit durch Unterlassen nach sich ziehen. Im Unterschied zu der an einem Schuldvorwurf anknüpfenden strafrechtlichen Ingerenz muss das vorangegangene Verhalten im Polizei- und Ordnungsrecht aber nicht zwingend seinerseits bereits pflichtwidrig gewesen sein.

## 62. Minderjährige und Geschäftsunfähige als Verhaltensverantwortliche

Das Kindergartenkind K spielt an einer Tankstelle mit Streichhölzern. Gegen wen kann die Polizei vorgehen?

Die Polizei kann nach § 4 II MEPolG zum einen gegen K selbst vorgehen, zum anderen gegen die Aufsichtspflichtigen, d. h. regelmäßig gegen die Eltern, die die Personensorge nach § 1626 I BGB tragen.

## 63. Verrichtungsgehilfe als Verhaltensverantwortlicher

a) Der Arbeiter A des Fabrikanten F kippt giftige Flüssigkeiten in die Kanalisation. Gegen wen kann die Polizei vorgehen?
b) F beruft sich darauf, dass er den A sorgfältig ausgesucht und überwacht habe. Bislang sei es noch nie zu einem solchen Vorfall gekommen. Hilft diese Argumentation dem F?
c) Ändert sich etwas, wenn A nicht bei F, sondern bei der G-GmbH beschäftigt ist?

a) Zum einen kann die Polizei gegen den A als Verrichtungsgehilfen des F vorgehen, der selbst unmittelbar die Gefahrenschwelle überschritten hat. Zum anderen kann sie sich auch an den Geschäftsherrn F halten, der den A generell zu der Verrichtung bestellt hat, selbst wenn A im Einzelfall nicht auf Weisung des F gehandelt hat, § 4 III MEPolG.

b) Nein. Die Exkulpationsmöglichkeit nach § 831 I 2 BGB findet im Polizei- und Ordnungsrecht keine Anwendung.

c) Nun kann die Polizei neben A auch gegen die G-GmbH vorgehen. Gefahrenabwehrrechtliche Maßnahmen können grds. auch gegen juristische Personen gerichtet werden.

## 64. Begriff des Zweckveranlassers

a) Was versteht man unter einem Zweckveranlasser?
b) Wann ist nach der objektiven, wann nach der subjektiven Theorie jemand als Zweckveranlasser zu betrachten?
c) Welcher strafrechtlichen Figur ist der Zweckveranlasser am ehesten vergleichbar?

a) Ein Zweckveranlasser ist jemand, der das Überschreiten der Gefahrenschwelle durch einen anderen bewirkt. Der Zweckveranlasser ist neben dem anderen selbst Verhaltensverantwortlicher.

b) Nach der objektiven Theorie ist jemand Zweckveranlasser, wenn als typische Folge seines Verhaltens ein anderer die Gefahrenschwelle überschreitet. Nach der subjektiven Theorie muss der Zweckveranlasser das Überschreiten der Gefahrenschwelle durch einen anderen zumindest billigend in Kauf nehmen.

c) Der Zweckveranlasser als „Störer hinter dem Störer" ähnelt am ehesten dem „Täter hinter dem Täter", der hinter einem vorsätzlich, rechtswidrig und schuldhaft handelnden Täter selbst Täter ist und nicht bloß Anstifter. Siehe *Schmelz, Christoph,* Die Entwicklung der dogmatischen Figuren des Zweckveranlassers und der latenten Gefahr, BayVBl 2001, S. 550–554.

## 65. Verhaltensverantwortlicher als Zweckveranlasser

**a) Die rechtsextreme Rockband R spielt auf einem Konzert einen ihrer Instrumentalhits. Die Konzertbesucher singen dazu – wie früher auch schon einmal – einen ausländerfeindlichen Liedtext. Ist R verantwortlich für die Gefahr für die öffentliche Sicherheit und Ordnung?**
**b) Nachdem der Mieter M mit drei Monatsmieten in Rückstand geraten ist, kündigt ihm Vermieter V, wodurch M schließlich obdachlos wird. Ist V Verhaltensverantwortlicher?**

a) Ja. Zunächst sind die Konzertbesucher Verhaltensverantwortliche. Deren Handeln ist aber die typische Folge des von R gespielten Instrumentalhits. Zudem dürfte R als rechtsextreme Band auch das Singen des Liedtextes durch die Konzertbesucher beabsichtigt haben. Die Mitglieder von R sind daher sowohl nach der objektiven als auch nach der subjektiven Theorie Verhaltensverantwortliche hinter den Konzertbesuchern als Verhaltensverantwortliche und damit Zweckveranlasser. Zum historischen Borkumlied siehe PrOVGE 80, 176, anders dann der Schaufensterfall PrOVGE 85, 270.

b) Nein. Eine Gefahr für die öffentliche Sicherheit und Ordnung hat allein der M zu verantworten. Zwar geht die Obdachlosigkeit des M auf die Kündigung durch V zurück, V hat damit aber lediglich von seinen zivilrechtlichen Rechten nach § 543 II 1 Nr. 3 BGB Gebrauch gemacht. Wer aber von der Rechtsordnung bereitgestellte Gestaltungsrechte nutzt, der überschreitet nicht selbst die Gefahrenschwelle. V kann aber als Notstandspflichtiger in Anspruch genommen werden (siehe Fall 79).

## 66. Facebookparty

**a) Teenager T lädt zur Feier seiner Volljährigkeit via Facebook zu einer öffentlichen Party in das Haus seiner Eltern ein. Nachdem über 500 Jugendliche erschienen sind, kommt es zu Alkoholexzessen, Sachbeschädigungen und Pöbeleien. Was kann die von Nachbarn herbeigerufene Polizei gegen die Randalierer unternehmen?**
**b) Kann die Polizei auch gegen T selbst vorgehen?**
**c) Änderte sich etwas, wenn T nur versehentlich versäumt hätte, die Option „öffentlich" bei der Einladung zu deaktivieren?**

a) Die Polizei kann die Identität der Randalierer feststellen, § 9 I Nr. 1 MEPolG, gegen sie Platzverweise, § 12 I MEPolG, aussprechen und sie ggf. vorläufig in Gewahrsam nehmen, § 13 I MEPolG.

b) Zwar hat T selbst die Störungen nicht unmittelbar verursacht, er könnte aber Zweckveranlasser sein. Wohl hat T möglicherweise nicht beabsichtigt, so viele Gäste einzuladen, eine unüberschaubare Anzahl von Gästen stellt indes die typische Folge einer öffentlichen Einladung via Facebook dar. Die Polizei könnte dem Verhaltensverantwortlichen T etwa auf der Grundlage der polizeilichen Generalklausel aufgeben, die Party für beendet zu erklären. Siehe *Ernst, Christian*, Die öffentlich-rechtliche Behandlung von Flashmobs und die Zurechnung von Informationsflüssen, DÖV 2011, S. 537–545; *Levin, Ilya / Schwarz, Michael*, Zum polizeirechtlichen Umgang mit sog. Facebook-Partys – „Ab geht die Party und die Party geht ab!" … oder doch nicht?, DVBl. 2012, S. 10–17; *Neumann, Conrad*, Flashmobs, Smartmobs, Massenpartys, Die rechtliche Beurteilung moderner Kommunikations- und Interaktionsformen, NVwZ 2011, S. 1171–1178; *Rieble, Volker*, Flash-Mob – ein neues Kampfmittel?, NZA 2008, S. 796–799.

c) Sofern man der objektiven Theorie zur Zweckveranlassung folgt, wonach Zweckveranlasser bereits derjenige ist, dessen Verhalten als typische Folge die Störung der öffentlichen Sicherheit und Ordnung durch Dritte hervorruft, ändert sich an den Möglichkeiten der Polizei nichts, weil es danach nicht auf subjektive Elemente und ein etwaiges Verschulden des T ankommt. Schließt man sich indes der subjektiven Theorie zur Zweckveranlassung an, wonach der Zweckveranlasser zumindest von dem Verhalten der Störer, die unmittelbar die Gefahrenschwelle überschritten haben, gewusst haben muss, so könnte man dies bei T hier verneinen. Selbst dann könnte T aber immer noch als Notstandspflichtiger in Anspruch genommen und zur Absage der Party aufgefordert werden.

### 67. Schädigung des Verursachers

**Auf einen Zug des privaten Bahnunternehmers B wird ein Bombenanschlag verübt. Können ohne besondere gesetzliche Regelung dem B Sicherheitsmaßnahmen gegen solche Anschläge mit der Begründung aufgegeben werden, mit Anschlägen auf Züge sei als typische Folge des Bahnbetriebs zu rechnen und B sei daher Zweckveranlasser?**

Nein. Der Bombenanschlag ist von B nicht beabsichtigt. Selbst wenn man der objektiven Theorie des Zweckveranlassers anhinge und den Anschlag als die typische Folge des Bahnbetriebs betrachtete, unterbricht doch das vorsätzliche, rechtswidrige und schuldhafte Dazwischentreten der Terroristen den Zurechnungszusammenhang. Strafrechtlich gesprochen ist B hier lediglich selbst Opfer, aber kein Täter hinter dem Täter. Zur Eigensicherungspflicht siehe Fall 81.

## II. Zustandsverantwortlicher

**Literatur:** *Binder, Markus,* Die polizeiliche Zustandshaftung als Gefährdungshaftungstatbestand, 1991; *Eckstein, Christoph,* Einschränkungen der polizeirechtlichen Zustandsverantwortlichkeit, BWVPr 1994, S. 251–254; *Hummel, David,* Zur Zustandsverantwortlichkeit des Eigentümers im Gefahrenabwehrrecht, Verw 43 (2010), S. 521–544; *Kränz, Joachim,* Zustandsverantwortlichkeit im Recht der Gefahrenabwehr, 1990; *Pischel, Gerhard,* Dereliktion und Haftung des Zustandsstörers, VBlBW 1999, S. 166–168.

## 68. Begriff des Zustandsverantwortlichen

**Was versteht man unter einem Zustandsverantwortlichen?**

Ein Zustandsverantwortlicher ist gemäß § 5 I MEPolG derjenige, der kraft seiner tatsächlichen Einwirkungsmöglichkeiten oder seiner gegenwärtigen oder vergangenen rechtlichen Beziehung zu einer Sache oder einem Tier für die davon ausgehenden Gefahren einzustehen hat.

## 69. Überblick über die Zustandsverantwortlichen

**Nach einem schweren Sturm drohen Dachziegel von einem Haus auf einen vielbenutzten Gehweg zu fallen. Können zur Beseitigung der Gefahr in Anspruch genommen werden**
**a) der Mieter des Hauses?**
**b) der Eigentümer?**
**c) der Erbbauberechtigte?**
**d) der frühere Eigentümer, der das Eigentum aufgegeben hat?**

a) Ja. Der Mieter kann als Inhaber der tatsächlichen Gewalt gemäß § 854 BGB in Anspruch genommen werden, vgl. § 5 II MEPolG.

b) Ja. Maßnahmen können auch gegen den Eigentümer einer Sache nach § 903 BGB gerichtet werden, vgl. § 5 II MEPolG.

c) Ja. Ein Erbbauberechtigter nach dem ErbbauRG ist ein sonstiger Berechtigter i. S. d. Vorschriften über die Zustandsverantwortlichkeit, vgl. § 5 II MEPolG.

d) Sofern die Sache noch herrenlos ist, können Maßnahmen auch gegen denjenigen gerichtet werden, der gemäß § 959 BGB das Eigentum an der Sache aufgegeben hat, vgl. § 5 III MEPolG.

## 70. Inhaber der tatsächlichen Gewalt als Zustandsverantwortlicher

**A hat den Wagen des B gestohlen und diesen nach einer Spritztour schrottreif in einem Waldstück abgestellt. Wer kann als Zustandsverantwortlicher zur Beseitigung des Wagens in Anspruch genommen werden?**

Solange A mit dem Wagen unterwegs war, übte er die tatsächliche Gewalt über das Fahrzeug aus und konnte als Zustandsverantwortlicher in Anspruch genommen werden. Nach dem Abstellen des Fahrzeugs hat A allerdings die tatsächliche Gewalt über den Wagen aufgegeben. Er kann daher zumindest als Zustandsverantwortlicher nicht in Anspruch genommen werden. Der Eigentümer B konnte solange nicht als

Zustandsverantwortlicher in Anspruch genommen werden, solange A ohne seinen Willen die tatsächliche Gewalt über den Wagen ausübte. Nachdem A aber die tatsächliche Gewalt aufgegeben hatte, lebte die Zustandsverantwortlichkeit des B wieder auf (str.).

## 71. Parallelen zum Zivil- und Strafrecht

**Welche Parallelen lassen sich zwischen dem Inhaber der tatsächlichen Gewalt und den entsprechenden a) zivil- und b) strafrechtlichen Rechtsinstituten ziehen?**

a) Im Zivilrecht entspricht dem Inhaber der tatsächlichen Gewalt am ehesten der Besitzer nach § 854 BGB.

b) Im Strafrecht ähnelt der Inhaber der tatsächlichen Gewalt am meisten dem Gewahrsamsinhaber.

## 72. Eigentümer als Zustandsverantwortlicher

**A und B sind Miteigentümer eines Gartengrundstücks, von dem Äste in den öffentlichen Straßenraum ragen.**
**a) Kann die zuständige Behörde von A den Rückschnitt der Äste verlangen?**
**b) Was muss die Behörde ergänzend gegen B verfügen?**

a) Ja. Im Falle des Miteigentums nach §§ 1008 ff. BGB ist jeder Miteigentümer für sich genommen Zustandsverantwortlicher für die auch ihm gehörende Sache. Das Eigentum an dem Grundstück erstreckt sich gemäß § 93 BGB auch auf die wesentlichen Bestandteile des Grundstücks, wozu nach § 94 I BGB auch die auf dem Grundstück befindlichen Pflanzen gehören.

b) Die Behörde muss ergänzend gegen B eine Duldungsverfügung erlassen. Nur dann hat B den geforderten Rückschnitt der Äste durch A hinzunehmen.

## 73. Beschränkt dinglich Berechtigte als Zustandsverantwortliche

**Der Eigentümer E hat sein Hausgrundstück im Rahmen eines Erbbaurechts dem R überlassen. Dieser hat dem H eine Hypothek an dem Erbbaurecht bestellt, überdies dem N einen Nießbrauch an einer Wohnung. Die zweite Wohnung hat er an den M vermietet. Als das Ordnungsamt entdeckt, dass von dem Grundstück Äste auf die Straße ragen, möchte es wissen, gegen wen es vorgehen kann.**

Das Ordnungsamt kann gegen R vorgehen, der als Erbbauberechtigter nach dem ErbbauRG Inhaber der tatsächlichen Gewalt gemäß § 854 BGB an dem Grundstück ist. Ferner kann es gegen E als Eigentümer des Grundstücks nach § 903 BGB vorgehen, denn weder erlischt das Eigentum durch das Erbbaurecht noch wird es dadurch in einer Weise ausgehöhlt, dass dem Eigentümer gar keine Einwirkungsmöglichkeiten auf das Grundstück mehr verblieben. Hingegen kann das Ordnungsamt nicht gegen den Hypothekengläubiger H vorgehen, weil eine Hypothek als dingliches Sicherungsrecht nach §§ 1113 ff. BGB keine tatsächliche Einwirkungsmöglichkeit auf das Grundstück begründet. Auch gegen den Nießbraucher N gemäß §§ 1030 ff. BGB kann das Ordnungsamt nicht vorgehen, weil der (dingliche) Nießbrauch sich nur auf die Wohnung erstreckt, nicht aber auf das Grundstück, von dem aus die Äste auf die Straße ragen. Das Gleiche gilt für den (schuldrechtlichen) Mieter M gemäß §§ 535 ff. BGB, dessen Einwirkungsmöglichkeit sich auf die andere Wohnung beschränkt.

## 74. Dereliktion

**a) Autohalter A stellt seinen alten Wagen im Wald ab, schraubt die Nummernschilder ab und entfernt alle persönlichen Gegenstände. Kann er für die Verschrottung des Wagens noch in Anspruch genommen werden?**
**b) Das Grundstück des E ist mit gefährlichen Chemikalien belastet. Weil die Grundstückssanierung den Wert des Grundstücks bei weitem überstiege, erklärt E gegenüber dem Grundbuchamt den Verzicht auf das Grundstück. Kann E sich dadurch den Sanierungskosten entziehen?**

a) Ja. Zwar hat A zivilrechtlich gemäß § 959 BGB auf das Eigentum an dem Wagen verzichtet, doch kann gefahrenabwehrrechtlich weiterhin gemäß § 5 III MEPolG gegen denjenigen vorgegangen werden, der das Eigentum an einer Sache aufgegeben hat.

b) Nein. Auch bei Grundstücken wirkt eine Dereliktion gemäß § 928 I BGB lediglich zivilrechtlich, lässt aber die gefahrenabwehrrechtliche Zustandsverantwortlichkeit unberührt.

## 75. Latente Verantwortlichkeit

**a) S betreibt einen Schweinemastbetrieb im Außenbereich fern jeder Wohnbebauung. Als die benachbarte Stadt wächst und Wohnhäuser in der Nähe des S gebaut werden, fangen deren Bewohner an, sich über den Gestank und das Ungeziefer aus dem Schweinemastbetrieb zu beschweren. Kann dem S der Weiterbetrieb der Schweinemast untersagt werden?**
**b) Was hätte S tun müssen, um an diesem Standort auch künftig Schweine mästen zu können?**

a) Ja. Ursprünglich störte S zwar niemanden, eine mögliche Störung künftig heranrückender Bebauung war in seinem Betrieb aber bereits angelegt. Diese Möglichkeit hat sich mit der Errichtung der Wohnhäuser realisiert. S ist vom latenten Störer zum aktuellen Störer geworden. Siehe OVG Münster, OVGE 11, 250.

b) S hätte das Problem bauplanungsrechtlich bewältigen müssen. Er hätte gegen die Genehmigung der heranrückenden Wohnbebauung mit der Begründung klagen müssen, dass ihm wegen der dann räumlich unvereinbaren Nutzungen eine Betriebsuntersagung drohte.

## III. Notstandspflichtiger als Nichtverantwortlicher

**Literatur:** *Masing, Johannes,* Vom Notstandspflichtigen zum Notstandsgewinnler. Zivilrechtliche Verformungen im Folgenbeseitigungsrecht, DÖV 1999, S. 573–581; *Schoch, Friedrich,* Die Notstandspflicht im Polizei- und Ordnungsrecht, Jura 2007, S. 676–684; *Schwabe, Jürgen,* Polizeilicher Notstand und Nichtstörer, BayVBl 1980, S. 299–300.

### 76. Begriff des Notstandspflichtigen

a) Was versteht man unter einem Notstandspflichtigen?
b) Was ist mit der doppelten Subsidiarität des Notstandspflichtigen gemeint?

a) Ein Notstandspflichtiger ist jemand, der weder Verhaltens- noch Zustandsverantwortlicher ist und gleichwohl – unter bestimmten Bedingungen, vgl. § 6 MEPolG – von den Gefahrenabwehrbehörden in Anspruch genommen werden kann.

b) Die Inanspruchnahme des Notstandspflichtigen darf erst erfolgen, wenn sowohl Maßnahmen gegen die Verantwortlichen keinen Erfolg versprechen, § 6 I Nr. 2 MEPolG (erste Subsidiarität) als auch die Gefahrenabwehrbehörden die Gefahr nicht selbst oder durch Beauftragte abwehren können, § 6 I Nr. 3 MEPolG (zweite Subsidiarität).

### 77. Tatbestandliche Voraussetzungen der Inanspruchnahme als Notstandspflichtiger

a) Nachdem U auf einer einsamen Landstraße mit seinem Wagen von der Fahrbahn abgekommen, gegen einen Baum geprallt und schwer verletzt im Fahrzeug eingeklemmt worden ist, fordert die Polizei den zufällig vorbeikommenden Schlosser S auf, mit seinem Schneidbrenner das Dach des Fahrzeugs des U abzutrennen, um den U befreien zu können. S hat einen wichtigen Geschäftstermin und will lieber weiterfahren. Darf er dies?
b) Wie wäre es, wenn U sich aus eigener Kraft aus dem Fahrzeug hätte befreien können und sich lediglich im verzogenen Kofferraum des Wagens noch wertvolle Schmuckstücke befänden?
c) Wie wäre Fall a) zu beurteilen, wenn der Wagen des U wegen des auslaufenden Benzins jeden Moment zu explodieren drohte?

a) Nein. Die Polizei nimmt den S zu Recht in Anspruch. Es liegt wegen der schweren Verletzungen des U eine gegenwärtige erhebliche Gefahr für dessen Leben und Gesundheit vor. Diese Gefahr kann auch weder durch polizeiliche Maßnahmen gegen U selbst beseitigt werden noch durch eigenes Tätigwerden der Polizei, die nicht selbst über einen Schneidbrenner verfügt. Der Einsatz des Schneidbrenners bedeutet auch keine erhebliche eigene Gefährdung des S. Im Rahmen der Abwägung mit dem Schutz von Leben und Gesundheit des U müssen die geschäftlichen Interessen des S zurückstehen.

b) Die Vorschriften über die Inanspruchnahme des Notstandspflichtigen setzen immer nur eine gegenwärtige erhebliche Gefahr voraus, nicht unbedingt eine Gefahr für Leib oder Leben, vgl. § 6 I Nr. 1 MEPolG. Gleichwohl dürften in der Abwägung zwischen dem Schutz der Vermögensinteressen des U und den eigenen geschäftlichen Interessen des S letztere dann überwiegen.

c) Nun dürfte S sich gemäß § 6 I Nr. 4 MEPolG weigern zu helfen, weil ihm eine erhebliche eigene Gefährdung drohte.

## 78. Verhältnis der Notstandspflicht zum Strafrecht und Sozialrecht

**a) Im vorherigen Ausgangsfall weigert sich S, der Weisung der Polizei zu folgen. Welche strafrechtlichen Konsequenzen drohen ihm?**
**b) Warum könnte man sich auf den Standpunkt stellen, die Heranziehung durch die Polizei sei für S im Ergebnis sogar vorteilhaft?**
**c) Bei der Hilfeleistung für U verletzt sich S schwer. Wie ist er sozialrechtlich abgesichert?**

a) Zwar stellt der bloße Ungehorsam gegenüber einer polizeilichen Weisung keine Straftat dar. S kann aber wegen unterlassener Hilfeleistung gegenüber U gemäß § 323c StGB belangt werden.

b) Auch unabhängig von der Heranziehung durch die Polizei wäre S allein aus § 323c StGB verpflichtet gewesen, dem U zu helfen. Nachdem S aber von der Polizei verpflichtet wurde, steht ihm – im Unterschied zu einem schlicht Hilfeleistungspflichtigen – der Ersatzanspruch des Notstandspflichtigen zu.

c) Als Hilfeleistender ist S gemäß § 2 I Nr. 13 lit. a) SGB VII kraft Gesetzes in der gesetzlichen Unfallversicherung versichert und kann die dort vorgesehenen Leistungen wie Heilbehandlung oder ggf. Rentenzahlung in Anspruch nehmen.

## 79. Drohende Obdachlosigkeit

**Weil der Mieter M über mehrere Monate die Miete nicht gezahlt hatte, kündigte ihm Vermieter V wirksam. Nachdem M auch nach Ablauf einer ihm vom Amtsgericht gesetzten Räumungsfrist (§ 721 ZPO) noch immer keine Ersatzwohnung gefunden hat und ihm ansonsten im tiefsten Winter Obdachlosigkeit drohte, weist das Ordnungsamt den M für die Dauer von drei Monaten in die bisher von ihm bewohnte Wohnung des V ein.**
**a) Wer ist Verantwortlicher, wer ist Notstandspflichtiger?**
**b) Welche ordnungsbehördlichen Maßnahmen sind zu unterscheiden?**
**c) Welcher Vorteil ergibt sich für V immerhin aus der Einweisung des M?**
**d) Warum erscheint die Maßnahme des Ordnungsamtes rechtspolitisch fragwürdig?**

a) Verhaltensverantwortlicher ist allein der M, weil dieser es versäumt hat, rechtzeitig für Ersatzwohnraum zu sorgen und daher selbst die Gefahr für sein Leben und seine Gesundheit zu verantworten hat. V ist kein Verhaltensverantwortlicher, weil er durch Ausspruch der Kündigung lediglich von seinem Recht nach § 543 II 1 Nr. 3; § 569 III BGB Gebrauch gemacht hat und die Ausübung gesetzlich vorgesehener Rechte nicht zur Überschreitung der Gefahrenschwelle führen kann. V ist auch kein Zustandsverantwortlicher, weil die Gefahr für Leben und Gesundheit des M nicht von der Wohnung des V ausgeht. V ist daher lediglich Notstandspflichtiger.

b) Es sind zwei ordnungsbehördliche Maßnahmen zu unterscheiden, und zwar die Einweisungsverfügung gegen den Verhaltensverantwortlichen M und die Duldungsverfügung gegen den Notstandspflichtigen V.

c) Der Vorteil des V liegt darin, dass er als Notstandspflichtiger nunmehr zumindest von dem Träger des Ordnungsamtes eine Entschädigung erhält.

d) Das Ordnungsamt bringt durch die Einweisung des M den V zeitweilig um die Früchte des gewonnenen Zivilprozesses. Damit eröffnet sich für M zusätzlich zur Kündigungsfrist von knapp drei, sechs oder neun Monaten gemäß § 573c BGB und der im Ermessen des Gerichts stehenden Räumungsfrist gemäß § 721 ZPO noch eine weitere Schonfrist. Die Behörde gewährt also etwas, was weder der Gesetzgeber noch der Zivilrichter für erforderlich hielten. Siehe *Ruder, Karl-Heinz*, Die polizei- und ordnungsrechtliche Unterbringung von Obdachlosen, NVwZ 2001, S. 1223–1229; sowie ders. NVwZ 2012, S. 1283–1288.

## 80. Fanaussperrungen

**a) Nachdem es in der Vergangenheit wiederholt zu heftigen Auseinandersetzungen zwischen den Anhängern der beiden Fußballvereine A und B gekommen war und Fangruppen neue Auseinandersetzungen angekündigt hatten, verfügte die Polizei, dass das nächste Ligaspiel beider Vereine gegeneinander vor leeren Kulissen stattzufinden habe. Handelt die Polizei rechtmäßig?**
**b) Kann der Heimatverein A von der Polizei Ersatz für die ausgefallenen Ticketerlöse in Höhe von 600.000 € fordern?**

a) Eine Gefahr für die öffentliche Sicherheit liegt angesichts der drohenden Ausschreitungen vor. Fraglich ist jedoch, ob die beiden Vereine dafür Verantwortliche sind. Weder haben sie selbst zu den Ausschreitungen aufgerufen noch beabsichtigen sie diese. Sie haben das Spiel auch nicht aus eigenem Entschluss angesetzt, sondern es ist ihnen nach dem Ligaspielplan vorgegeben. Weil Ausschreitungen auch nicht die regelmäßige Folge von Fußballspielen sind, handelt es sich bei A und B lediglich um Notstandspflichtige. Auch diese können aber in Anspruch genommen werden, wenn u. a. eine gegenwärtige erhebliche Gefahr abzuwehren ist, Maßnahmen gegen die Verantwortlichen keinen Erfolg versprechen und sie ohne erhebliche eigene Gefährdung und Verletzung höherwertiger Pflichten in Anspruch genommen werden können. Tatfrage ist, ob auch die weitere Voraussetzung, dass die Polizei die Gefahr nicht selbst abwehren kann, vorliegt.

b) Als Notstandspflichtiger steht dem A an sich ein Entschädigungsanspruch nach § 45 I 1 MEPolG zu. Dieser kann allerdings entsprechend § 46 V 1 Alt. 2 MEPolG entfallen, soweit durch die polizeiliche Maßnahme auch das Vermögen des A selbst geschützt worden ist, was sich bei der Verhinderung von Ausschreitungen wohl bejahen lässt.

## IV. Eigensicherungspflicht des Beeinträchtigten

**Literatur:** *Ossenbühl, Fritz,* Eigensicherung und hoheitliche Gefahrenabwehr: Rechtsgutachten zum 9. Änderungsgesetz des Luftverkehrsgesetzes vom 18.9.1980 (BGBl. I 1729), Stuttgart, 1981; *Schiller, Siegfried,* Probleme einer gesetzlichen Verpflichtung zur Eigensicherung gefährdeter Objekte, DVBl. 1977, S. 956–961.

### 81. Spezialgesetzliche Eigensicherungspflicht

**a) Gegen ein auf den von der Fraport AG betriebenen Flughafen Frankfurt am Main abgestelltes Flugzeug der Deutschen Lufthansa AG ist eine ernstzunehmende Bombendrohung des X ergangen. Wer ist Verantwortlicher?**
**b) Können die Fraport AG und die Deutsche Lufthansa AG zu Sicherheitsmaßnahmen verpflichtet werden?**
**c) Was unterscheidet die Eigensicherungspflicht von der Notstandspflicht?**
**d) Können beide Entschädigung für ihre Sicherungsmaßnahmen verlangen?**

a) Verantwortlicher ist allein der X. Die Fraport AG und die Deutsche Lufthansa AG sind weder Verhaltens- noch Zustandsverantwortliche. Verhaltensverantwortliche könnten sie nur unter dem Aspekt des Zweckveranlassers sein. Eine Bombendrohung gegen ein Flugzeug ist aber weder die typische Folge des Flugbetriebs noch wird sie von einem der beiden beabsichtigt. Das Eigentum der Fraport AG an dem Flughafen und der Deutschen Lufthansa AG an dem Flugzeug macht beide auch noch nicht zu Zustandsverantwortlichen. Sie sind auch keine latenten Störer, weil sich nicht durch eine Veränderung des Umfelds eine bereits in dem Flughafen oder in dem Flugzeug angelegte Gefahr aktualisiert. Die Gefahr geht nicht von dem Flugzeug aus, sondern ist gegen das Flugzeug auf dem Flughafen gerichtet.

b) Ja. Gemäß § 8 LuftSiG kann der Flugplatzbetreiber, gemäß § 9 LuftSiG die Fluggesellschaft zu Sicherungsmaßnahmen verpflichtet werden.

c) Typischerweise wird ein Notstandspflichtiger herangezogen, um die einem anderen drohende Gefahr zu bekämpfen. Bei der Eigensicherung fallen jedoch die Rollen des Gefährdeten und des zur Gefahrbeseitigung Herangezogenen zusammen.

d) Der Flughafenbetreiber kann gemäß § 8 III LuftSiG Vergütung seiner Selbstkosten für die Bereitstellung und Unterhaltung von Räumen und Flächen verlangen. Im Übrigen sind die Kosten der Sicherungsmaßnahmen von den Gefährdeten selbst zu tragen. Ein Rückgriff auf die allgemeinen Regelungen über die Entschädigung des Notstandspflichtigen ist zumindest wegen der abschließenden spezialgesetzlichen Regelung nicht gegeben, vgl. auch § 8 III 2 LuftSiG.

### V. Behörde als Verantwortlicher

**Literatur:** *Gebhard, Hugo,* Polizeipflichtigkeit der Hoheitsträger, DÖV 1986, S. 545–553; *Schoch, Friedrich,* Polizeipflichtigkeit von Hoheitsträgern, Jura 2005, S. 324–328.

#### 82. Materielle Polizeipflichtigkeit der Behörde

**Nach einem schweren Sturm drohen Bäume von einem Truppenübungsplatz der Bundeswehr auf eine angrenzende Straße zu fallen.**
**a) Ist die Bundeswehr zur Beseitigung der Bäume verpflichtet?**
**b) Kann die Polizei die Bundeswehr zur Beseitigung der Bäume auffordern?**
**c) Auf welchem Wege kann ein Tätigwerden der Bundeswehr erreicht werden?**
**d) Ändert sich etwas, wenn es sich um einen Staatswald des Bundes handelt, der von der Bundesforstverwaltung gepflegt wird?**

a) Ja. Die inhaltliche Bindung aller Hoheitsträger an das Polizei- und Ordnungsrecht (sog. materielle Polizeipflichtigkeit) ist allgemein anerkannt.

b) Soweit ein Hoheitsträger hoheitlich handelt, was bei der Übungstätigkeit der Bundeswehr der Fall ist, besteht nach bislang h. M. für ihn keine formelle Polizeipflichtigkeit, d. h. die Polizei- und Ordnungsbehörden können gegen ihn ungeachtet seiner materiellen Bindung an das Polizei- und Ordnungsrecht keine Maßnahmen ergreifen. Vielmehr ist jeder Hoheitsträger selbst für die Beseitigung von ihm ausgehender Störungen der öffentlichen Sicherheit und Ordnung verantwortlich.

c) Die Polizei- und Ordnungsbehörden haben sich an die nächste mit dem störenden Hoheitsträger gemeinsame Aufsichtsbehörde zu wenden, um dessen Einschreiten gegen den Störer zu erreichen. Im vorliegenden Fall bedeutet dies, dass der für die Polizei verantwortliche Landesinnenminister über die Landesregierung und die Bundesregierung sich an den Bundesverteidigungsminister zu wenden hat, damit dieser die Gefahrbeseitigung anordnet.

d) Handelt ein Hoheitsträger fiskalisch, wie es bei der Verwaltung des Bundesforstes regelmäßig der Fall ist, muss keine Rücksicht auf die Erfüllung hoheitlicher Verwaltungsaufgaben genommen werden, vielmehr können gegen ihn in gleicher Weise wie gegen Private Verfügungen zur Gefahrenabwehr erlassen werden.

### VI. Grenzen der Verantwortlichkeit

**Literatur:** *Kirchhof, Ferdinand,* Opferlage als Grenze der Altlastenhaftung?, FS Oppermann, 2001, S. 639–654; *Kniesel, Michael,* Verantwortlichkeit für Altlasten und ihre Grenzen, BB 1997, S. 2009–2014; *Knopp, Lothar,* Begrenzung der Haftung des zustandsverantwortlichen Grundstückseigentümers, BB 2000, S. 1373–1375; *Lepsius, Oliver,* Zu den Grenzen der Zustandshaftung des Grundstückseigentümers, JZ 2001, S. 22–27; *Mohr, Hellmuth,* Zur Begrenzung der Zustandshaftung bei Altlasten, NVwZ 2003, S. 686–688; *Pischel, Gerhard,* Zustandsstörer und Haftungsgrenzen, JA 1999, S. 43–46.

#### 83. Legalisierungswirkung der Genehmigung

**a) Nachdem Waffenproduzent W eine Waffenherstellungserlaubnis gemäß § 21 WaffG erhalten hat, leitet er bei der Waffenherstellung anfallende**

**Abwässer in einen nahegelegenen Bach ein. Gegenüber der zuständigen Wasserbehörde beruft er sich auf seine Genehmigung. Zu Recht?**
**b) Wie wäre der Fall zu beurteilen, wenn W außerdem über eine wasserrechtliche Erlaubnis gemäß § 8 WHG verfügte?**
**c) In Fall b) stellt die zuständige Wasserbehörde fest, dass die Einleitung der Abwässer zu neuen, bisher unerkannten Gefahren für die Wasserqualität des Baches führt. Kann sie dem W die Einleitung ohne Weiteres verbieten?**

a) Nein. Eine Genehmigung kann nur im Rahmen ihres Genehmigungsgegenstandes Legalisierungswirkung entfalten. Nur was vor Erteilung der Genehmigung geprüft wurde, kann auch durch die Genehmigung gerechtfertigt werden. Bei Erteilung einer Waffenherstellungserlaubnis werden nach § 21 III WaffG aber lediglich die Zuverlässigkeit, die persönliche Eignung, die handwerksrechtlichen Voraussetzungen sowie die Fachkunde überprüft, nicht aber die wasserrechtlichen Auswirkungen der Produktion.

b) In diesem Fall rechtfertigte die wasserrechtliche Erlaubnis die Einleitung der Abwässer.

c) Nein. Dem steht die wasserrechtliche Erlaubnis entgegen, welche die zuständige Wasserbehörde zunächst nach § 18 I WHG widerrufen muss, bevor sie im nächsten Schritt die Einleitung verbieten kann.

## 84. Unzumutbarkeit

**Pferdezüchter P erwirbt für 20.000 € ein Grundstück, das er als Weide verwenden will. Nunmehr stellt sich heraus, dass das Grundstück früher als Tankstelle genutzt wurde und seitdem erheblich mit Treibstoffresten und anderen Chemikalien belastet ist. Bestehen Bedenken, den P zum Auskoffern des Bodens heranzuziehen, was voraussichtlich 100.000 € kosten wird?**

P ist als Eigentümer Zustandsverantwortlicher und kann daher grds. zum Auskoffern herangezogen werden. Finanzielle Zumutbarkeitserwägungen schließen zumindest auf der Primärebene der Gefahrenabwehrmaßnahme die Heranziehung eines Verantwortlichen nicht aus. Allerdings könnte man auf der nachgelagerten finanziellen Ebene erwägen, dem P einen Entschädigungsanspruch in analoger Anwendung der Vorschriften über die Entschädigung des Notstandspflichtigen zuzubilligen (siehe Fall 225), der dann in der teilweisen oder vollständigen Freistellung von den Kosten bestehen könnte. Dies setzte allerdings zumindest voraus, dass für P auch unter Berücksichtigung seiner sonstigen finanziellen Verhältnisse die Belastung nicht mehr tragbar wäre.

## 85. Verjährung, Verwirkung und Verzicht

**a) X stellte vor Jahren auf seinem Grundstück seinen alten, durchgerosteten VW-Käfer ab, aus dem Öl und andere Betriebsflüssigkeiten in das Erdreich**

**liefen. Nachdem die zuständige Behörde davon erfahren hatte, blieb sie fünf Jahre untätig. Gegenüber der nunmehr ergangenen Beseitigungsverfügung beruft X sich auf Verjährung. Zu Recht?**
**b) Wie wäre es, wenn ein Vertreter der Behörde dem X zuvor gesagt hätte, das Abstellen des Wagens sei „schon ok", und dann wäre weitere zwei Jahre behördlicherseits nichts passiert.**
**c) Die zuständige Behörde hat dem X erklärt, angesichts ihrer vorrangigen sonstigen Aufgaben sehe sie von einem Einschreiten ihm gegenüber ab. Kann sie gleichwohl tätig werden?**

a) Nein. Zwar ist die regelmäßige Verjährungsfrist von drei Jahren gemäß § 195 BGB bereits verstrichen, die Befugnisse zum gefahrenabwehrrechtlichen Tätigwerden unterliegen aber nicht der Verjährung.

b) Auch hier kann die Behörde weiterhin gegenüber dem X tätig werden. Es ist keine Verwirkung eingetreten. Zwar liegen sowohl mit der Aussage des Behördenmitarbeiters besondere Umstände vor, die ein künftiges Einschreiten nicht mehr erwarten lassen, auch ist bereits eine gewisse Zeit verstrichen. Indes können die gefahrenabwehrrechtlichen Befugnisse auch nicht verwirkt werden. Für eine behördliche Zusicherung auf Unterlassen des Einschreitens fehlt bereits die nach § 38 I 1 VwVfG erforderliche Schriftform, ohne dass es noch auf die Rechtmäßigkeit und Wirksamkeit dieser Zusicherung im Übrigen ankäme.

c) Ja. Auch ein Verzicht auf die gefahrenabwehrrechtlichen Befugnisse ist nicht möglich.

## VII. Rechtsnachfolge in die Verantwortlichkeit

**Literatur:** *Dietlein, Johannes,* Nachfolge im öffentlichen Recht, 1999; *Nolte, Martin / Niestedt, Marian,* Grundfälle zur Rechtsnachfolge im Öffentlichen Recht, JuS 2000, S. 1071–1075, S. 1172–1178; *Oldiges, Martin,* Rechtsnachfolge im Polizei- und Ordnungsrecht, JA 1978, S. 541–543, S. 616–619; *Rau, Markus,* Die Rechtsnachfolge in Polizei- und Ordnungspflichten, Jura 2000, S. 37–45; *Schlabach, Erhard / Simon, Alexander,* Die Rechtsnachfolge beim Verhaltensstörer, NVwZ 1992, S. 143–146; *Schorsch, Patrick,* Die Einzel- und Gesamtrechtsnachfolge in die gefahrenabwehrrechtliche Zustands- und Verhaltensverantwortlichkeit, 2007; *Stadie, Holger,* Rechtsnachfolge im Verwaltungsrecht, DVBl. 1990, S. 501–508.

### 86. Überblick über die Konstellationen der Rechtsnachfolge

Welche Konstellationen der Rechtsnachfolge in die Verantwortlichkeit sind zu unterscheiden?

Es ist zu differenzieren zwischen der Einzel- und der Gesamtrechtsnachfolge in die Verhaltens- und Zustandsverantwortlichkeit, die jeweils noch abstrakt bestehen oder schon konkretisiert sein kann. Insgesamt gibt es also $2^3=8$ Fallgestaltungen.

## 87. Rechtsnachfolge in die Verhaltensverantwortlichkeit

**a) Bei einem Unfall eines von A gesteuerten Tanklastwagens läuft Öl in einen nahegelegenen Bach und verseucht diesen. Nachdem A aufgegeben wurde, den Bach zu reinigen, veräußert er sein Tankwagenunternehmen an B. Muss B nun den Bach reinigen lassen?**
**b) Bei dem Unfall wurde A so schwer verletzt, dass er wenige Tage nach der Reinigungsverfügung verstorben ist. Muss sein Alleinerbe C nun den Bach säubern lassen?**
**c) Wie wäre der Fall zu beurteilen, wenn die Reinigungsverfügung erst nach dem Tode des A an den C ergangen wäre?**

a) Für diesen Fall der Einzelrechtsnachfolge in eine bereits durch Verwaltungsakt konkretisierte Verhaltensverantwortlichkeit fehlt es an einem ausdrücklichen gesetzlichen verwaltungsrechtlichen Übergangstatbestand. Allerdings gehen durch die Veräußerung des Unternehmens die zivilrechtlichen Pflichten auf den B über. Lässt man dies auch für den Übergang der öffentlich-rechtlichen Pflichten ausreichen, muss B nun den Bach reinigen.

b) Bei der Gesamtrechtsnachfolge gemäß §§ 1922; 1967 BGB geht auch die bereits durch Verwaltungsakt konkretisierte öffentlich-rechtliche Pflicht auf den Erben über.

c) Nach dem BVerwG(E 125, 325) soll entsprechend den zivilrechtlichen Übergangsbestimmungen auch eine Universalsukzession in die noch abstrakte Polizeipflichtigkeit möglich sein, sofern diese durch ein sachliches Element, kein persönliches geprägt ist. Da die Verpflichtung zur Reinigung des Baches nicht an individuelle Besonderheiten des A anknüpft, ist – schließt man sich dieser Rechtsprechung an – C auch in diesem Fall zur Bachreinigung verpflichtet.

## 88. Rechtsnachfolge in die Zustandsverantwortlichkeit

**a) Grundstückseigentümer A pflanzt einen asiatischen Strauch an, der hochgiftige Pollen verbreitet. Nachdem die zuständige Ordnungsbehörde ihm die Entfernung des Strauchs aufgegeben hat, übereignet er das Grundstück an den B. Muss B nun den Strauch entfernen?**
**b) Dem A ist zusätzlich auch die Ersatzvornahme angedroht worden. Muss B nun befürchten, dass die Behörde an seiner Stelle und auf seine Kosten den Strauch entfernt?**
**c) Im Ausgangsfall ist A verstorben und hat B zum Alleinerben eingesetzt. Ändert sich etwas?**
**d) Wie wäre der Fall zu beurteilen, wenn A zuerst das Grundstück an B übereignet hätte und erst danach die Ordnungsbehörde sowohl ihn als auch B zur Entfernung des Strauchs aufforderte?**

a) Ja. Zwar ist gegenüber B keine Beseitigungsverfügung ergangen, wegen der sog. Dinglichkeit grundstücksbezogener Verfügungen geht die gegen A erlassene Verfügung aber auf B über. Nach der Gegenansicht ist ein ausdrücklicher gesetzlicher

Übergangstatbestand erforderlich, der aber nicht vorhanden ist. Im öffentlichen Baurecht hingegen regeln die Landesbauordnungen zumeist ausdrücklich, dass Anordnungen der Bauaufsichtsbehörden auch gegenüber den Rechtsnachfolgern wirken.

b) Nein. Maßnahmen in der Verwaltungsvollstreckung dienen der Willensbeugung des Adressaten und sind insoweit höchstpersönlich. Sie sind deshalb nicht übergangsfähig. Die Behörde muss gegenüber B erneut die Ersatzvornahme androhen.

c) Bei Gesamtrechtsnachfolge tritt B gemäß §§ 1922; 1967 BGB in die Rechtsposition des A mit allen damit verbundenen auch öffentlich-rechtlichen Rechten und Pflichten ein. Der von der Gegenansicht geforderte Übergangstatbestand ist in diesem Fall vorhanden.

d) Nach Übereignung des Grundstücks hat A seine Eigentümerstellung verloren. Eine gleichwohl ihm gegenüber noch erlassene Beseitigungsverfügung ist mangels Zustandsverantwortlichkeit des A rechtswidrig. Gegen B kann hingegen nach Übereignung des Grundstücks erstmalig eine Beseitigungsverfügung erlassen werden.

### 89. Rechtsnachfolge in die Notstandspflicht?

**Die zuständige Ordnungsbehörde hat den von Obdachlosigkeit bedrohten M in die Wohnung des V eingewiesen. Dieser regt sich so darüber auf, dass er kurz darauf verstirbt. Muss gegen den M und den Alleinerben E jeweils eine neue Verfügung ergehen?**

Gegenüber M muss keine neue Verfügung ergehen, weil sich für ihn nichts ändert. Weder ist in seiner Person eine Rechtsnachfolge eingetreten noch wird er in eine andere Wohnung eingewiesen. Die Veränderung der Eigentumsverhältnisse an der Wohnung lässt das Bestehen der Einweisungsverfügung unberührt. Hingegen wird gegenüber E eine neue Duldungsverfügung zu erlassen sein. Zwar scheint man auf den ersten Blick bei der ersten, noch an V gerichteten Verfügung von einer dinglichen Verfügung ausgehen zu können, die dann auch übergangsfähig wäre. Indes ist Gegenstand dieser Duldungsverfügung doch v. a. die Beugung des entgegenstehenden Willens des V. Eine solche personenorientierte Verfügung ist aber nicht übergangsfähig, weshalb gegen E eine neue Verfügung erforderlich wird.

## VIII. Mehrere mögliche Adressaten

**Literatur:** *Garbe, Thorsten,* Die Störerauswahl und das Gebot der gerechten Lastenverteilung, DÖV 1998, S. 632–636; *Schoch, Friedrich,* Störermehrheit im Polizei- und Ordnungsrecht, Jura 2012, S. 685–691.

### 90. Grundlagen der Auswahl zwischen mehreren Verantwortlichen

**a) Was ist von den Aussagen „Verhaltensstörer vor Zustandsstörer" und „Doppelstörer vor Einfachstörer" zu halten?**
**b) Auf welche Weise ist stattdessen bei mehreren Verantwortlichen zwischen deren Inanspruchnahme auszuwählen?**

a) Bei beiden Aussagen handelt es sich lediglich um Faustformeln, die zu einer ersten Orientierung bei der Auswahl des in Anspruch zu nehmenden Verantwortlichen dienen können, aber nicht i. S. e. starren Rangverhältnisses zwischen den Verantwortlichen zu interpretieren sind.

b) Maßgeblich ist stets die Effektivität der Gefahrenabwehr, also die Frage, welche tatsächlichen und rechtlichen Möglichkeiten für den in Anspruch genommenen Verantwortlichen bestehen, die Gefahr möglichst schnell und wirksam zu beseitigen. Dies stellt letztlich eine besondere Ausprägung des Grundsatzes der Verhältnismäßigkeit dar.

## 91. Auswahl zwischen mehreren Verantwortlichen im Einzelfall

**Der von A gesteuerte Lastwagen des B kommt von der Straße ab. Dabei rollen die geladenen Fässer voll giftiger Chemikalien des inzwischen insolventen C auf das Grundstück des vermögenden D.**
**a) Wer ist Verantwortlicher?**
**b) Wen sollte die zuständige Behörde zur Bergung der Fässer heranziehen?**

a) A ist als Fahrer des Lastwagens Verhaltensverantwortlicher. B ist als Fuhrunternehmer Geschäftsherr des Verrichtungsgehilfen A (vgl. § 831 BGB) und ebenfalls Verhaltensverantwortlicher. C ist als Eigentümer der Giftfässer Zustandsverantwortlicher. D schließlich ist als Eigentümer des Grundstücks ebenfalls Zustandsverantwortlicher.

b) Am wirksamsten dürfte die Gefahr abgewehrt werden können, wenn die Behörde den D in Anspruch nähme. Denn dieser hat als Eigentümer des Grundstücks, auf dem die Giftfässer sich befinden, den Zugriff auf diese Fässer und er kann zudem auch die Kosten der Bergung tragen. Von dem C kann die Behörde zwar möglicherweise noch Details über den Inhalt der Fässer erfahren, wegen seiner Insolvenz wird er aber die Bergungskosten nicht bezahlen können, so dass seine Heranziehung ungeeignet erscheint. Unter polizeirechtlichen Gesichtspunkten unerheblich ist es indes, dass A an der Gefahr „schuld" ist.

## 92. Ausgleichsanspruch zwischen mehreren Verantwortlichen

**Im vorigen Fall hat D auf Anordnung der Behörde zähneknirschend die Fässer bergen lassen. Kann er die Kosten der Bergung von B im Rahmen eines zivilrechtlichen Anspruchs ersetzt verlangen?**

Nein (h. M.). Ein vertraglicher Anspruch zwischen D und B besteht nicht. Ein Anspruch aus Geschäftsführung ohne Auftrag setzte voraus, dass D mit der Bergung der Fässer auch ein Geschäft des B führte. D handelte aber nur zur Erfüllung seiner eigenen gefahrenabwehrrechtlichen Verpflichtung („eigenes Geschäft") und die Voraussetzungen für ein Handeln im Doppelinteresse („auch fremdes Geschäft") lagen nicht vor. Ein Anspruch aus Bereicherungsrecht nach §§ 812 ff. BGB scheidet aus, weil D den B zwar von einer Verpflichtung freistellte, die Heranziehung durch die

Behörde aber einen Rechtsgrund („causa") darstellte. Ein Anspruch aus Delikt gemäß §§ 823 ff. BGB setzte die Verletzung eines absolut geschützten Rechts des D voraus. Hier könnte man allenfalls an eine Verletzung des Eigentums des D an dem Grundstück wegen der darauf befindlichen Fässer denken, allerdings dürfte B sich in Bezug auf seinen Verrichtungsgehilfen A gemäß § 831 I 2 BGB exkulpieren können. Schließlich könnte man an einen Anspruch aus Gesamtschuldnerschaft nach § 426 BGB denken, aber nach der Rechtsprechung des BGH (NJW 1981, S. 2457–2458) stehen *vor* dem Erlass einer behördlichen Verfügung deren potentielle Adressaten noch nicht im Verhältnis der Gesamtschuldnerschaft zueinander. Erst *nach* der Heranziehung kann zwischen den herangezogenen Verantwortlichen eine Gesamtschuldnerschaft bestehen. Dieses Ergebnis erscheint rechtspolitisch unbefriedigend. In Bezug auf Altlasten findet sich nunmehr in § 24 II BBodSchG ein spezialgesetzlicher Ausgleichsanspruch.

## § 9 Prinzipien behördlichen Handelns

**Literatur:** *Dolderer, Michael,* Verfassungsfragen der „Sicherheit durch Null-Toleranz", NVwZ 2001, S. 130–134; *Volkmann, Uwe,* Broken Windows, Zero Tolerance und das deutsche Ordnungsrecht, NVwZ 1999, S. 225–232.

### 93. Entschließungsermessen

a) Muss die Polizei gegen jede Gefahr für die öffentliche Sicherheit und Ordnung vorgehen?
b) Hat die Polizei jede Straftat zu verfolgen?
c) Muss die Polizei jeder Ordnungswidrigkeit nachgehen?

a) Nein. Zwar hat die Polizei in allen Ländern die Aufgabe, Gefahren für die öffentliche Sicherheit und Ordnung abzuwehren. Dabei gilt aber das Opportunitätsprinzip. Die Polizei handelt gemäß § 3 I MEPolG nach pflichtgemäßem Ermessen und kann sich im Einzelfall auch entscheiden, ausnahmsweise nicht gegen eine Gefahr vorzugehen, etwa um diese nicht zu verstärken oder ihre Kräfte an anderer, vordringlicher Stelle einzusetzen.

b) Ja. Bei der Verfolgung von Straftaten gilt das Legalitätsprinzip gemäß § 163 I StPO.

c) Ja. Auch bei Ordnungswidrigkeiten gilt gemäß § 53 I OWiG das Legalitätsprinzip.

### 94. Ermessensreduzierung

a) Der Polizeibeamte P beobachtet zufällig eine Rangelei zwischen A und B. Muss er einschreiten?
b) Wie wäre es, wenn der A mit einer Eisenstange bewaffnet den B angriffe?
c) A greift zwar nicht den B direkt an, demoliert aber in seiner Wut den wertvollen Sportwagen des B. Muss P nun einschreiten?

a) Nein. Das Opportunitätsprinzip ermöglicht es, bei solchen Bagatellen von einem Einschreiten abzusehen. Möglicherweise würde sich durch das Dazwischengehen der Polizei die Situation noch verschärfen.

b) In diesem Fall drohten dem B erhebliche Körperverletzungen. Das dem P eingeräumte Ermessen reduziert sich auf Null; er muss im Interesse der Grundrechtsgüter Leben und Gesundheit zu Gunsten des B einschreiten.

c) Auch zum Schutz besonders wertvoller Sachgüter kann sich im Einzelfall das polizeiliche Ermessen auf Null reduzieren. Dies dürfte hier gegeben sein.

## 95. Zero Tolerance

**In der Stadt S weht ein frischer Wind, nachdem der neue Polizeipräsident angekündigt hat, im Rahmen seiner Nulltoleranzpolitik künftig gegen jede Beeinträchtigung der öffentlichen Sicherheit oder Ordnung vorzugehen. Schon kleinste Störungen sollen sofort unterbunden werden, um keinen Nährboden für zukünftige größere Vergehen zu bieten. Ist diese dem Vorbild der US-amerikanischen „Zero Tolerance Policy" nachempfundene Vorgehensweise rechtmäßig?**

Nein. Zwar können im Einzelfall wegen der negativen Vorbildwirkung auch kleinere Störungen, die an sich auch unbeachtet bleiben könnten, mit polizeilichen Mitteln abgewehrt werden; wird eine solche Vorgehensweise jedoch zur allgemeinen Handlungsmaxime erhoben, werden die polizeirechtlichen Ermessensvorschriften umgedeutet in Gebote gebundener Verwaltung, ohne dass in jedem Einzelfall die Voraussetzungen für eine Ermessensreduzierung auf Null vorlägen. Dabei kann sich das Einschreiten der Polizei im einzelnen Fall auch als unverhältnismäßig erweisen. Im Übrigen dürfte eine solche Marschrichtung ohnehin die knappen Ressourcen der Polizei überfordern.

## 96. Auswahlermessen in Bezug auf die Maßnahme

**In der belebten Fußgängerzone einer Großstadt findet der Polizist P das unbegleitete ca. zwei Jahre alte weinende Kleinkind K. Welche Maßnahmen kann P ergreifen und wovon wird er sich bei der Auswahl der Maßnahmen leiten lassen?**

P kann versuchen, K zu befragen, um seinen Namen zu ermitteln. Er vermag K auch zu durchsuchen, um Hinweise auf den Namen und Begleitpersonen zu erhalten. P kann überdies K auf das Polizeirevier mitnehmen, um durch erkennungsdienstliche Maßnahmen seine Identität festzustellen. Schließlich besteht die Möglichkeit, K in Gewahrsam zu nehmen, um es vor weiteren Gefahren zu schützen. Bei der Auswahl einer oder mehrerer dieser Maßnahmen steht P nach § 3 II MEPolG Ermessen zu. Er wird sich von dem Ziel leiten lassen, möglichst schnell den Personensorgeberechtigten zu ermitteln. Sollte dies nicht gelingen, wird K vorläufig dem Jugendamt übergeben werden.

**97. Angebot eines Austauschmittels**

**a) Nachdem der Wagen des A eine Ölspur verursacht hat, gibt ihm die Polizei auf, diese mit Sand abzustreuen. A hat zwar gerade keinen Sand zur Hand, wohl aber eine teure Chemikalie, mit der das Öl auch gebunden werden kann. Kann A die Chemikalie einsetzen?**
**b) Wie wäre es, wenn die Chemikalie ihrerseits wassergefährdend wäre?**
**c) Hätte im Ausgangsfall die Polizei von vornherein dem A den Einsatz der Chemikalie aufgeben können, wenn auch Sand zur Verfügung gestanden hätte?**

a) A kann einen (auch formlosen) Antrag auf Einsatz dieses Austauschmittels gemäß § 3 II 2 MEPolG stellen, dem stattzugeben ist.

b) In diesem Fall würde die Allgemeinheit durch das Austauschmittel stärker beeinträchtigt, weshalb dem Antrag des A nicht zu entsprechen wäre.

c) Nein. Weil die Chemikalie teurer ist als Sand, wird der A durch ihren Einsatz finanziell stärker belastet.

**98. Auswahlermessen in Bezug auf den Adressaten der Maßnahme**

**a) Nach welchem Grundsatz hat die Gefahrenabwehrbehörde zwischen mehreren möglichen Adressaten einer Maßnahme auszuwählen?**
**b) Kommt es darauf an, wer eine Gefahr „verschuldet" hat?**
**c) Welche Rolle spielen finanzielle Erwägungen bei der Auswahl des Adressaten einer Maßnahme?**

a) Maßgebend ist allein die Effektivität der Gefahrenabwehr. Die Behörde hat ihre Maßnahme gegen denjenigen Adressaten zu richten, der am schnellsten und wirksamsten die Gefahr beseitigen kann.

b) Nein. Im Unterschied zum Strafrecht ist das Gefahrenabwehrrecht verschuldensunabhängig. Maßnahmen können auch gegen den Schuldunfähigen, den Entschuldigten oder gegen denjenigen gerichtet werden, der selbst „Opfer" der Gefahr geworden ist.

c) Grds. spielen finanzielle Erwägungen keine Rolle. Allerdings ist ein Verantwortlicher nur dann zur Gefahrenabwehr geeignet, wenn er dazu auch finanziell in der Lage ist. Indes kommt es nicht darauf an, ob der in Anspruch genommene Verantwortliche auch nach zivilrechtlichen Erwägungen zur Kostentragung verpflichtet ist oder ob er Ersatzansprüche gegen andere Verantwortliche geltend machen kann.

**99. Überblick über das Verhältnismäßigkeitsprinzip**

**a) Ist das Verhältnismäßigkeitsprinzip verfassungsrechtlich gewährleistet?**
**b) Wie erklärt sich rechtshistorisch, dass die Polizeigesetze ausdrücklich das Verhältnismäßigkeitsprinzip normieren?**
**c) Welche Elemente enthält das Verhältnismäßigkeitsprinzip?**

a) Zwar erwähnt das Grundgesetz nicht ausdrücklich das Verhältnismäßigkeitsprinzip, es ist aber im Rechtsstaatsprinzip und in den Grundrechten verankert. Einige Landesverfassungen garantieren ausdrücklich die Verhältnismäßigkeit.

b) Das Verhältnismäßigkeitsprinzip wurde in der polizeirechtlichen Rechtsprechung des PrOVG entwickelt und fand von dort Eingang in die Polizeigesetze, vgl. § 2 MEPolG.

c) Das Verhältnismäßigkeitsprinzip enthält als Zweck-Mittel-Relation fünf Elemente: Die Polizei muss einen verfassungsmäßigen (legitimen) Zweck verfolgen (1) und darf dabei nur verfassungsmäßige Mittel einsetzen (2). Das eingesetzte Mittel muss geeignet sein, den Zweck zu erreichen (3), und es muss erforderlich sein, d. h. es darf kein gleich wirksames, milderes Mittel zur Verfügung stehen (4). Schließlich muss in einer Abwägung zwischen dem Zweck und dem Rechtsgut, in das eingegriffen wird, der Zweck überwiegen (5), d. h. das eingesetzte Mittel muss auch angemessen, also verhältnismäßig im engeren Sinne sein.

## 100. Verfassungsmäßiger Zweck

**a) Welche Bedeutung kommt dem Prüfungspunkt des verfassungsmäßigen Zwecks zu?**
**b) Nennen Sie ein Beispiel für einen nicht verfassungsmäßigen Zweck!**
**c) Aus Kostengründen beschafft die Polizei keine neuen Dienstpferde mehr, sondern beschlagnahmt im Bedarfsfall geeignet erscheinende Tiere privater Halter. Zur Begründung macht sie geltend, dass dies dem Zweck der Wirtschaftlichkeit nach Art. 114 GG entspreche. Trifft dies zu?**

a) Diesem Prüfungspunkt kommt nur eine sehr geringe Bedeutung zu, weil sowohl der Schutz der Allgemeinheit als auch des einzelnen Grundrechtsträgers vor Gefahren jeweils verfassungsmäßig sind.

b) Das wichtigste Beispiel ist die nach Art. 26 GG verfassungswidrige Vorbereitung eines Angriffskrieges, was auch darauf gerichtete polizeiliche Maßnahmen verbietet.

c) Nein. Die Wirtschaftlichkeit hoheitlichen Handelns ist kein Selbstzweck, sondern ein Mittel bei der Verfolgung anderer Zwecke. Die Polizei dient auch nicht der staatlichen Güterbeschaffung, sondern dem Schutz der öffentlichen Sicherheit und Ordnung. Hält der Staat die Ausstattung mit Dienstpferden für erforderlich, hat er diese selbst zu beschaffen, nicht aber zu requirieren.

## 101. Verfassungsmäßiges Mittel

**Der Polizist P droht dem Entführer E erhebliche Schmerzen an, um ihn zur Preisgabe des Aufenthaltsortes des Opfers O zu zwingen, das ohne umgehende ärztliche Behandlung zu sterben droht. Aus Angst vor Schmerzen verrät E daraufhin den Ort der Gefangenschaft. Handelt P verhältnismäßig?**

Nein. Zwar verfolgt P einen verfassungsmäßigen Zweck und die Drohung ist auch geeignet, diesen zu erreichen. Auch ist kein milderes Mittel ersichtlich. Bei einer Abwägung zwischen der Gesundheit des E und dem Leben des O überwiegt auch das Leben des O. Das eingesetzte Mittel, die Drohung mit erheblichen Schmerzen, stellt aber Folter dar, die nach Art. 104 I 2 GG gegenüber festgehaltenen Personen ausdrücklich verboten ist. Das Folterverbot ergibt sich darüber hinaus auch aus der Menschenwürdegarantie des Art. 1 I GG. Siehe Fall 209 sowie *Amelung, Knut,* »Rettungsfolter« und Menschenwürde. Bemerkungen zum Urteil des LG Frankfurt a. M. über die Entscheidung des Mörders Gäfgen, JR 2012, S. 18–20; *Brugger, Winfried,* Einschränkung des absoluten Folterverbots bei Rettungsfolter?, Parl Beilage 2006, S. 9–15.

## 102. Geeignetheit des Mittels

**Bei einem Grillfest des G ist durch Unachtsamkeit der Grill in Brand geraten. Der vorbeikommende Polizist P weist G an, den Grill sofort mit Wasser zu löschen. Zu Recht?**

Nein. Bei Fett- und Ölbränden kann es bei einem Löschversuch mit Wasser zu einer sog. Fettexplosion kommen, was den Brand noch erheblich verschlimmert. Das von P vorgegebene Mittel ist tatsächlich ungeeignet und damit unverhältnismäßig.

## 103. Erforderlichkeit des Mittels

**Student S feiert eine wilde Geburtstagsparty bis tief in die Nacht hinein und probiert seine neue Stereoanlage aus. Nachdem Nachbarn sich wegen der Ruhestörung beschwert haben und eine erste polizeiliche Ermahnung wirkungslos geblieben ist, nimmt die Polizei bei ihrem zweiten Besuch den S mit auf das Revier, um den Lärm zu beenden. Zu Recht?**

Nein. Eine Ingewahrsamnahme des S war nicht erforderlich. Es hätte als milderes Mittel genügt, die Stereoanlage des S sicherzustellen.

## 104. Angemessenheit des Handelns

**Polizist P beobachtet, wie auf der gegenüberliegenden Seite der Gleisanlagen der Sprayer S einen S-Bahn-Waggon „verziert". Wegen eines dazwischen stehenden Zauns kann P den S nicht erreichen, weshalb dieser unbeeindruckt vom Erscheinen des P sein Werk fortsetzt. Darf P durch Einsatz der Schusswaffe den S stoppen?**

Nein. Der Einsatz der Schusswaffe wäre zwar geeignet, den S von weiteren Sachbeschädigungen abzuhalten. Auch ist kein milderes Mittel ersichtlich, den S zu stoppen. Der Schusswaffeneinsatz wäre aber unangemessen, weil dem S der Tod oder zumindest erhebliche Körperverletzungen drohten, dadurch aber nur die Fortsetzung einer Sachbeschädigung verhindert würde. Die Polizeigesetze sehen i. d. R. ausdrücklich vor, dass Schusswaffen nur gebraucht werden dürfen, um eine gegenwärtige Gefahr für Leib oder Leben abzuwehren oder die Fortsetzung eines Verbrechens zu verhindern.

## 105. Verbot des zeitlichen Übermaßes

**Die Polizei gibt dem bekannten Fußballrowdy R auf, sich von Freitagmorgen bis Sonntagabend jeweils viermal täglich bei einem nahegelegenen Polizeirevier zu melden, um seine Teilnahme an einem samstäglichen Auswärtsspiel des Fußballvereins zu verhindern, bei dem Ausschreitungen befürchtet werden. Ist die Maßnahme verhältnismäßig?**

Diese Meldeauflage ist geeignet, die Teilnahme des R an Ausschreitungen zu verhindern. Sie ist auch erforderlich, denn es ist kein milderes, gleichwirksames Mittel ersichtlich. Eine Ingewahrsamnahme des R würde diesen stärker beeinträchtigen. Die Maßnahme ist auch angemessen für den Zeitraum, in dem das Fußballspiel stattfindet, also am Samstag. Sie kann auch noch für den Freitag gerechtfertigt werden, weil schon die Anreise des R am Vortag zu dem Fußballspiel verhindert werden soll. Sie verstößt aber im Hinblick auf die Meldepflicht am Sonntag gegen das Verbot des zeitlichen Übermaßes, weil an diesem Tag das Spiel bereits beendet ist, die allermeisten Besucher abgereist sein dürften und insofern gar keine Gelegenheit mehr für Ausschreitungen im Zusammenhang mit dem Spiel besteht.

## 106. Gefahrenkollision

**a) Gerade als Polizist P am Ort einer Schlägerei eintrifft und dort erblickt, wie der A mit einem abgebrochenen Stuhlbein auf den B einschlägt, erfährt er über Funk, dass ganz in seiner Nähe der C in einem Badesee zu ertrinken droht. Handelt P rechtmäßig, wenn er zu C eilt?**
**b) Wie wäre es, wenn P den Notruf ignorierte und gegen A einschritte?**
**c) P ist hin- und hergerissen und schreitet weder ein noch geht er dem Notruf nach. Handelt er nun auch rechtmäßig?**

a) Ja. Grds. steht dem P Ermessen zu, gegen Gefahren für die öffentliche Sicherheit oder Ordnung einzuschreiten. Sowohl in Bezug auf den B als auch im Hinblick auf den C verdichtet sich aber jeweils das Ermessen zu einer Pflicht zum Einschreiten, weil beiden jeweils eine Gefahr für Leib oder Leben droht. P kann aber nicht zeitgleich beide Pflichten erfüllen. Deshalb ist seine Untätigkeit gegenüber B dadurch gerechtfertigt, dass er zugleich den C zu retten versucht. Zum parallelen Problem der rechtfertigenden Pflichtenkollision im Strafrecht siehe *Roxin, Claus*, Strafrecht Allgemeiner Teil Band I: Grundlagen. Der Aufbau der Verbrechenslehre, 4. Auflage, 2006, § 16, Rn. 115 ff.

b) Hier gilt das Gleiche wie im Ausgangsfall, aber mit vertauschten Rollen. Die Untätigkeit des P gegenüber C ist dadurch gerechtfertigt, dass er zur selben Zeit den B vor schweren Verletzungen bewahrte.

c) Hier verhielt P sich rechtswidrig. Obgleich er nicht beide kollidierenden Pflichten zugleich erfüllen kann und die Nichterfüllung der einen Pflicht jeweils durch die Wahrnehmung der anderen Pflicht gerechtfertigt werden kann, muss er doch wenigstens die eine oder die andere Pflicht erfüllen.

## § 10 Generalklausel

**Literatur:** *Butzer, Hermann,* Flucht in die polizeiliche Generalklausel. Überlegungen zur Konkurrenz von polizeilichen Befugnisnormen, VerwArch 2002, S. 506–539; *von Mutius, Albert,* Die Generalklausel im Polizei- und Ordnungsrecht, Jura 1986, S. 649–657; *Pieroth, Bodo,* Die polizeirechtliche Generalklausel, AL 2013, S. 135–136; *Schoch, Friedrich,* Behördliche Untersagung „unerwünschten Verhaltens" im öffentlichen Raum, Jura 2012, S. 858–866.

### 107. Struktur der Generalklausel

**a) Welche Struktur weist die gefahrenabwehrrechtliche Generalklausel auf?**
**b) Aus welchen Rechtsgebieten kennen Sie ähnliche Regelungen?**
**c) Warum gibt es überhaupt verschiedene, aber gleichwohl vom Tatbestand und den Rechtsfolgen her so ähnliche Generalklauseln?**

a) Die gefahrenabwehrrechtliche Generalklausel, § 8 I MEPolG, ist eine vollständige Rechtsnorm mit Tatbestand und Rechtsfolge. Sie besitzt auf Tatbestandsseite neben der konkreten Gefahr mit den Merkmalen öffentliche Sicherheit und Ordnung unbestimmte Rechtsbegriffe (ohne Beurteilungsspielraum) und auf Rechtsfolgenseite Ermessen, was durch den Begriff „kann" ausgedrückt wird.

b) Ähnliche Regelungen finden sich in den besonderen Gefahrenabwehrgesetzen, etwa in dem jeweiligen Landeswassergesetz und der Landesbauordnung.

c) Die verschiedenen verwaltungsrechtlichen Gesetze enthalten solche, im Wesentlichen ähnlich lautenden Generalklauseln, weil jedes Gesetz Ermächtigungsgrundlagen nur für eine bestimmte Behörde zur Verfügung stellt. So kann die Polizei sich nur auf das Landespolizeigesetz berufen, die Wasserbehörde auf das Landeswassergesetz und die Bauaufsichtsbehörde auf die Landesbauordnung. Sofern man für jede Behörde eine Generalklausel für notwendig erachtet, um auch auf unvorhergesehene Situationen reagieren zu können, sind daher mehrere Generalklauseln erforderlich.

### 108. Verfassungsmäßigkeit der Generalklausel

**a) Wie ließe sich ein Verstoß der polizeilichen Generalklausel gegen das Rechtsstaats- und das Demokratieprinzip begründen?**
**b) Was ist dagegen einzuwenden?**

a) Wegen der unbestimmten Rechtsbegriffe öffentliche Sicherheit oder Ordnung könnte man die polizeiliche Generalklausel als zu unbestimmt erachten. Dann verstieße sie gegen das Rechtsstaatsprinzip, weil für den Bürger die ihm drohende Belastung nicht mehr vorhersehbar wäre. Zugleich wäre auch ein Verstoß gegen das Demokratieprinzip gegeben, weil die grundlegende Entscheidung, in welchen Fällen die Polizei gegen den Bürger einschreiten kann, bei einer solchen Betrachtung nicht mehr von dem unmittelbar demokratisch legitimierten Parlament, sondern von der Exekutive selbst getroffen würde. Diese ermächtigte sich selbst zum Einschreiten.

b) Dagegen ist einzuwenden, dass die polizeiliche Generalklausel, die wenigstens schon auf das Preußische Polizeiverwaltungsgesetz 1931 zurückgeht, durch jahrzehntelange Anstrengungen der Rechtsprechung und Wissenschaft mittlerweile dermaßen präzisiert worden ist, dass unter sie nach Art detaillierter Tatbestände subsumiert werden kann. So sind in einigen modernen Polizeigesetzen mittlerweile auch schon Legaldefinitionen der öffentlichen Sicherheit und Ordnung enthalten. Siehe z. B. § 3 Nr. 1, 2 SOG LSA.

## 109. Verhältnis der Generalklausel zu den Spezialbefugnissen

**In welchem Verhältnis steht die polizeiliche Generalklausel a) zu den sog. Standardmaßnahmen und b) zu den Ermächtigungen der Polizei in anderen Gesetzen, z. B. in der StVO oder in dem VersG?**
**c) Welche Prüfungsreihenfolge der polizeilichen Ermächtigungen ergibt sich folglich?**

a) Die Standardmaßnahmen, also die polizeilichen Befugnisse zu Befragung, §§ 8a ff. MEPolG, Platzverweis, § 12 MEPolG, Gewahrsam, § 13 MEPolG, Durchsuchung, § 18 MEPolG und Sicherstellung, § 21 MEPolG, gehen der Generalklausel nach dem Grundsatz leges speciales derogant legibus generalibus vor.

b) Das Gleiche gilt für polizeiliche Ermächtigungen in anderen Gesetzen wie der StVO oder dem VersG. Auch diese Kompetenznormen gehen nach dem lex specialis – Satz den allgemeinen Bestimmungen nach dem jeweiligen Landespolizeigesetz vor.

c) Im Ergebnis ergibt sich daher folgende Prüfungsreihenfolge: Zunächst sind die Ermächtigungen in Spezialgesetzen heranzuziehen, dann ist die Rechtfertigung der polizeilichen Maßnahme auf der Grundlage der Standardmaßnahmen zu prüfen und schließlich ist die polizeiliche Generalklausel zu erörtern.

## 110. Aktuelle Bedeutung der Generalklausel

**a) Welche aktuelle Bedeutung kommt der Generalklausel angesichts zunehmender gesetzgeberischer Aktivität in allen Lebensbereichen noch zu?**
**b) Nennen Sie aktuelle polizeiliche Maßnahmen, die auf die Generalklausel gestützt werden!**

a) Auch wenn der Gesetzgeber zunehmend Regelungen in Bereichen erlässt, die früher nur von der polizeilichen Generalklausel erfasst wurden, bleiben doch immer noch wenigstens drei Anwendungsbereiche der Generalklausel übrig: Dies sind zum einen neue Herausforderungen, auf die der Gesetzgeber noch nicht durch Erlass einer speziellen Regelung reagieren konnte. Zum anderen handelt es sich um bekannte Gefahrlagen, auf die neue polizeiliche Antworten gegeben werden. Schließlich verbleiben die Bagatellfälle, die keiner besonderen gesetzgeberischen Aktivität bedürfen.

b) Aktuell werden auf die polizeiliche Generalklausel etwa Meldeauflagen, Ansprachen von Gefährdern und Gefährdeten sowie die längerfristige Observation gestützt.

## 111. Künstlicher Stau

**a) Der Entführer E hat eine Geisel G in seine Gewalt gebracht und flüchtet mit dieser in seinem Sportwagen mit hoher Geschwindigkeit auf der Autobahn. Verkehrspolizisten bremsen mit ihren Streifenwagen den nachfolgenden Verkehr aus, der sich zurückstaut. Am Stauende fährt E ungebremst in den Wagen der Familie F hinein, wobei neben E und G auch die Mutter M schwer verletzt wird. Handelte die Polizei rechtmäßig?**
**b) Stehen G und M Entschädigungsansprüche zu?**
**c) Änderte sich etwas an der rechtlichen Beurteilung, wenn E lediglich einen Tankwart um die Benzinrechnung geprellt hätte?**

a) Eine ausdrückliche Rechtsgrundlage für die Herbeiführung eines künstlichen Staus besteht nicht, weshalb nur auf die polizeiliche Generalklausel zurückgegriffen werden kann. Eine Gefahr für die öffentliche Sicherheit ist angesichts der Entführung der G gegeben. Die Herbeiführung des Staus richtet sich zum einen gegen den Verhaltensverantwortlichen E, der zum Anhalten gezwungen werden soll, zum anderen aber auch gegen unbeteiligte Verkehrsteilnehmer als Notstandspflichtige. Deren Inanspruchnahme ist zwar zur Abwehr einer gegenwärtigen erheblichen Gefahr zulässig, sofern die Polizei weder den E direkt stoppen kann noch die Fahrbahn nur mit eigenen Mitteln zu sperren vermag. Indes darf keine erhebliche eigene Gefährdung des Notstandspflichtigen gegeben sein. M. E. ist eine solche Gefährdung regelmäßig zumindest der Verkehrsteilnehmer in den Fahrzeugen am Stauende zu bejahen, weshalb die Maßnahme unzulässig sein dürfte (str.). Anders wäre der Fall zu beurteilen, wenn die Polizei die Verkehrsteilnehmer am Stauende noch zum Verlassen ihrer Fahrzeuge aufgefordert hätte. Siehe *Rath, Frank-Müller*, Der künstliche Stau: Polizeiliche Aufhaltung Flüchtiger auf Bundesautobahnen: Praxis, Rechtsgrundlagen und Staatshaftungsfolgen, Hamburg, 2009; *Robrecht, Michael P.*, Die Herbeiführung eines künstlichen Staus – eine zulässige polizeiliche Maßnahme?, NZV 2008, S. 441–445.

b) M hat als Notstandspflichtige wegen ihrer Inanspruchnahme einen Entschädigungsanspruch gegen den Träger der Polizei. Zwar hat die Polizei keine Verletzung der M beabsichtigt, doch stellt eine entsprechende Gefährdung der Verkehrsteilnehmer am Stauende die typische Folge polizeilichen Handelns dar, die deshalb ersatzfähig ist. Dies gilt erst recht wenn im Einklang mit der hier vertretenen Ansicht die Herbeiführung des Staus für rechtswidrig gehalten wird. G steht hingegen kein Entschädigungsanspruch zu, weil die polizeiliche Maßnahme ihrer Befreiung diente.

c) In diesem Fall handelte es sich um eine repressive Maßnahme der Strafverfolgung, für welche die StPO keine Rechtsgrundlage bietet. Im Übrigen wäre auch hier bei einer Verhältnismäßigkeitsprüfung erst recht von einem Vorrang der Rechtsgüter der unbeteiligten Verkehrsteilnehmer vor dem öffentlichen Strafverfolgungsinteresse und dem Kaufpreisanspruch des Tankwarts auszugehen.

## 112. Meldeauflage

**a) Vor Durchführung eines Castor-Transports wird dem prominenten Atomkraftgegner A aufgegeben, sich regelmäßig bei der örtlichen Polizeidienststelle zu melden, um seine Teilnahme an Demonstrationen gegen den Transport zu verhindern. Handelt die Polizei rechtmäßig?**
**b) Ändert sich etwas an der Einschätzung, wenn der A sich in der Vergangenheit an Sitzblockaden beteiligt hat?**
**c) Wie wäre das Vorgehen der Polizei einzuschätzen, wenn A auf seiner Homepage Anleitungen zur Sabotage von Bahngleisen veröffentlicht hätte?**

a) Nein. In den meisten Ländern kann Ermächtigungsgrundlage für eine solche Meldeauflage nur die polizeiliche Generalklausel sein. Diese setzt aber eine konkrete Gefahr voraus. Die Teilnahme an einer nicht verbotenen Versammlung bewirkt aber keine konkrete Gefahr für die öffentliche Sicherheit, sondern stellt die Ausübung des Grundrechts der Versammlungsfreiheit aus Art. 8 GG dar. In Rheinland-Pfalz ist die Meldeauflage als polizeiliche Standardmaßnahme in § 12a POG RP gesondert geregelt, wobei für deren Verhängung sogar die Gefahr der Begehung einer Straftat durch den Betroffenen verlangt wird. Siehe *Petersen-Thrö, Ulf*, Die Meldeauflage als probates Gefahrenabwehrmittel im Vorfeld von Veranstaltungen, KommJur 2006, S. 289–296.

b) Nein. Auch wenn man diese Sitzblockaden als rechtswidrig einstuft, kann aus dem Verhalten in der Vergangenheit nicht ohne Weiteres auf das künftige Gebaren des A geschlossen werden. Es ist allenfalls eine abstrakte Gefahr gegeben, die aber nicht für ein Einschreiten im Einzelfall auf der Grundlage der polizeilichen Generalklausel ausreicht.

c) In diesem Fall wäre zwar eine konkrete Gefahr für die öffentliche Sicherheit gegeben. Die Meldeauflage wäre aber nur geeignet, eine eigene Beteiligung des A an der Sabotage von Bahngleisen zu verhindern, nicht aber die Befolgung der Anleitung durch Dritte zu unterbinden. Dafür bedürfte es der Löschung dieser Inhalte auf der Homepage. Sofern also keine Anhaltspunkte dafür bestehen sollten, dass A selbst solche Sabotagehandlungen vornehmen wollte, bliebe die Meldeauflage also rechtswidrig.

## 113. Längerfristige Observation

**Nachdem der Sexualstraftäter S, der sich jeder Therapie verweigerte, seine Strafhaft abgesessen hat, wird er von der Polizei rund um die Uhr beobachtet. Handelt die Polizei rechtmäßig?**

Dies ist zumindest insoweit zu bejahen, als dass das jeweilige Landespolizeigesetz eine ausdrückliche Regelung über die längerfristige Beobachtung von als gefährlich eingestuften Personen enthält. Danach ist i. d. R. eine solche längerfristige Observation zulässig, wenn dies zur Abwehr einer Gefahr durch die beobachtete Person für Leib, Leben oder Freiheit einer Person erforderlich ist oder hinreichend sichere Anhaltspunkte für die beabsichtigte Begehung von Straftaten von erheblicher Bedeutung durch die beobachtete Person sprechen. Es stellt aber eine realistische Gefahrenprognose dar, dass ein nicht therapierter Sexualstraftäter auch künftig erhebliche Straftaten begehen wird. Sofern indes im Landespolizeigesetz eine entsprechende Bestimmung fehlt, kann eine längerfristige Beobachtung nur auf die polizeiliche Generalklausel gestützt werden. Dabei erscheint zweifelhaft, ob dem parlamentarischen Wesentlichkeitsvorbehalt noch genügt wird, hätte der Landesgesetzgeber es doch in der Hand, die Voraussetzungen dieser Maßnahme ausdrücklich gesetzlich zu regeln. Siehe *Linke, Benjamin,* Die längerfristige Observation von als gefährlich eingestuften Straftätern durch Polizeibeamte, DVBl. 2013, S. 559–566.

## 114. Gefährderanschreiben

**Hooligan H aus einer deutschen Kleinstadt ist bereits mehrfach mit Gewalttaten in Erscheinung getreten. Vor dem Endspiel im DFB-Pokal erhält er folgendes Schreiben von der Polizei: „Sehr geehrter Herr H, uns ist bekannt, dass Sie in der Vergangenheit bereits mehrfach als Zuschauer bei Fußballspielen auffällig geworden sind und Gewalttätigkeiten verübt haben. Wir fordern Sie auf, nicht zu dem DFB-Pokalendspiel nach Berlin zu reisen. Anderenfalls können polizeiliche Maßnahmen gegen sie ergriffen werden. Hochachtungsvoll. Unterschrift“**

**a) Welche Rechtsnatur weist dieses Schreiben auf?**
**b) Darf H noch zu dem Fußballspiel reisen?**
**c) Ist die Maßnahme rechtmäßig?**

a) Bei dem Schreiben handelt es sich um einen Realakt, nicht etwa um einen Verwaltungsakt. Für einen Verwaltungsakt fehlt es nämlich an der Regelung, weil durch das Schreiben dem H lediglich von der Reise abgeraten, aber weder etwas geboten noch verboten wird. Auch die zukünftigen Maßnahmen werden nicht nach Art des Verwaltungsvollstreckungsrechts angedroht, sondern lediglich unbestimmt in Aussicht gestellt.

b) Ja. Es besteht weder ein gesetzliches Verbot noch ist dem H durch die Polizei die Reise untersagt worden.

c) Nein. Zwar handelt es sich nicht um einen belastenden Verwaltungsakt, aber auch belastende Realakte bedürfen einer gesetzlichen Ermächtigungsgrundlage. Die Belastung des H liegt in der diskriminierenden Wirkung dieses Schreibens sowie in der Ankündigung unbestimmter polizeilicher Maßnahmen, die wie ein Damoklesschwert über ihm schweben. Die Ermächtigungsgrundlage für diesen belastenden Realakt kann lediglich die polizeiliche Generalklausel sein. Diese setzt aber eine konkrete Gefahr für die öffentliche Sicherheit oder Ordnung voraus. Zwar hat H in der Vergangenheit Gewalttaten begangen, daraus resultiert aber zunächst einmal nur die abstrakte Gefahr zukünftiger Gewalttaten. Es bestehen keine konkreten Anhaltspunkte dafür, dass er auch diesmal Gewalttaten begehen wird. Es fehlt daher schon an den tatbestandlichen Voraussetzungen für ein Tätigwerden der Polizei. Siehe

*Hebeler, Timo,* Die Gefährderansprache, NVwZ 2011, S. 1364–1367; *Kreuter-Kirchhof Charlotte,* Die polizeiliche Gefährderansprache, AöR 139 (2014), S. 257–286.

**115. Gefährdetenansprache**

a) Der verurteilte Sexualtäter S ist nach vollständiger Verbüßung seiner Haftstrafe in einen Vorort einer Großstadt gezogen. Die Polizei geht daraufhin in seiner Nachbarschaft von Haus zu Haus und warnt Mädchen und junge Frauen vor dem S. Bedarf die Polizei dafür einer gesetzlichen Ermächtigungsgrundlage?
b) Handelt die Polizei rechtmäßig?

a) Dem S werden durch dieses Handeln der Polizei keine Pflichten auferlegt, weshalb auf den ersten Blick eine Ermächtigungsgrundlage entbehrlich erscheint. Auch die angesprochenen Mädchen und jungen Frauen werden von der Polizei nicht verpflichtet; sie werden lediglich gewarnt. Indes greifen solche Warnungen in das Allgemeine Persönlichkeitsrecht des S ein, der trotz verbüßter Haft an den Pranger gestellt wird. Das BVerfG hat bei Warnungen der Bundesregierung vor gefährlichen Produkten sowie vor sog. Jugendsekten die Aufgabe der Staatsleitung nach Art. 65 GG als Rechtsgrundlage ausreichen lassen. Übertrüge man diese Rechtsprechung, würde auch die gesetzlich verankerte Aufgabe der Polizei, Gefahren für die öffentliche Sicherheit oder Ordnung abzuwehren, genügen. M. E. ist jedoch wegen des Eingriffs in das Allgemeine Persönlichkeitsrecht eine gesetzliche Befugnis zu fordern.

b) Hält man eine Ermächtigungsgrundlage für erforderlich, so kann diese in den Vorschriften der Landespolizeigesetze über die Datenübermittlung an Personen außerhalb des öffentlichen Bereichs liegen. Danach kann die Polizei von sich aus personenbezogene Daten an Personen außerhalb des öffentlichen Bereichs übermitteln, soweit dies zur Erfüllung ihrer Aufgaben oder zur Abwehr erheblicher Nachteile für das Gemeinwohl erforderlich ist. Dabei muss allerdings das schutzwürdige Interesse der Gewarnten das schutzwürdige Interesse des Betroffenen, vor dem gewarnt wird, überwiegen. Dies wird nur zu bejahen sein, sofern konkrete Anhaltspunkte dafür bestehen, dass S auch nach Verbüßung seiner Haftstrafe wiederum entsprechende Straftaten begehen wird. Die frühere Straftat alleine dürfte dafür nicht ausreichen.

## § 11 Spezialbefugnisse für Standardmaßnahmen

### I. Grundlagen der Spezialbefugnisse

**Literatur:** *Erichsen, Hans-Uwe,* Polizeiliche Standardmaßnahmen, Jura 1993, S. 45–50; *Glaser, Andreas,* Die „neue Generation“ polizeirechtlicher Standardmaßnahmen, Jura 2009, S. 742–748; *Möstl, Markus,* Standardmaßnahmen des Polizei- und Ordnungsrechts, Jura 2011, S. 840–853; *Thiele, Willi,* Die polizeilichen Standardmaßnahmen, DVP 1980, S. 48–52.

**116. Historische Grundlagen der Spezialbefugnisse**

Wo finden sich die rechtsgeschichtlichen Wurzeln der polizeilichen Spezialbefugnisse im Unterschied zur Generalklausel?

Die polizeilichen Spezialbefugnisse, vgl. §§ 8a ff. MEPolG, stammen aus dem süddeutschen, insbesondere aus dem bayerischen Polizeirecht. Die Generalklausel gemäß § 8 I MEPolG hingegen findet ihre Wurzel im preußischen Recht. In den heutigen Polizeigesetzen sind beide Regelungskonzepte neben einander verwirklicht.

## 117. Notwendigkeit der Spezialbefugnisse

Warum gibt es neben der Generalklausel überhaupt Spezialbefugnisse?

Der aus dem Rechtsstaatsprinzip fließende Bestimmtheitsgrundsatz gebietet, die Eingriffsmöglichkeiten der Polizei so genau wie möglich zu fassen. Für im polizeilichen Alltag regelmäßig wiederkehrende Situationen ist es von Verfassung wegen geboten, dass der Gesetzgeber sowohl die tatbestandlichen Voraussetzungen als auch die als Rechtsfolge resultierenden Eingriffsmöglichkeiten so genau wie möglich fasst.

## 118. Richtervorbehalt bei Spezialbefugnissen

a) Für die Ausübung welcher Spezialbefugnisse benötigt die Polizei richterliche Zustimmung?
b) Was ist der verfassungsrechtliche Hintergrund dieser Richtervorbehalte?

a) Bei allen Unterschieden im Detail stimmen die Polizeigesetze darin überein, dass sowohl das Ingewahrsamhalten einer Person über einen längeren Zeitraum als auch die Durchsuchung einer Wohnung der richterlichen Zustimmung bedürfen. Die Befragung, der Platzverweis und die Sicherstellung stehen hingegen unter keinem Richtervorbehalt.

b) Verfassungsrechtlicher Hintergrund dieser einfachgesetzlichen Regelungen sind die grundgesetzlichen Richtervorbehalte des Art. 104 II GG bei Freiheitsentziehungen sowie des Art. 13 II GG bei Wohnungsdurchsuchungen.

## 119. Verhältnis der gefahrenabwehrrechtlichen Spezialbefugnisse zueinander

In welchem Verhältnis stehen die gefahrenabwehrrechtlichen Spezialbefugnisse zueinander?

Grds. sind die Spezialbefugnisse voneinander unabhängig und jede Befugnis kann für sich bei Vorliegen der tatbestandlichen Voraussetzungen ausgeübt werden. Häufig bauen die Befugnisse aber kaskadenartig aufeinander auf: So kann zur Durchsetzung eines Platzverweises eine Person in Gewahrsam genommen werden. In diesem Fall kann sie auch durchsucht werden, wobei zugleich von ihr mitgeführte Sachen kontrolliert werden dürfen. Diese Sachen können dann auch sichergestellt und verwahrt werden.

## 120. Verhältnis der gefahrenabwehrrechtlichen Spezialbefugnisse zum Verwaltungsvollstreckungsrecht

**Können die Spezialbefugnisse nach allgemeinem Vollstreckungsrecht durchgesetzt werden?**

Dies ist nur sehr eingeschränkt der Fall, weil die meisten Spezialbefugnisse ihrerseits eine besondere Vollstreckungsmöglichkeit vorsehen oder durch eine andere weitere Spezialbefugnis vollstreckt werden. So können eine Vorladung durch eine Vorführung und ein Platzverweis durch eine Ingewahrsamnahme vollstreckt werden, wobei die Ingewahrsamnahme ihre Vollstreckung in sich selbst trägt. Vollstreckungselemente wohnen auch der Durchsuchung von Personen, Wohnungen und Sachen inne. Die Sicherstellung schließlich wird durch die Verwahrung umgesetzt

## 121. Regelungsbereich und Eingriffsbereich der Spezialbefugnisse

**Der Betrunkene B wird von der Polizei a) im tiefsten Winter, b) in einer lauen Sommernacht schlafend auf einer Parkbank angetroffen. Kann die Polizei den B jeweils auf der Grundlage einer Spezialbefugnis oder der Generalklausel in Gewahrsam nehmen?**

a) In diesem Fall kann die Polizei den B nach den spezialgesetzlichen Vorschriften über den Schutzgewahrsam in Gewahrsam nehmen, weil für ihn eine Gefahr für Leib oder Leben besteht. Eines Rückgriffs auf die Generalklausel bedarf es nicht.

b) Hier liegen die tatbestandlichen Voraussetzungen des Schutzgewahrsams nicht vor, weil dem B in der lauen Sommernacht maximal eine Erkältung droht. Aber auch auf die Generalklausel, die bereits jede Gefahr für die öffentliche Sicherheit oder Ordnung für ein Einschreiten genügen lässt, kann nicht zurückgegriffen werden. Denn die Bestimmungen über den Gewahrsam sind abschließend und deren verschärfte Tatbestandsmerkmale dürfen nicht durch die Anwendung der Generalklausel umgangen werden.

## 122. Verhältnis der gefahrenabwehrrechtlichen Spezialbefugnisse zu den strafprozessualen Eingriffsbefugnissen

**a) In welchem Verhältnis stehen die gefahrenabwehrrechtlichen Spezialbefugnisse zu den strafprozessualen Eingriffsbefugnissen?**
**b) Was versteht man unter „doppelfunktionalen Maßnahmen" und worin finden diese ihre Rechtsgrundlage?**

a) Während die gefahrenabwehrrechtlichen Spezialbefugnisse die Grundlage für das präventive Handeln der Polizei sind, bilden die strafprozessualen Eingriffsbefugnisse die Basis für deren repressives Handeln. Rechtsgrundlagen mit ähnlichen tatbestandlichen Voraussetzungen und Rechtsfolgen dienen also verschiedenen Zwecken.

b) Bei „doppelfunktionalen Maßnahmen" handelt die Polizei sowohl zur Abwehr einer künftigen Gefahr als auch zugleich zur Verfolgung einer Straftat. Bspw. verfolgt die Polizei einen flüchtigen Bankräuber, um diesen festzunehmen und die Begehung weiterer Banküberfälle zu verhindern. „Doppelfunktionale Maßnahmen" können entweder auf das Landespolizeigesetz oder auf die StPO gestützt werden, wobei es genügt, wenn die Voraussetzungen für ein Einschreiten nach einem der beiden Gesetze vorliegen.

### 123. Beispiele für Einzelermächtigungen in Spezialgesetzen

**a) Mit dem Wagen des W wurde ein erheblicher Geschwindigkeitsverstoß begangen, ohne dass der Fahrer ermittelt werden konnte. Kann dem W die Fahrerlaubnis entzogen werden?**
**b) Welche andere Maßnahme kann gegen W ergriffen werden?**

a) Nein. Ein Entzug der Fahrerlaubnis nach § 3 I 1 StVG setzt voraus, dass sich jemand als ungeeignet oder nicht befähigt zum Führen von Kraftfahrzeugen erwiesen hat. Dafür muss aber ein eigener Verstoß des W gegen Straßenverkehrsvorschriften festgestellt werden. Es genügt nicht, dass der Wagen des W als Tatwerkzeug diente.

b) Die zuständige Fahrerlaubnisbehörde kann gegen W eine Fahrtenbuchauflage nach § 31a I 1 StVZO verhängen, weil die Feststellung eines Fahrzeugführers nach einer Zuwiderhandlung gegen Verkehrsvorschriften nicht möglich war.

## II. Befragung und Feststellung der Identität

**Literatur:** *Petersen-Thrö, Ulf,* Die Vorladung zur präventiven erkennungsdienstlichen Behandlung, SächsVBl. 2008, S. 29–37.

### 124. Befragung und Auskunftsverlangen

**a) Ein Gefahrguttransporter ist kurz nach dem Verlassen des Speditionsgeländes wegen eines Fahrfehlers verunglückt. Darf die Polizei den Fahrer F nach seinem Namen und der Ladung befragen?**
**b) Ist F zur Beantwortung der Fragen verpflichtet?**
**c) F wurde lebensgefährlich verletzt und ist nicht ansprechbar. Darf die Polizei nun auf dem Speditionsgelände den Lademeister M zur Ladung des LKW befragen?**

a) Ja. Die Polizeigesetze regeln übereinstimmend, vgl. §§ 8a f. MEPolG, dass die Polizei Personen befragen darf, wenn Tatsachen die Annahme rechtfertigen, dass sie sachdienliche Angaben machen können, die zur Erfüllung einer bestimmten polizeilichen Aufgabe erforderlich sind.

b) Ja. Jedes Polizeigesetz sieht vor, dass der Befragte als persönliche Daten u. a. seinen Namen entsprechend § 8a III Nr. 3 MEPolG anzugeben hat. Ob der Befragte darüber hinaus zu weiteren Auskünften verpflichtet ist, beantworten die Landespolizeigesetze unterschiedlich. Selbst die restriktivsten Regelungen sehen aber vor, dass er zu sachdienlichen Angaben verpflichtet ist, soweit gesetzliche Handlungspflichten bestehen. Hier ist F Verhaltensverantwortlicher und als solcher zur Gefahrbeseitigung verpflichtet. Aus dieser Handlungspflicht folgt auch die Pflicht zur Beantwortung der Fragen.

c) Ja. Selbst wenn man das Vorliegen der Voraussetzungen der Notstandspflicht fordert, sind diese gegeben, weil eine gegenwärtige erhebliche Gefahr abzuwehren ist, der Fahrer nicht befragt werden kann, die Polizei sich nicht anderweitig die Information rechtzeitig verschaffen kann und M ohne erhebliche eigene Gefährdung oder Verletzung höherwertiger Pflichten in Anspruch genommen werden kann.

### 125. Feststellung der Identität

**X steht vor einem Juweliergeschäft, fotografiert die Auslage sowie das Sicherheitsgitter und zeichnet einen Lageplan. Darf die Polizei seinen Namen feststellen und die Fingerabdrücke nehmen?**

Ja. Zwar liegt hier noch keine konkrete Gefahr vor. Eine Identitätsfeststellung einer Person ist gemäß § 9 I Nr. 2 MEPolG aber auch dann zulässig, wenn sie sich in der Nähe eines besonders gefährdeten Objekts aufhält und Tatsachen die Annahme rechtfertigen, dass dort Straftaten begangen werden sollen und dies auf Grund personenbezogener Anhaltspunkte erforderlich ist. Hier legt der X durch sein Verhalten nahe, dass er das Juweliergeschäft ausspähen will.

### 126. Racial Profiling

**a) Im Zug von Basel nach Mannheim kontrollieren Beamte der Bundespolizei gezielt den dunkelhäutigen deutschen Studenten S, weil dieser „ausländisch aussehe" und sie eine unerlaubte Einreise in das Bundesgebiet vermuten. Handelt die Bundespolizei rechtmäßig?**
**b) Wie wäre der Fall zu beurteilen, wenn die Beamten alle Reisenden in dem Zug kontrolliert hätten?**
**c) Änderte sich etwas an der Beurteilung des Ausgangsfalls, wenn S sich bei Erscheinen der Bundespolizisten zunächst auf die Toilette geflüchtet und anschließend hinter einer Zeitung verborgen hätte?**

a) Zwar darf die Bundespolizei gemäß § 22 Ia BPolG auch verdachtsunabhängige Kontrollen vornehmen, soweit auf Grund von Lageerkenntnissen oder grenzpolizeilicher Erfahrung anzunehmen ist, dass eine unerlaubte Einreise vorliegt. Diese Erkenntnisse und Erfahrungen müssen jedoch an andere Anhaltspunkte als bloß an die Hautfarbe anknüpfen. Ansonsten läge eine Benachteiligung allein wegen der Abstammung oder Rasse vor, die nach Art. 3 III 1 GG untersagt ist. Siehe *Drohla, Jeannine*, Hautfarbe als Auswahlkriterium für verdachtsunabhängige Polizeikontrollen?, ZAR 2012, S. 411–417.

b) In diesem Fall wird der S zwar nicht gegenüber den Mitreisenden benachteiligt, eine generelle, flächendeckende Kontrolle aller Reisenden dürfte aber unverhältnismäßig sein.

c) Ja. Hier wäre die Kontrolle gerechtfertigt, weil sie nicht an die Hautfarbe des S anknüpft, sondern an sein verdächtiges Verhalten.

## 127. Erkennungsdienstliche Maßnahmen

**Die Polizei findet den leblosen X auf. Kann sie, um dessen Identität festzustellen, von ihm a) Fingerabdrücke nehmen, b) ein Foto machen sowie c) eine Blutprobe entnehmen?**

a) und b) Ja. Diese erkennungsdienstlichen Maßnahmen sind in den Landespolizeigesetzen ausdrücklich vorgesehen, vgl. § 10 MEPolG, um die Identität einer Person festzustellen, wenn dies auf anderem Wege, etwa durch Befragung der Person, nicht oder nur unter erheblichen Schwierigkeiten möglich ist.

c) Im Unterschied zu den ersten beiden Maßnahmen wird der X hier nicht nur äußerlich untersucht, sondern es wird in seine körperliche Integrität eingegriffen. Dazu bedarf es nach dem Vorbild des § 81a I 2 StPO im Strafverfahren auch bei präventivem polizeilichen Handeln einer spezialgesetzlichen Ermächtigungsgrundlage, die nicht in allen Polizeigesetzen vorhanden ist.

## 128. Vorlage von Berechtigungsscheinen

**a) Sportschütze S ist Inhaber eines gültigen Waffenscheins. Als er mit seiner Waffe zu einem Wettkampf fahren will, hält ihn die Polizei an und fordert ihn zur Vorlage des Waffenscheins auf. Ist er dazu verpflichtet?**
**b) S hat den Waffenschein zu Hause liegen gelassen. Welche Konsequenzen drohen ihm?**

a) Ja. Wer eine Waffe führt, muss gemäß § 38 WaffG neben seinem Personalausweis auch seinen Waffenschein mit sich führen. Die Polizei kann die Vorlage dieses Berechtigungsscheins sowohl auf der Grundlage des § 38 WaffG als auch nach dem jeweiligen Landespolizeigesetz verlangen.

b) S hat eine Ordnungswidrigkeit nach § 53 I Nr. 20 WaffG begangen, die mit einer Geldbuße geahndet werden kann. Zudem kann in besonders schwerwiegenden Fällen die Waffe nach § 54 II WaffG eingezogen werden.

## 129. Razzia

**a) Die Polizei erhält den anonymen Hinweis, dass in einer Gaststätte am Bahnhof mit Drogen gehandelt werde, und führt daraufhin dort eine „Razzia“ durch. Was versteht man darunter?**
**b) War diese polizeiliche Maßnahme rechtmäßig?**

a) Unter einer Razzia versteht man die planmäßige Identitätsfeststellung einer größeren Anzahl von Personen, die sich an einem bestimmten, von der Polizei abgesperrten Ort aufhalten.

b) Nein. Eine gesonderte Ermächtigungsgrundlage für eine Razzia besteht nicht. Die Maßnahme kann aber gegenüber jedem einzelnen Betroffenen auf die Spezialbefugnis für die Identitätsfeststellung gestützt werden, die auch möglich ist, wenn eine Person sich an einem Ort aufhält, von dem Tatsachen die Annahme rechtfertigen, dass Personen dort Straftaten von erheblicher Bedeutung verabreden, vorbereiten oder verüben. Insofern handelt es sich bei einer Razzia um parallele Identitätsfeststellungen. Ein anonymer Hinweis dürfte allerdings nicht ausreichen, solche Tatsachen zu begründen.

### 130. Vorladung

**a) Worin liegt der Unterschied zwischen einer Vorladung und einer Vorführung?**
**b) In welchem Verhältnis stehen Vorladung und Vorführung zu den Vorschriften der Polizeigesetze über den Verwaltungszwang?**
**c) Kann eine Vorladung durch Verhängung eines Zwangsgelds durchgesetzt werden?**
**d) Ist die Vorführung bei Erlass der Vorladung anzudrohen?**

a) Die Vorladung nach § 11 MEPolG ist das an eine Person gerichtete Gebot, zur Abgabe sachdienlicher Angaben oder zur Durchführung erkennungsdienstlicher Maßnahmen auf ein Polizeirevier zu kommen. Die Vorführung ist die zwangsweise Durchsetzung der Vorladung.

b) Die Vorladung als Grundverfügung wird mit dem besonderen Zwangsinstrument der Vorführung durchgesetzt. Ein Rückgriff auf die allgemeinen Zwangsmittel ist daher grds. ausgeschlossen.

c) Nein. Mit der Vorführung steht ein besonderes Zwangsmittel zur Verfügung, das den Rückgriff auf die allgemeinen Zwangsmittel wie das Zwangsgeld ausschließt.

d) Nein. Die Vorführung erfolgt als spezialgesetzlich geregeltes Institut nicht in dem gestreckten mehrstufigen Verwaltungsvollstreckungsverfahren. Sie ist weder gesondert anzudrohen noch festzusetzen.

## III. Verweisung

**Literatur:** *Finger, Thorsten,* Das Aufenthaltsverbot – die neue Standardmaßnahme des nordrhein-westfälischen Gefahrenabwehrrechts, DVP 2004, S. 367–374; *Hecker, Wolfgang,* Neue Rechtsprechung zu Aufenthaltsverboten im Polizei- und Ordnungsrecht, NVwZ 2003, S. 1334–1337; *Hetzer, Wolfgang,* Zur Bedeutung des Grundrechts auf Freizügigkeit (Art. 11 GG) für polizeiliche Aufenthaltsverbote, JR 2000, S. 1–10; *Trurnit, Christoph,* Platzverweis, Aufenthaltsverbot und Wohnungsverweis gem. § 27a PolG, VBlBW 2009, S. 205–210; ders., Eingriffsbefugnisse bei Veranstaltungen, Jura 2012, S. 365–372; *Zott, Christine / Geber, Frederic,* Rote Karte für Jedermann? – Die Frage nach dem Adressaten der polizeilichen Spezialbefugnis des Platzverweises, JA 2014, S. 328–333.

**131. Platzverweis**

**a) Als die Elbe über die Ufer tritt, verharrt aus Angst vor Plünderern der alleinstehende E in seinem Haus mitten im Überschwemmungsgebiet. Mehrfache Aufforderungen zur Evakuierung ignoriert er. Kann die Polizei dem E das Verlassen des Hauses befehlen?**
**b) Wie kann die Polizei den Räumungsbefehl durchsetzen?**
**c) Muss ein Richter dem Betreten des Hauses durch die Polizei zustimmen?**

a) Ja. Die Polizei kann gegen E einen Platzverweis gemäß § 12 MEPolG aussprechen, um eine Gefahr für die öffentliche Sicherheit oder Ordnung abzuwehren. E ist in diesem Fall nicht nur Verhaltensverantwortlicher, sondern zugleich auch durch die polizeiliche Maßnahme Geschützter.

b) Notfalls kann die Polizei den E in Gewahrsam nach § 13 MEPolG nehmen, um den Platzverweis durchzusetzen.

c) Muss die Polizei ziel- und zweckgerichtet in dem Haus nach E suchen, liegt eine Durchsuchung vor, wofür sie grds. richterlicher Zustimmung bedarf. Allerdings dürfte Gefahr im Verzug vorliegen, weshalb hier die Einschaltung des Richters entbehrlich ist.

**132. Aufenthaltsverbot**

**a) Dem bekannten Drogendealer D wird der Aufenthalt im Bahnhofsviertel der Großstadt S für drei Monate verboten, weil die Befürchtung besteht, dass er dort weiterhin mit Drogen handeln wird. Darf D seinen Rechtsanwalt R aufsuchen, dessen Kanzlei in Bahnhofsnähe liegt?**
**b) Darf D vom Bahnhof in S aus eine Reise mit dem Zug antreten?**
**c) Was geschieht nach dem Ablauf der drei Monate?**
**d) Könnte die Polizei sofort wieder ein Aufenthaltsverbot gegen D für denselben Ort anordnen?**

a) Ja. Zu den berechtigten Interessen des D gehört, seinen Rechtsanwalt aufsuchen zu können.

b) Ja. Auch die Benutzung öffentlicher Einrichtungen wie durch andere Bürger auch wird man zu den berechtigten Interessen zu zählen haben. Für D besteht auch keine zumutbare Ausweichmöglichkeit.

c) Je nach Landesrecht endet das Aufenthaltsverbot entweder automatisch nach der festgelegten Zeit oder es ist von der Polizei aufzuheben.

d) Nein. Die Möglichkeit einer unmittelbar anschließenden Verlängerung ist gesetzlich nicht vorgesehen, wie sich aus der ausdrücklichen Festlegung einer Obergrenze ergibt, selbst wenn die zu Grunde liegende Gefahr noch andauern sollte.

### 133. Wohnungsverweisung

**a) Bei einem erbitterten Ehestreit hat M die F in der gemeinsamen Ehewohnung heftig geschlagen. Welche Befugnis besteht für die herbeigerufenen Polizisten?**
**b) Was kann F selbst unternehmen?**
**c) Was geschieht, wenn F in den nächsten zwei Wochen nichts unternimmt?**

a) Die Polizisten können den M vorübergehend aus der Wohnung verweisen. Die maximal zulässige Verweisungsdauer variiert dabei in den Landespolizeigesetzen von sieben bis zu 14 Tagen. Siehe *Hermann, Ulrike,* Die Umsetzung des „Gewaltschutzgesetzes" in das Landespolizeirecht, NJW 2002, S. 3062–3065.

b) F kann bei dem Zivilgericht einen Antrag nach § 2 GewSchG auf vorübergehende alleinige Nutzungsüberlassung an der Wohnung stellen.

c) Unternimmt F in dieser Frist nichts, dann endet die polizeiliche Wohnungsverweisung und M darf in die Ehewohnung zurückkehren. Die Polizeimaßnahme dient also dazu, der geschädigten Person Zeit zu verschaffen, zivilgerichtliche Maßnahmen zu erwirken.

## IV. Gewahrsam

**Literatur:** *Finger, Thorsten,* Der „Verbringungsgewahrsam" und der Streit um seine rechtliche Grundlage, NordÖR 2006, S. 423–428; *Heidebach, Martin,* Der polizeiliche Präventivgewahrsam auf konventionsrechtlichem Prüfstand, NVwZ 2014, S. 554–558; *Knemeyer, Franz-Ludwig,* Polizeigewahrsam und Richterentscheid – Zur Neufassung der gesetzlichen Regelung in Bayern, NVwZ 1990, S. 138–141; *Schucht, Carsten,* Der Verbringungsgewahrsam im Polizeirecht – Eine kritische Bestandsaufnahme nach mehr als 30 Jahren Polizeipraxis –, DÖV 2011, S. 553–560.

### 134. Voraussetzungen des Gewahrsams

**a) Worin liegt der Unterschied zwischen dem Schutz- und dem Unterbindungsgewahrsam?**
**b) Ziehen Sie den Vergleich zu den Beschützer- und Überwachergaranten im Strafrecht!**
**c) Welche weiteren Arten des Gewahrsams kennen die Gefahrenabwehrgesetze?**

a) Während der Schutzgewahrsam den Betroffenen vor Gefahren für Leib oder Leben schützt, erfolgt der Unterbindungsgewahrsam, um Dritte vor dem Betroffenen zu schützen.

b) Der Schutzgewahrsam ähnelt daher der Situation des strafrechtlichen Beschützergaranten, bei dem der Betroffene mögliches Opfer ist. Der Unterbindungsgewahrsam hingegen weist Parallelen zum strafrechtlichen Überwachergaranten auf, wobei der Überwachte potentieller Täter ist.

c) Die Gefahrenabwehrgesetze kennen üblicherweise noch wenigstens vier weitere Arten des Gewahrsams: Gewahrsam ist auch vorgesehen, um einen Platzverweis, eine Wohnungsverweisung oder ein Rückkehrverbot durchzusetzen. Auch der unerlässliche Schutz privater Rechte kann den Gewahrsam rechtfertigen. Zudem können auch Minderjährige in Gewahrsam genommen werden, um sie ihrem Personensorgeberechtigten oder dem Jugendamt zuzuführen. Schließlich können aus der Haft Entwichene in Gewahrsam genommen werden, um sie wieder in die Haftanstalt zurückzubringen.

### 135. Schutzgewahrsam

**a) Der bekennende Atheist A will bei einer Lesung in einer Buchhandlung der Stadt S sein neuestes Werk „Welt ohne Gott“ vorstellen. Religiöse Eiferer haben angekündigt, ihn bei dieser Gelegenheit zu töten. Nachdem A sich von der Lesung nicht abbringen lässt und die Polizei sich nicht in der Lage sieht, ihn wirksam zu schützen, nimmt sie ihn für den Tag der geplanten Lesung in Gewahrsam. Handelt die Polizei rechtmäßig?**
**b) Wie wäre der Ausgangsfall zu beurteilen, wenn A bei seinem Auftritt durch eine Hundertschaft Polizei hätte wirksam geschützt werden können?**
**c) Dem A sind Einnahmen aus 1.000 € für seinen Auftritt und weiteren 2.000 € aus erwarteten Buchverkäufen im Umfeld der Lesung entgangen. Kann er diese von dem Land als Träger der Polizei ersetzt verlangen?**

a) Ja. Hier hat die Polizei den A zu Recht in Schutzgewahrsam genommen, weil sie anderweitig sein Leben nicht schützen kann.

b) In diesem Fall wäre die Ingewahrsamnahme des A nicht erforderlich und damit rechtswidrig gewesen. Der Schutzgewahrsam soll nicht dazu dienen, der Polizei ihre Arbeit zu erleichtern, sondern in nicht anders abzuwendenden Lagen den Betroffenen vor ernsten Gefahren für Leib oder Leben bewahren.

c) Ein ausdrücklicher Anspruch des in Schutzgewahrsam Genommenen auf Entschädigung ist nicht vorgesehen. Möglicherweise könnte man den vom Schutzgewahrsam Betroffenen aber als Sonderfall des Notstandspflichtigen ansehen und ihm auf dieser Grundlage einen Ersatzanspruch gewähren. Dagegen spricht jedoch, dass der Notstandspflichtige unbeteiligt ist und herangezogenen wird, um einem Dritten beizustehen, der in Schutzgewahrsam Genommene aber selbst von dieser Maßnahme profitiert.

### 136. Unterbindungsgewahrsam

**Chaot C, der bereits im Vorjahr auf einer gewalttätigen Demonstration angetroffen wurde, hat via Internet am 30. April angekündigt, die Polizei möge sich „für einen heißen 1. Mai in Hamburg“ wappnen. Was kann die Polizei unternehmen?**

Sie kann den C in Gewahrsam nehmen. Ein solcher Unterbindungsgewahrsam ist zulässig, um die unmittelbar bevorstehende Begehung einer Straftat durch den Störer zu verhindern. Anzeichen dafür sind insbesondere der öffentliche Aufruf des Betroffenen zu Straftaten sowie sein Verhalten in der Vergangenheit, etwa die Beteiligung an vergleichbaren Straftaten.

## 137. Verbringungsgewahrsam

**a) Die Demonstranten A, B und C haben sich auf ein Eisenbahngleis gesetzt, um einen Castor-Transport zu stoppen. Die Polizei trägt sie von den Gleisen und fährt sie mit einem Fahrzeug zu einem zehn Kilometer entfernten Waldgebiet, um sie dort auszusetzen. Liegt eine Ingewahrsamnahme vor?**
**b) Ist die Maßnahme sonst rechtmäßig?**
**c) Was hätte die Polizei stattdessen tun können?**

a) Nein. Beim sog. Verbringungsgewahrsam ist eine Entziehung der Fortbewegungsmöglichkeit nur für die Dauer des Transports in einem Fahrzeug gegeben. Solange diese Fahrtzeit noch relativ kurz ist, ist die Grenze von der bloßen Freiheitsbeschränkung hin zur Freiheitsentziehung noch nicht überschritten, so dass noch kein Gewahrsam anzunehmen ist (str.).Nach Beendigung des Transports mag zwar die Hinbewegungsmöglichkeit zu dem Ausgangspunkt eingeschränkt sein, die Fortbewegungsmöglichkeit von dem neuen Standort ist aber gegeben, so dass kein Gewahrsam vorliegt.

b) Diese Maßnahme setzt mit den Mitteln des unmittelbaren Zwangs einen Platzverweis um und muss verhältnismäßig sein. Dies setzt voraus, dass eine Verbringung an einen Punkt unmittelbar hinter der Grenze des Verbotsbereichs nicht ausreicht, die Polizei die Betroffenen nicht weiter als unbedingt nötig transportiert, damit diese nicht wieder umgehend zum Ausgangspunkt zurückkehren können und sie diese nicht in hilfloser Lage verlässt. Weil dafür in diesem Fall keine Anhaltspunkte bestehen, ist die Maßnahme rechtmäßig.

c) Die Landespolizeigesetze sehen ausdrücklich vor, dass zur Durchsetzung eines Platzverweises eine Person auch in Gewahrsam genommen werden kann. Dies dürfte im Vergleich zu der Verbringung an einen anderen Ort regelmäßig eine stärker eingreifende Maßnahme darstellen.

## 138. Gewahrsam zum Schutz privater Rechte

**Drei Tage vor der geplanten Räumung eines besetzten Hauses greift die Polizei zwei Jugendliche auf, die in ihrem Wagen Steine, Eisenstangen etc. mit sich führen. Darf sie die beiden bis zum Ende der Räumung ohne Weiteres in Gewahrsam halten?**

Zwar darf eine Ingewahrsamnahme auch erfolgen, um private Rechte, hier das Hausrecht des Hauseigentümers, zu schützen. Allerdings hätte es wohl ausgereicht, die Personalien der Jugendlichen festzustellen und die Steine, Eisenstangen etc. zu beschlagnahmen. Jedenfalls bedarf aber ein Gewahrsam über das Ende des nächsten Tages hinaus gemäß Art. 104 II 3 GG einer richterlichen Entscheidung. Die Landespolizeigesetze sehen zum Teil noch kürzere Fristen bis zu einer richterlichen Entscheidung vor.

**139. Behandlung festgehaltener Personen**

**a) Die Polizei hat auf dem Straßenstrich die 16jährige M aufgegriffen, die sich als Prostituierte anbot. Was hat die Polizei zu veranlassen, nachdem sie die M in Gewahrsam genommen hat?**
**b) Darf die M in einer Zelle mit der Untersuchungsgefangenen U festgehalten werden?**
**c) Darf die M gemeinsam mit ebenfalls gerade festgenommenen Männern in einem Raum festgehalten werden?**

a) Der M ist zunächst der Grund der Ingewahrsamnahme anzugeben. Sie ist über dagegen gegebene Rechtsbehelfe zu belehren und ihr ist Gelegenheit zu geben, einen Rechtsbeistand beizuziehen. In jedem Fall ist ihr Personensorgeberechtigter zu benachrichtigen, auf Wunsch auch andere Angehörige oder Vertrauenspersonen, vgl. § 15 MEPolG.

b) Eine gemeinsame Unterbringung mit Untersuchungsgefangenen soll nach den Polizeigesetzen unterbleiben, kann also nur in außergewöhnlichen Situationen erfolgen.

c) Zudem sollen auch Männer und Frauen getrennt untergebracht werden.

**140. Dauer der Freiheitsentziehung**

**a) Die Polizei hat den X am Samstagmorgen in Gewahrsam genommen, weil sie dessen Teilnahme an einer Randale bei einem Fußballspiel am Samstagnachmittag befürchtet. Wann ist der X aus dem Gewahrsam zu entlassen?**
**b) Der zuständige Amtsrichter hat im Ausgangsfall bereits am Samstagmittag den Gewahrsam für unzulässig erklärt. Wann ist X nun zu entlassen?**
**c) Während der Dauer des Gewahrsams stellt sich heraus, dass X aus einer psychiatrischen Klinik entwichen war. Was ändert sich?**

a) X ist gemäß § 16 Nr. 1 MEPolG spätestens dann aus dem Gewahrsam zu entlassen, wenn dessen Grund entfallen ist, d. h. in diesem Fall dem Ende des Fußballspiels und der Abreise der Zuschauer.

b) Hat ein Richter zuvor die Unzulässigkeit des Gewahrsams festgestellt, ist der Betroffene sofort zu entlassen, vgl. § 16 Nr. 2 MEPolG.

c) Überlagern sich mehrere Gewahrsamsgründe oder entsteht während des Gewahrsams ein neuer Gewahrsamsgrund, so muss der Betroffene erst freigelassen werden, sobald keiner der Gewahrsamsgründe mehr vorliegt. In diesem Fall kann die Polizei den X aber in die Anstalt zurückbringen.

## V. Durchsuchung

**Literatur:** *Robrecht, Michael P.,* Grenzen polizeilicher Durchsuchung unter Berücksichtigung des Polizeigesetzes des Freistaates Sachsen, LKV 2001, S. 391–394; *Schwab, Jürgen,* Verfassungsmäßigkeit des Betretens und Durchsuchens von Wohnungen durch die Polizei, NVwZ 1993, S. 1173–1174; *Waldhoff, Christian,* Polizeirecht: Durchsuchung einer Person nach Identitätsfeststellung, JuS 2013, S. 189–190.

### 141. Durchsuchung von Personen

**a) Die Polizei trifft den X abends in einem Stadtpark an, der ein bekannter Treffpunkt von Drogenhändlern ist. Darf sie in der Kleidung des X nach Betäubungsmitteln suchen?**
**b) Darf sie auch die Körperöffnungen des X nach Betäubungsmitteln kontrollieren?**
**c) Darf sie dem X Blut entnehmen, um festzustellen, ob er in letzter Zeit Betäubungsmittel konsumiert hat?**

a) Ja. An einem sog. „verrufenen Ort" darf die Polizei Personen gemäß § 17 I Nr. 4 MEPolG durchsuchen.

b) Ja. Die Durchsuchung umfasst auch das Recht, von außen zugängliche Körperöffnungen zu kontrollieren.

c) Nein. Auf die Durchsuchungsbefugnis kann diese Maßnahme nicht gestützt werden und eine andere Rechtsgrundlage ist nicht ersichtlich. Im Übrigen dürfte die Blutentnahme nur durch einen Arzt durchgeführt werden, vgl. § 81a I 2 StPO.

### 142. Durchsuchung von Sachen

**Die Polizei hat glaubhafte Hinweise darauf erhalten, dass in einem im Hafen liegenden Motorboot gefälschte Medikamente versteckt seien. Darf sie ohne richterliche Entscheidung a) das Boot und b) eine darauf befindliche Kiste durchsuchen?**
**c) Ändert sich etwas, wenn es sich um ein Hausboot handelt?**

a) und b) Ja. Die Polizei kann eine Sache gemäß § 18 I Nr. 3 MEPolG durchsuchen, wenn Tatsachen die Annahme rechtfertigen, dass sich in ihr eine andere Sache befindet, die sichergestellt werden darf. Die gefälschten Medikamente dürfen sichergestellt werden, weil von ihnen eine Gefahr für die öffentliche Sicherheit ausgeht. Werden sie eingenommen, kann es nämlich zu Gesundheitsgefahren für die Patienten kommen. Da sich möglicherweise die gefälschten Medikamente in der Kiste befinden und diese daher durchsucht werden darf, darf auch das Boot, auf dem die Kiste sich befindet, durchsucht werden.

c) Ja. Handelt es sich um ein Hausboot, sind die Vorschriften über die Durchsuchung von Wohnungen nach § 19 MEPolG einschlägig. Daher ist, sofern nicht Gefahr im Verzug vorliegt, eine Anordnung durch den Richter erforderlich.

### 143. Wohnungsbegriff

**Die Polizei hat Hinweise auf die Lagerung von Drogen a) in einem Verkaufsraum eines Gebrauchtwagen-Fachhandels, b) in einem Lagerraum desselben Fachhandels und c) in dem über dem Geschäft befindlichen Büro des Inhabers, in dem dieser auch manchmal nächtigt, bekommen. Kann die Polizei jeweils ohne Weiteres die Räume durchsuchen?**

a) Verkaufsräume dürfen während der Geschäftszeiten zum Zweck der Gefahrenabwehr jederzeit betreten werden. Hintergrund ist, dass Geschäftsräume zwar dem verfassungsrechtlichen Wohnungsbegriff unterfallen, dass aber während der Geschäftszeiten der Kontakt mit Dritten gerade erwünscht ist, so dass der Schutzzweck des Art. 13 GG nicht berührt wird.

b) Auch wenn Lagerräume während der Geschäftszeiten nicht allgemein zugänglich sind, stehen sie doch ebenfalls nur unter dem Schutz des Art. 2 I GG.

c) Nein. Dieser Raum ist wegen der Übernachtungsmöglichkeit als Wohnung anzusehen und darf grds. nur mit richterlicher Erlaubnis durchsucht werden.

### 144. Durchsuchung von Wohnungen

**Liegt in den folgenden Fällen jeweils eine Wohnungsdurchsuchung vor?**
**a) Mitarbeiter des Ordnungsamtes vermuten, dass in einer Wohnung im Sperrgebiet der Prostitution nachgegangen wird und wollen deshalb die Wohnung betreten.**
**b) Mitarbeiter des Gesundheitsamtes nehmen Proben aus der Küche eines Restaurants.**
**c) Polizisten hören mit einem Richtmikrofon ein Gespräch in einer Wohnung ab, um einen bevorstehenden Banküberfall zu verhindern.**

a) Nein. Hier geht es nicht um das ziel- und zweckgerichtete Suchen von Sachen in der Wohnung, sondern um eine bloße Untersuchung, die nicht über das Betreten und Betrachten offen zu Tage liegender Umstände hinausgeht.

b) Nein. Das Betreten und die Probeentnahme erfolgen nicht auf der Suche nach Gegenständen, sondern in Ausübung der lebensmittelrechtlichen Kontrollkompetenzen.

c) Nein. Hier liegt ebenfalls keine Durchsuchung vor, sondern eine akustische Wohnraumüberwachung, die allerdings gemäß Art. 13 IV GG ebenfalls einer richterlichen Anordnung bedarf.

## VI. Sicherstellung und Verwahrung von Sachen

**Literatur:** *Vahle, Jürgen,* Die Sicherstellung von Fahrzeugen durch die Polizei zum Zweck der Gefahrenabwehr, Die Polizei 1981, 101–107.

**145. Bildaufnahmen von Polizeikräften**

**a) Nachdem der F Polizisten gefilmt hat, die einen offenbar betrunkenen Autofahrer gestoppt und vorläufig festgenommen haben, nehmen ihm die Beamten die Kamera weg, löschen den Film und geben ihm dann die Kamera zurück. Handeln sie rechtmäßig?**
**b) Änderte sich etwas an der rechtlichen Beurteilung, wenn F unvermummte Mitglieder eines polizeilichen Sondereinsatzkommandos gefilmt hätte, die üblicherweise nur vermummt in Erscheinung treten.**

a) Nein. Die Wegnahme der Kamera wäre als Sicherstellung nur rechtmäßig, wenn sie der Abwehr einer gegenwärtigen Gefahr für die öffentliche Sicherheit oder Ordnung diente. Der F behinderte aber weder durch die Filmaufnahmen den Einsatz der Polizei noch verstieß er gegen § 22 KUG, weil danach nur die Verbreitung von Bildern ohne Einwilligung des Abgebildeten untersagt ist, nicht aber die Filmaufnahme selbst. Auch für das Löschen des Films fehlte es an einer dadurch verursachten Gefahr für die öffentliche Sicherheit oder Ordnung. Vgl. *Payandeh, Mehrdad,* Gefahrenabwehr gegen Bildaufnahmen von Polizeikräften, NVwZ 2013, S. 1458–1462.

b) Ja. Hier könnte durch die Filmaufnahmen die Identität der Beamten aufgedeckt werden, was diese im Alltag besonderen Gefährdungen aussetzte. Deshalb sind sowohl die Sicherstellung der Kamera als auch das Löschen des Films rechtmäßig.

**146. Sicherstellung und Begründung der Verwahrung**

**a) Die Polizei entdeckt auf einem Flohmarkt Mobiltelefone, über deren Herkunft der Händler H keine Angaben machen kann. Darf die Polizei die Telefone zum Schutze ihres jeweiligen Eigentümers an sich nehmen?**
**b) Was geschieht bei der Polizei mit den Mobiltelefonen?**

a) Ja. Eine Sicherstellung kann u. a. nach § 21 Nr. 2 MEPolG erfolgen, um den Eigentümer einer Sache vor dem Verlust der Sache zu schützen.

b) Die Polizei wird die Mobiltelefone verwahren, verzeichnen und so kennzeichnen, dass Verwechselungen vermieden werden. Dem H wird sie eine Bescheinigung über die Sicherstellung ausstellen.

**147. Verwahrung**

**a) H will „seine" Mobiltelefone aus dem vorherigen Fall wiederhaben. Es gelingt ihm, diese aus einem Lager der Polizei zu entfernen. Wie hat er sich strafbar gemacht?**
**b) Welche Parallelen, welche Unterschiede bestehen zwischen der Aufbewahrung bei der Polizei und einem zivilrechtlichen Verwahrungsverhältnis?**
**c) Polizist P beschädigt aus Versehen eines der Mobiltelefone. Welche Ansprüche hätte der Eigentümer des Telefons?**

a) H hat sich zumindest wegen Hausfriedensbruchs nach § 123 StGB sowie wegen Verwahrungsbruchs nach § 133 StGB strafbar gemacht.

b) In beiden Fällen wird ein Verwahrungsverhältnis als Schuldverhältnis begründet, bei der zivilrechtlichen Aufbewahrung nach §§ 688 ff. BGB jedoch durch einen zivilrechtlichen Vertrag, bei der polizeilichen Verwahrung durch einen Verwaltungsakt.

c) Der Eigentümer – so er denn ermittelt werden könnte – hätte nicht nur einen Anspruch aus Amtshaftung auf Schadensersatz gemäß § 839 BGB, Art. 34 GG, sondern könnte zusätzlich auch einen Schadensersatzanspruch aus § 280 I; § 241 II BGB i. V. m. dem öffentlich-rechtlichen Schuldverhältnis aus Verwahrung geltend machen.

### 148. Verwertung und Herausgabe

**a) Die Polizei kann auch nach einjährigen Ermittlungen die Eigentümer der Mobiltelefone nicht ausfindig machen. Was geschieht nun mit den Geräten?**
**b) Nach zwei Jahren meldet sich der Eigentümer E eines der Mobiltelefone. Was kann er von der Polizei verlangen?**

a) Die Mobiltelefone sind zu versteigern, weil ansonsten in Folge des technischen Fortschritts eine wesentliche Wertminderung droht. Der Erlös ist zu hinterlegen.

b) E kann von der Polizei nach § 24 II MEPolG nur noch die Herausgabe des Erlöses aus der Versteigerung verlangen. Eine Herausgabe des Mobiltelefons ist ausgeschlossen, weil dieses sich nicht mehr bei der Polizei befindet, und ein Anspruch auf Schadensersatz kommt nicht in Betracht, weil die Polizei sich rechtmäßig verhalten hat. Für einen Entschädigungsanspruch vergleichbar demjenigen eines Notstandspflichtigen fehlt es an dem Sonderopfer des E.

## VII. Datenverarbeitung

**Literatur:** *Borges, Georg*, Der neue Personalausweis und der elektronische Identitätsnachweis, NJW 2010, S. 3334–3339; *Frenz, Walter*, Informationelle Selbstbestimmung im Spiegel des BVerfG, DVBl. 2009, S. 333–339; *Gurlit, Elke*, Verfassungsrechtliche Rahmenbedingungen des Datenschutzes, NJW 2010, S. 1035–1041.

### 149. Verfassungsrechtlicher Hintergrund der Datenverarbeitung

**Polizist P meint, die Regelungen in den Landespolizeigesetzen zur Datenverarbeitung seien überflüssig, denn im Grundgesetz sei von Datenschutz keine Rede. Was ist davon zu halten?**

P verkennt, dass sich nach der Rechtsprechung des BVerfG(E 65, 1) im Volkszählungsurteil aus dem Zusammenspiel zwischen Art. 2 I und 1 I GG das (ungeschriebene) Grundrecht auf informationelle Selbstbestimmung ergibt. In dieses

Grundrecht wird durch die verschiedenen Formen der Datenverarbeitung eingegriffen.

## 150. Überblick über die Befugnisse zur Datenverarbeitung

**Der Gesetzgeber des Landes L überlegt, die polizeiliche Datenverarbeitung neu zu regeln. Welche Schritte der Datenverarbeitung hat er in chronologischer Hinsicht zu unterscheiden?**

In chronologischer Hinsicht sind die Befugnisse zur Erhebung, Speicherung, Veränderung, Nutzung sowie Übermittlung von Daten zu unterscheiden. Hinzu kommen Ansprüche Betroffener auf Berichtigung, Löschung und Sperrung von Daten.

### 1. Datenerhebung

**Literatur:** *Vahle, Jürgen*, Erhebung personenbezogener Daten durch öffentliche Stellen – Rechtsgrundlagen und Eingriffsbegrenzungen-, DVP 2007, S. 279–283.

## 151. Grundsätze der Datenerhebung

**Die Polizei hält es für nützlich, für alle Fälle gerüstet zu sein, und befragt in zwanglosen Gesprächen die Bewohner eines Problemviertels über das Privatleben ihrer Nachbarn. Sie interessiert sich v. a. für deren sexuelle Vorlieben und deren möglichen Alkohol- und Drogenkonsum. Die so erhobenen Daten werden dann gespeichert, damit die Polizei bei Bedarf darauf zurückgreifen kann. Verstößt dieses Vorgehen der Polizei gegen Grundsätze der Datenerhebung?**

Ja. Die meisten Landespolizeigesetze regeln ausdrücklich verschiedene Grundsätze der Datenerhebung, vgl. §§ 8a ff. MEPolG. Danach dürfen zunächst einmal nur die für einen bestimmten Zweck der Gefahrenabwehr erforderlichen Daten erhoben werden, und die Daten dürfen dann auch nur für diesen Zweck verwendet werden. In diesem Fall ist aber überhaupt kein konkreter Zweck der Gefahrenabwehr ersichtlich, für den diese Daten erforderlich wären. Damit ist auch keine Zweckbindung der Daten möglich. Zudem sind Daten in aller Regel offen und bei dem jeweils Betroffenen zu erheben. Hier werden die Daten aber unter dem Deckmantel zwangloser Gespräche und bei den Nachbarn als Dritten gewonnen. Zumindest die Erhebung von Daten zum Sexualleben verstößt auch gegen das Verbot, im Kernbereich privater Lebensgestaltung Informationen zu sammeln. Schließlich wären die Informationsgeber auch auf die Rechtsgrundlagen der Datenerhebung hinzuweisen und die Betroffenen zu benachrichtigen gewesen.

## 152. Betroffene der Datenerhebung

**Die Polizei hat Informationen erhalten, dass ein Anschlag auf einen Staudamm geplant ist. Kann sie Daten erheben über**

**a) den möglichen Attentäter?**
**b) die unterhalb des Staudamms lebenden Dorfbewohner?**
**c) den Sicherheitsingenieur des Staudamms?**
**d) den Sicherheitsbeauftragten der am Unterlauf des Flusses gelegenen Chemiefabrik?**
**e) den Marktleiter des örtlichen Baumarkts, der auch Sandsäcke und Schaufeln führt?**

a) Ja. Eine erforderliche Datenerhebung über einen Störer ist immer möglich. Selbst wenn im strafrechtlichen Sinne noch kein Versuch begonnen haben sollte, kann im polizeirechtlichen Verständnis die Gefahrenschwelle schon überschritten worden sein, vgl. § 8a II Nr. 1 MEPolG.

b) Ja. Eine Datenerhebung über potentielle Opfer ist gemäß § 8a II Nr. 2 MEPolG auch möglich, wenn diese dazu dienen kann, von ihnen die Gefahr abzuwenden oder zumindest zu mildern.

c) Ja. Daten können auch über den für eine Anlage oder Einrichtung Verantwortlichen erhoben werden, wenn davon eine erhebliche Gefahr ausgehen kann, vgl. § 8a III Nr. 2 MEPolG. Dies wird man auch auf den Fall erstrecken müssen, dass die Anlage oder Einrichtung erst durch das Dazwischentreten eines Dritten, hier des möglichen Attentäters, gefährlich wird.

d) Ja. Die Polizei kann Daten auch über den für eine gefährdete Anlage Verantwortlichen erheben, vgl. § 8a III Nr. 3 MEPolG.

e) Ja. Die Datenerhebung über den Marktleiter kann dadurch gerechtfertigt werden, dass dieser als möglicher Notstandspflichtiger über die zur Gefahrenabwehr erforderlichen Gerätschaften verfügt.

## 153. Lauschangriff

**Der A steht in Verdacht, einer Fälscherbande anzugehören, die Eurobanknoten druckt und in Umlauf bringt.**
**a) Darf die Polizei sein Lagerhaus abhören?**
**b) Ist es zulässig, die Wohnung des A abzuhören?**
**c) Ein verdeckter Ermittler hat sich in die Fälscherbande eingeschlichen. Darf zu seinem Schutz die Wohnung des A abgehört werden?**

a) Ja. Bei der Geldfälschung handelt es sich um eine schwere Straftat gemäß § 100a II Nr. 1 lit. e) StPO, die als sog. Katalogtat von den meisten Landespolizeigesetzen in Bezug genommen wird, vgl. § 8c I Nr. 2a MEPolG, um eine Datenerhebung durch den verdeckten Einsatz technischer Mittel zum Abhören und Aufzeichnen des gesprochenen Wortes zu rechtfertigen. Siehe *Kutscha, Martin*, Der Lauschangriff im Polizeirecht der Länder, NJW 1994, S. 85–88.

b) Nein. Für das Abhören von Gesprächen in Wohnungen gelten wegen Art. 13 IV GG in den Landespolizeigesetzen verschärfte Anforderungen, vgl. § 8c III MEPolG. Danach ist das Abhören nur zulässig zur Abwehr dringender Gefahren für die öffentliche Sicherheit, insbesondere einer gemeinen Gefahr oder einer Lebensgefahr. Die drohende Geldfälschung lässt sich nicht darunter fassen, weshalb in solchen Fällen für das Abhören keine Rechtsgrundlage besteht.

c) Ja. Hier ist die Sonderregelung des Art. 13 V GG zu beachten. Einfachgesetzlich lassen die Landespolizeigesetze i. d. R. in einem solchen Fall das Abhören der Wohnung zumindest zu, um eine dringende Gefahr für Leib oder Leben des verdeckten Ermittlers abzuwehren, vgl. § 8c III MEPolG.

## 154. Automatisierte Kennzeichenfahndung

**Auf einer Autobahn in Grenznähe erfasst die Polizei mit einer fest installierten Anlage automatisch die Kennzeichen aller passierenden Fahrzeuge und speichert diese, um Schleuserbanden zu bekämpfen und andere Gefahren für die öffentliche Sicherheit abzuwehren. Anschließend werden die Kennzeichen automatisch mit bereits gespeicherten polizeilichen Daten abgeglichen. Ergibt sich eine Übereinstimmung, werden Polizeibeamte alarmiert, die das Fahrzeug dann stoppen.**
**a) Wenn Sie unterstellen, dass für alle diese Maßnahmen in dem jeweiligen Landespolizeigesetz eine Ermächtigungsgrundlage vorhanden ist, sind diese Maßnahmen dann grundgesetzgemäß?**
**b) Was wäre dem Landesgesetzgeber zu raten?**

a) Nein. Bereits die massenhafte Erfassung mit anschließender Speicherung der Kennzeichendaten greift in den Schutzbereich des Grundrechts auf informationelle Selbstbestimmung ein. Dieser Eingriff wird durch den Abgleich der Daten mit bereits vorhandenen Datenbeständen noch vertieft. Der Eingriff wiegt besonders schwer, weil davon auch Unbeteiligte in großer Anzahl erfasst werden, ohne dass sie durch ihr Verhalten irgendeinen Grund für die Kennzeichenverarbeitung gesetzt hätten. Eine verfassungsrechtliche Rechtfertigung für einen so schwerwiegenden Eingriff kann nur in der Abwehr erheblicher Gefahren für die öffentliche Sicherheit liegen. Dies kann zwar bei der Bekämpfung von Schleuserbanden gegeben sein, nicht aber bei jeder beliebigen sonstigen Gefahr.

b) Dem Landesgesetzgeber wäre zu raten, eine automatisierte Erfassung von Kennzeichen zwecks Abgleich mit dem vorhandenen Datenbestand nur zuzulassen, wenn der Abgleich unverzüglich erfolgt und nicht betroffene Kennzeichen ohne weitere Auswertung sofort und spurenlos gelöscht werden. Im Übrigen darf die Kennzeichenerfassung gesetzlich nur zur Abwehr gegenwärtiger erheblicher Gefahren vorgesehen werden. Die Kennzeichenerfassung darf auch nicht anlasslos oder flächendeckend vorgesehen werden, sondern muss als polizeiliche Maßnahme im Einzelfall gesondert angeordnet werden. Siehe BVerfGE 120, 378; jüngst scheinbar großzügiger BVerwG, Urt. v. 22.10.2014, Az. 6 C 7.13. Vgl. ferner *Guckelberger, Annette*, Zukunftsfähigkeit landesrechtlicher Kennzeichenabgleichsnormen, NVwZ 2009, S. 352–358; *Roßnagel, Alexander*, Verfassungsrechtliche Grenzen polizeilicher Kfz-Kennzeichenerfassung, NJW 2008, S. 2547–2551; *Schieder, Alfons*, Die automatisierte Erkennung amtlicher Kfz-Kennzeichen als polizeiliche Maßnahme, NVwZ 2004, S. 778–788.

**155. Videoverkehrskontrolle**

**An einem Unfallschwerpunkt auf einer Autobahn richtet die Polizei eine verborgene abschnittsbezogene Geschwindigkeitsüberwachung, eine sog. „Section Control“, ein. Jedes Fahrzeug wird zu Beginn und zu Ende des 3km langen Abschnitts fotografiert und die Daten werden an einen Zentralcomputer gemeldet, der die Durchschnittsgeschwindigkeit ermittelt. Übersteigt diese die zulässige Höchstgeschwindigkeit, wird ein Bußgeldverfahren gegen den Halter des Fahrzeugs eingeleitet. Die Daten aller übrigen Fahrzeuge werden umgehend gelöscht.**
**a) Die Polizei meint, diese Maßnahme sei in gleicher Weise wie herkömmliche Radarmessungen erlaubt. Trifft diese Ansicht zu?**
**b) Dürften die Landesgesetzgeber für diese Maßnahme eine Rechtsgrundlage in den Landespolizeigesetzen schaffen?**

a) Nein. Im Unterschied zu einer herkömmlichen Radarmessung werden bei einer abschnittsbezogenen Geschwindigkeitsüberwachung die Daten der Halter aller dem Kontrollabschnitt passierenden Fahrzeuge anlasslos erfasst und erst nachträglich gelöscht. Der Eingriff in das Grundrecht der informationellen Selbstbestimmung ist daher weitaus größer als bei einer klassischen Radarmessung. Dafür bedarf es einer gesetzlichen Ermächtigungsgrundlage, die zumindest für ein präventives Vorgehen der Polizei in den meisten Ländern bislang nicht vorhanden ist.

b) Die Landesgesetzgeber dürften eine Ermächtigungsgrundlage schaffen, wenn sie dafür zuständig wären und der Eingriff in das Grundrecht der informationellen Selbstbestimmung verhältnismäßig wäre. Soweit die erhobenen Daten der Verfolgung von Geschwindigkeitsübertretungen und von Straftaten im Straßenverkehr dienen sollen, ist dafür der Bund gemäß Art. 72; 74 I Nr. 1 GG zuständig, der mit dem Erlass von StGB, StPO und OWiG von dieser Kompetenz grds. abschließend Gebrauch gemacht. Allein unter dem Gesichtspunkt der vorbeugenden Verhinderung von Geschwindigkeitsübertretungen und Straftaten im Straßenverkehr ließe sich eine landesgesetzliche Regelung gemäß Art. 30; 70 GG rechtfertigen. Dann müsste der Eingriff in das Grundrecht der informationellen Selbstbestimmung aber weiterhin verhältnismäßig ausgestaltet werden. Dies könnte v. a. dadurch erreicht werden, dass die Daten der verkehrsordnungsgemäß fahrenden Halter so bald als möglich gelöscht würden und zudem die abschnittsbezogene Geschwindigkeitsüberwachung offen erfolgte, etwa durch Hinweisschilder gekennzeichnet, um den notwendigen vorbeugenden Effekt zu erreichen. Siehe *Arzt, Clemens / Eier, Jana*, Section Control und allgemeine Videoüberwachung im Straßenverkehr – Neue und alte Maßnahmen ohne Rechtsgrundlage, NZV 2010, S. 113–119; *Bull, Hans-Peter*, Sind Video-Verkehrskontrollen „unter keinem rechtlichen Aspekt vertretbar“?, NJW 2009, S. 3279–3282; *Dencker, Friedrich*, Der gläserne Kraftfahrer, ZfS 2008, S. 423–427; *Henrichs, Axel*, Staatlicher Einsatz von Videotechnik, Eine Grundrechtsbetrachtung zu Videoüberwachungsmaßnahmen, BayVBl. 2005, S. 289–299; *Harnisch, Stefanie / Pohlmann, Martin*, Bild- und Videoaufzeichnungen im Bereich der polizeilichen Verkehrskontrolle, NZV 2010, S. 380–385; *Laub, Ludwig*, Allgemeines Polizeirecht und Verkehrsrecht als Eingriffsgrundlage im Straßenverkehr, SVR 2006, S. 281–289.

## 156. Videobeobachtung des öffentlichen Raums

**Die Grenzstadt S mit eigenem Hafen weist erheblich höhere Diebstahlsraten auf als vergleichbare Städte im Landesinnern. Der neue Polizeipräsident beschließt daraufhin, die gesamte Innenstadt flächendeckend mit Videokameras überwachen zu lassen. Die Bilder werden aufgezeichnet und die gespeicherten Aufnahmen werden ausgewertet, um begangene Straftaten zu erforschen und künftige Straftäter abzuschrecken.**
**a) Sind diese Maßnahmen rechtmäßig?**
**b) Im Hafengebiet hat die Polizei an einigen Stellen Kameras versteckt. Wie ist dies rechtlich zu beurteilen?**
**c) Weil die Kosten der Videoüberwachung recht hoch sind, werden – von der Öffentlichkeit unbemerkt – an einigen Stellen der Innenstadt die Videokameras durch Attrappen ersetzt. Ändert dies etwas an der rechtlichen Einschätzung?**

a) Nein. Der Eingriff in das Grundrecht der informationellen Selbstbestimmung ist in Abwägung mit dem damit verfolgten Ziel der Verbrechensbekämpfung – selbst bei Vorliegen einer entsprechenden landesrechtlichen Ermächtigungsgrundlage – unverhältnismäßig. Zwar geschieht die Datenerhebung offen, was grds. als mildere Maßnahme einer verdeckten Erhebung vorzuziehen ist, doch erfolgt die Überwachung nicht nur an besonderen Kriminalitätsbrennpunkten, sondern flächendeckend in der gesamten Innenstadt, was anlasslos eine Vielzahl Unbeteiligter der Überwachung aussetzt und ihnen auch nicht die Möglichkeit belässt, den überwachten Ort zu meiden. Dabei wiegt der Eingriff auch deshalb besonders schwer, weil nicht nur eine Beobachtung der Betroffenen, sondern auch eine Aufzeichnung des Geschehens stattfindet. Dieser erhebliche Eingriff erfolgt nicht zur Vorbeugung vor besonders schwerwiegenden Straftaten, sondern zur Verhinderung „leichterer" Eigentumsdelikte. Zudem liegt auch ein Eingriff in die Allgemeine Handlungsfreiheit vor, weil das Gefühl des ständigen Beobachtetwerdens das Verhalten der Betroffenen prägt. Siehe *Saurer, Johannes*, Die Landesdatenschutzgesetze als Rechtsgrundlage für die kommunale Videoüberwachung?, DÖV 2008, S. 17–21; *Siegel, Thorsten*, Grundlagen und Grenzen polizeilicher Videoüberwachung, Bestimmtheit durch Verhältnismäßigkeit?, NVwZ 2012, S. 738–742; *Wüstenberg, Dirk*, Kommunale Videoüberwachung öffentlicher Plätze, KommJur 2007, S. 13–18.

b) Bei einer verdeckten Beobachtung wird zwar die Allgemeine Handlungsfreiheit nicht beeinträchtigt, weil das Verhalten von einer nicht bekannten Beobachtung auch nicht beeinflusst werden kann. Jedoch wiegt der Eingriff in das Grundrecht der informationellen Selbstbestimmung noch schwerer als eine offene Datenerhebung. Zudem kann der gewünschte Effekt der Vorbeugung vor Straftaten durch eine verdeckte Erhebung nicht erreicht werden, so dass die Maßnahme insofern auch ungeeignet sein dürfte.

c) Die Scheinvideoüberwachung durch Attrappen stellt zwar tatsächlich keinen Eingriff in das Grundrecht der informationellen Selbstbestimmung dar, weil letztlich keine Daten erhoben, gespeichert und verarbeitet werden. Gleichwohl wäre zu erwägen, ob nicht ein solcher Scheineingriff wegen der Belastung für die Betroffenen dem tatsächlichen Eingriff gleichzustellen wäre. Indes wird die durch Scheinattrappen ebenfalls bewirkte Prägung des Verhaltens besser erfasst durch den hier in gleicher Weise wie bei einer tatsächlichen Überwachung vorhandenen Eingriff in die Allgemeine Handlungsfreiheit.

## 2. Datenspeicherung und -veränderung

### 157. Datenspeicherung

**Die Polizei hat eine Datei „Gewalttäter Sport" angelegt.**
**a) Dürfen die Daten unbegrenzt lange gespeichert werden?**
**b) Muss die Speicherung wenigstens überprüft werden?**
**c) Ändert sich etwas, wenn in der Datei auch Daten Minderjähriger enthalten sind?**

a) Nein. Weil die Dauer der Datenspeicherung immer auf das notwendige Maß zu begrenzen ist, sehen die Landespolizeigesetze in aller Regel vor, dass Daten nach bestimmten Fristen zu löschen sind, vgl. § 10a I MEPolG.

b) Sofern keine festen Löschfristen bestehen, ist zumindest in § 10a IV MEPolG geregelt, dass die Fortdauer der Speicherung regelmäßig zu überprüfen ist. Dabei sind der Speicherungszweck sowie Art und Bedeutung des Speicherungsanlasses zu berücksichtigen.

c) Ja. Für Daten über Minderjährige sind vielfach kürzere Löschungsfristen vorgesehen, damit diese nicht durch „Jugendsünden" in ihrem weiteren Fortkommen beeinträchtigt werden.

### 158. Vorratsdatenspeicherung

**Der Bundesgesetzgeber beschließt zur Bekämpfung der Verbreitung kinderpornographischer Darstellungen eine Regelung, wonach Telekommunikationsunternehmen die Verbindungsdaten aller Teilnehmer für die Dauer eines Jahres speichern und auf Anfrage der Polizei übermitteln müssen.**
**a) Ist diese Bestimmung grundgesetzgemäß?**
**b) Änderte sich etwas an der rechtlichen Beurteilung, wenn diese Regelung auf eine EU-Richtlinie zurückginge?**

a) Nein. Zwar ist das Gesetz formell grundgesetzgemäß, weil dem Bund die ausschließliche Gesetzgebungskompetenz für die Telekommunikation nach Art. 71; 73 I Nr. 7 GG zusteht, die der allgemeinen Gesetzgebungskompetenz der Länder für das Recht der Gefahrenabwehr nach Art. 30; 70 GG vorgeht. Das Gesetz ist jedoch materiell grundgesetzwidrig, weil es gegen das Telekommunikationsgeheimnis gemäß Art. 10 GG verstößt. Eine anlasslose, flächendeckende und lang andauernde Speicherung von Telekommunikationsdaten, auf welche die Polizei zudem ohne Weiteres zugreifen kann, ist selbst vor dem Hintergrund der damit bezweckten Bekämpfung der Verbreitung kinderpornographischer Darstellungen unverhältnismäßig. Vgl. BVerfGE 125, 260.

b) In diesem Fall stellte sich das Problem, dass Deutschland europarechtlich gemäß Art. 288 III AEUV zur Umsetzung der Richtlinie verpflichtet wäre, grundgesetzlich die Umsetzung jedoch verboten wäre. Das Problem würde entschärft, erklärte der EuGH die Richtlinie wegen Verstoßes gegen die Achtung des Privat- und Familienlebens gemäß Art. 7 EU-GrCH und den Schutz personenbezogener Daten nach Art. 8 EU-GrCH für primärrechtswidrig und nichtig. Siehe nun das Urteil des EuGH vom 8.4.2014, verbundene Rechtssachen C–293/12 und C–594/12.

### 3. Datennutzung und -übermittlung

**Literatur:** *Bahl, Jürgen*, Auskunftserteilung aus dem Melderegister im Falle einer Auskunftssperre wegen Gefährdung, LKV 2011, S. 249–253; *Göres, Ulrich*, Rechtmäßigkeit des Zugriffs der Strafverfolgungsbehörden auf die Daten der Mauterfassung, NJW 2004, S. 195–198; *Niehaus, Holger*, Erhebung von Mautdaten durch Strafverfolgungsbehörden, NZV 2004, S. 502–504; *Pfab, Alexander*, Rechtsprobleme bei Datenschutz und Strafverfolgung im Autobahnmautgesetz, NZV 2005, S. 506–510.

#### 159. Datennutzung

**Die Polizei hat Daten über die Mitglieder einer Rockerbande gespeichert, denen die Begehung von Drogendelikten vorgeworfen wird.**
**a) Darf die Polizei diese Daten auch verwenden, um künftige Betäubungsmittelstraftaten zu verhindern?**
**b) Darf sie diese Daten auch nutzen, um wegen drohenden Menschenhandels zu ermitteln?**

a) Ja. Die Landespolizeigesetze sehen gemäß §§ 10e f. MEPolG regelmäßig vor, dass repressiv erlangte Daten von Beschuldigten auch für präventive Zwecke genutzt werden dürfen.

b) Ja. Die Zweckbestimmung von Daten kann auch geändert werden, wenn sie auch zu diesem neuen Zweck rechtmäßig hätten erhoben werden können.

#### 160. Rasterfahndung

**Im Bundesland L vergleicht die Polizei regelmäßig ihre Datenbestände mit denjenigen des Einwohnermeldeamtes, des Finanzamtes und weiterer Behörden, um auf diese Weise Hinweise auf möglicherweise bevorstehende Einbrüche zu erhalten.**
**a) Ist der Landesgesetzgeber zur Regelung dieser sog. Rasterfahndung zuständig?**
**b) Ist diese polizeiliche Praxis rechtmäßig?**

a) Ja. Es handelt sich um keine rein repressive Maßnahme der Strafverfolgung, für die der Bundesgesetzgeber nach Art. 72; 74 I Nr. 1 GG regelungsbefugt ist, sondern um die Vorsorge für künftige Strafverfolgung, für welche die Regelungskompetenz des Landesgesetzgebers nach Art. 30; 70 GG gegeben ist.

b) Nein. Selbst wenn das jeweilige Landespolizeigesetz die Rasterfahndung regelt, so ist diese aus Gründen der Verhältnismäßigkeit, weil anlasslos die Daten zahlreicher Unbeteiligter betroffen sind, doch nur zur Abwehr konkreter Gefahren für besonders wichtige Schutzgüter der öffentlichen Sicherheit wie den Bestand oder die Sicherheit des Bundes oder eines Landes sowie Leben, Leib oder Freiheit einer Person zulässig. Siehe *Robrecht, Michael P.*, Die präventive Rasterfahndung im Lichte der aktuellen Verfassungsrechtsprechung – Straftatenvorsorge ade?, SächsVBl. 2007, S. 80–88; *Schewe, Christoph S.*, Das Ende der präventiven Rasterfahndung zur Terrorismusbekämpfung?, NVwZ 2007, S. 174–177.

## 161. Datenübermittlung

**Die Polizei hat Kontaktdaten über betriebliche Umweltbeauftragte erhoben und gespeichert, um im Fall einer Betriebsstörung schnell reagieren zu können. Darf sie diese Daten a) an das Ordnungsamt, b) an das Finanzamt und c) auf Antrag an einen Naturschutzverein übermitteln?**

a) Ja. Die Datenübermittlung an andere Gefahrenabwehrbehörden ist zulässig, soweit dies zur Erfüllung ihrer Gefahrenabwehraufgaben erforderlich ist.

b) Ja. Die Datenübermittlung an Behörden, die nicht unmittelbar Gefahrenabwehraufgaben erfüllen, ist unter der Voraussetzung zulässig, dass diese Daten für die Erfüllung ihrer Aufgaben erforderlich sind.

c) Nein. Die Datenübermittlung an Private darf nur erfolgen, soweit diese ein rechtliches Interesse an der Übermittlung der Daten glaubhaft machen und kein Grund zu der Annahme besteht, dass das Geheimhaltungsinteresse des Betroffenen das Informationsinteresse des Dritten überwiegt. Hier ist aber bereits kein rechtlich schutzwürdiges Interesse des Naturschutzvereins ersichtlich, die Kontaktdaten zu erfahren. Im Übrigen überwiegt auch das Geheimhaltungsinteresse der Umweltbeauftragten das Informationsinteresse des Naturschutzvereins.

## 162. Zugriff auf die Mautdaten

**Die Polizei erhofft sich neue Erkenntnisse im Kampf gegen Autoschmuggler und will zu diesem Zweck auf die bei dem Betreiber Toll Collect GmbH anfallenden LKW-Mautdaten zugreifen.**
**a) Darf sie zu diesem Zweck die Mautdaten bei der Toll Collect GmbH anfordern und ggf. beschlagnahmen?**
**b) Darf sie die Mautdaten bei dem Bundesamt für Güterverkehr anfordern, das die Aufsicht über die Toll Collect GmbH führt?**

a) Nein. Gemäß § 4 III 4 BFStrMG dürfen die Mautdaten ausschließlich für die Zwecke dieses Gesetzes verarbeitet und genutzt werden. Nach § 4 III 5 BFStrMG ist die Übermittlung, Nutzung oder Beschlagnahme dieser Daten nach anderen Rechtsvorschriften unzulässig.

b) Nein. Das Verbot der Datenübermittlung nach § 4 III 5 BFStrMG gilt auch für das aufsichtsführende Bundesamt für Güterverkehr.

### 4. Datenberichtigung, -löschung und -sperrung

**163. Datenberichtigung, -löschung und -sperrung**

**Die Polizei hat die Kontaktdaten des betrieblichen Sicherheitsbeauftragten Joachim Müller gespeichert.**
**a) Kann eine Berichtigung verlangt werden, nachdem sich herausgestellt hat, dass tatsächlich Johannes Müller Sicherheitsbeauftragter ist?**
**b) Kann Johannes Müller, nachdem er in Rente gegangen ist, Löschung seiner Daten verlangen?**
**c) Die Polizei hat die Daten über Johannes Müller auch der zuständigen Umweltbehörde übermittelt. Was ist in Fall b) zu veranlassen?**
**d) Die Daten über Johannes Müller sind Teil einer umfangreichen polizeilichen Akte über die Sicherheitsabläufe in dem Betrieb. Wie ist im Fall eines Löschungsverlangens vorzugehen?**

a) Ja. Falsche Daten sind immer gemäß § 10g I MEPolG zu berichtigen.

b) Ja. Da die Daten für die Arbeit der Polizei mit dem Ausscheiden aus der Stelle als Sicherheitsbeauftragter nicht mehr erforderlich sind, ist die Polizei gemäß § 10g II Nr. 2 MEPolG zur Löschung verpflichtet. Diese Löschungsverpflichtung besteht auch gerade im Interesse des Dateninhabers und räumt diesem ein subjektives öffentliches Recht auf Löschung ein.

c) Die Polizei hat der Umweltbehörde die Löschung der Daten mitzuteilen, damit auch diese Behörde die Löschung in ihrem Datenbestand vornehmen kann.

d) Kommt die Vernichtung der gesamten Akte bzw. der gesamten Datei nicht in Betracht, sind die den Johannes Müller betreffenden Daten gemäß § 10g IV MEPolG zu sperren und mit einem Sperrvermerk zu versehen.

## § 12 Versammlungsrecht

**Literatur:** *von Alemann, Florian / Scheffczyk, Fabian,* Aktuelle Fragen der Gestaltungsfreiheit von Versammlungen, JA 2013, S. 407–412; *Dahm, Diethard / Peters, Wilfried,* Aktuelle Fragen des Versammlungsrechts – Rechtsprechungsübersicht, LKV 2012, S. 443–448; *Roggan, Fredrik,* Polizeiliche Bildaufnahmen von friedlichen Versammlungen unter freiem Himmel, Über die Grenzen einer Legalisierung des Einsatzes technischer Mittel, NVwZ 2010, S. 1402–1405; *ders.,* Der Einsatz von Video-Drohnen bei Versammlungen, Verdeckte und andere nicht erkennbare Datenerhebungen im Gewährleistungsbereich von Art. 8 I GG, NVwZ 2011, S. 590–595; *Schieder, Alfons,* Defizite des föderalen Versammlungsrechts, Am Beispiel der Sanktionierung des Vermummungsverbots, NVwZ 2013, S. 1325–1328; *Thomas, Christian,* Verlegung einer politischen Versammlung am „Holocaust-Gedenktag", Jura 2015, S. 528–533; *Tölle, Oliver,* Polizei- und ordnungsrechtliche Maßnahmen bei rechtsextremistischen Versammlungen, NVwZ 2001, S. 153–157; *Trurnit, Christoph,* Grundfälle zum Versammlungsrecht, JA 2014, S. 486–496.

### 164. Gesetzgebungskompetenz für das Versammlungsrecht

**a) Das Land A hat ungeachtet des Versammlungsgesetzes des Bundes ein eigenes Versammlungsgesetz erlassen, b) das Land B hat lediglich Regelungen über Versammlungen an Gedenkstätten getroffen und c) das Land C ist bislang gesetzgeberisch untätig geblieben. Welches Gesetz gilt in dem jeweiligen Land für Versammlungen?**

a) Im Land A gilt nur noch das Versammlungsgesetz des Landes. Der Bund hat mit der Föderalismusreform I 2006 die Gesetzgebungszuständigkeit für das Versammlungsrecht nach Art. 74 I Nr. 3 GG a. F. verloren und die Länder sind nunmehr nach Art. 30; 70 GG auch für das Versammlungsrecht gesetzgebungsbefugt. Im Konflikt zwischen dem Versammlungsgesetz des Bundes und demjenigen des Landes gilt nicht Art. 31 GG, sondern die Spezialregelung des Art. 125a I 2 GG, wonach das Bundesgesetz durch Landesrecht ersetzt werden kann.

b) Im Land B ergänzt das Landesgesetz das Versammlungsgesetz des Bundes, beide gelten also nebeneinander.

c) Im Land C gilt das Versammlungsgesetz des Bundes als (partielles) Bundesrecht gemäß Art. 125a I 1 GG weiter.

### 165. Anwendungsbereich des Versammlungsgesetzes

**Demonstranten sind a) auf dem Weg zu einer Versammlung, b) auf einer Versammlung und c) auf dem Rückweg von einer Versammlung. Können gegen sie jeweils Auflagen nach § 15 VersG verhängt werden?**

a) Nein. Vor Beginn der Versammlung ist das VersG noch nicht anwendbar. Maßnahmen richten sich nur nach dem jeweiligen Landespolizeigesetz.

b) Ja. Dies ist der typische Anwendungsfall des VersG.

c) Nein. Nach Ende der Versammlung ist wieder auf das allgemeine Polizei- und Ordnungsrecht zurückzugreifen. Das VersG ist nicht mehr anzuwenden.

### 166. Gefahrenabwehrmaßnahmen vor Beginn der Versammlung

**Vor einer angemeldeten Demonstration gegen die Erweiterung eines Flughafens richtet die Polizei auf den Zufahrtswegen Kontrollstellen ein, überprüft umständlich die Personalien der Teilnehmer und sucht langwierig nach Waffen. Daher kann zum vorgesehenen Zeitpunkt nur die Hälfte der erwarteten Demonstranten erscheinen. Hat die Polizei gegen das Versammlungsrecht verstoßen?**

Ein Verstoß gegen das VersG liegt nicht vor, weil das VersG im Vorfeld von Versammlungen nicht anwendbar ist. Die Maßnahmen der Polizei sind vielmehr auf das jeweilige Landespolizeigesetz zu stützen, das Befugnisse der Polizei zur Einrichtung von Kontrollstellen, zur Identitätsfeststellung sowie zur Durchsuchung enthält. Allerdings sind diese Befugnisse grundgesetzkonform einschränkend im Hinblick auf den hohen Rang der Versammlungsfreiheit nach Art. 8 GG auszulegen. Die Polizei darf ihre Befugnisse daher nicht in einer Weise ausüben, dass dadurch die Versammlung erheblich erschwert oder faktisch unmöglich gemacht wird. Kontrollen wie in diesem Fall dürften daher nur gerechtfertigt sein, sofern konkrete Anhaltspunkte dafür bestehen, dass Straftaten mit Waffengewalt auf der Versammlung begangen werden sollen. Siehe *Trurnit, Christoph*, Vorfeldmaßnahmen bei Versammlungen, NVwZ 2012, S. 1079–1083.

## 167. Gefahrenabwehrmaßnahmen während der Versammlung

**a) Was versteht man unter der „Polizeifestigkeit des Versammlungsrechts"?**
**b) Während eines Parteitages mit Hunderten von Teilnehmern droht die Bühne einzustürzen. Die Polizei beendet darauf hin, gestützt auf die polizeiliche Generalklausel, den Parteitag. Zu Recht?**

a) Unter der sog. „Polizeifestigkeit des Versammlungsrechts" versteht man, dass das VersG als lex specialis dem Polizei- und Ordnungsrecht vorgehen und grds. dessen Anwendbarkeit ausschließen soll.

b) Ja. Zwar geht das VersG dem allgemeinen Polizei- und Ordnungsrecht vor und schließt im Hinblick auf versammlungstypische Gefahren grds. dessen Anwendung aus, beim drohenden Einsturz der Bühne geht es jedoch nicht um eine versammlungstypische, sondern um eine baurechtliche Gefahr. Wenn die Polizei den Parteitag beendet, wendet sie sich nicht spezifisch gegen die Veranstaltung und deren Inhalt, sondern erfüllt ihre allgemeine Aufgabe des Schutzes von Leben und Gesundheit als Teil der öffentlichen Sicherheit. Siehe *Trurnit, Christoph*, Eingriffsbefugnisse bei Veranstaltungen, Jura 2012, S. 365–372.

## 168. Videoüberwachung einer Demonstration

**In der Stadt S ziehen Anhänger einer extremistischen Partei vom Bahnhof zum Marktplatz, um dort eine Kundgebung gegen Ausländer abzuhalten. Auf dem gesamten Weg werden sowohl sie als auch die Passanten am Wegesrand von der Polizei gefilmt. Nach einer Stunde löst sich die Versammlung auf dem Marktplatz auf, ohne dass es zu Gewalttätigkeiten gekommen wäre.**
**a) Handelte die Polizei rechtmäßig?**
**b) Darf die Polizei die Daten speichern, um bei künftigen Demonstrationen Teilnehmer identifizieren zu können?**

a) Ja. Gemäß § 12a I 1; § 19a VersG darf die Polizei auch bei einem Aufzug unter freiem Himmel Bildaufnahmen von Teilnehmern anfertigen, wenn tatsächliche Anhaltspunkte die Annahme rechtfertigen, dass von ihnen erhebliche Gefahren für die öffentliche Sicherheit oder Ordnung ausgehen werden. Dies dürfte hier bei den

Anhängern einer extremistischen Partei zu bejahen sein. Unerheblich ist, dass es tatsächlich nicht zu Gewalttaten gekommen ist, weil § 12a I 1; § 19a VersG auf das Vorliegen einer objektiven Gefahr aus der ex ante – Sicht, nicht aus der ex post – Perspektive abstellen. Die unvermeidliche Aufnahme auch der Passanten ist nach § 12a I 2; § 19a VersG gerechtfertigt.

b) Nein. Im Regelfall sind die Aufzeichnungen gemäß § 12a II 1; § 19a VersG nach Beendigung der öffentlichen Versammlung unverzüglich zu vernichten. Einer der in § 12a II 1; § 19a VersG genannten Ausnahmegründe zur Aufbewahrung greift nicht ein, weil weder Straftaten im Zusammenhang mit dem Aufzug begangen wurden noch die Daten zur künftigen Gefahrenabwehr verwendet werden dürfen, da die ausgebliebenen Straftaten gerade keinen Hinweis auf künftige Straftaten bei anderen Versammlungen derselben Teilnehmer liefern.

## 169. „Hamburger Kessel"

**a) Eine Gruppe Fußballfans zieht lautstark pöbelnd vom Bahnhof zum Stadion. Einheiten der Polizei begleiten sie vorne und hinten, links und rechts und verhindern auf diese Weise, dass einzelne Fans sich aus der Gruppe lösen können. Handelt die Polizei rechtmäßig?**
**b) Nachdem es aus der Gruppe heraus zu Steinwürfen gekommen ist, löst die Polizei den Aufzug auf, lässt die Fans aber nur nach einer Durchsuchung von dannen ziehen. Fans, die Waffen mit sich führen, werden vorläufig festgenommen, um ihre Identität zu ermitteln. Erfolgten diese polizeilichen Maßnahmen rechtmäßig?**

a) Nein. Während der Dauer einer Versammlung bzw. hier eines Aufzuges als einer Versammlung in Bewegung stehen der Polizei nur die Maßnahmen nach dem VersG zur Verfügung. Dieses sieht aber eine einschließende Begleitung nicht vor. Siehe *Krüger, Heike / van der Schoot, Oliver*, Eingekesselte Versammlungsfreiheit – über die rechtliche Zulässigkeit der einschließenden Begleitung von Demonstrationen, NordÖR 2007, S. 276–280.

b) Nach Auflösung des Aufzuges gemäß § 15 I, III VersG ist nicht mehr das Versammlungsgesetz anwendbar, sondern wieder das allgemeine Polizeirecht. Die Einschließung der Teilnehmer stellt eine Ingewahrsamnahme dar, die auch unter freiem Himmel erfolgen kann und nicht unbedingt in einer Polizeizelle enden muss. Als Gewahrsamsgrund kommen ein Unterbindungsgewahrsam oder die Durchsetzung eines Platzverweises in Betracht. Zweifelhaft erscheint, ob der Gewahrsam dazu geeignet war, weitere Straftaten wie Steinwürfe zu unterbinden. Jedenfalls war er zur Durchsetzung eines Platzverweises nicht geeignet, weil er das Entfernen der Fans nicht beschleunigte, sondern verzögerte. Nimmt man indes einen Gewahrsamsgrund an, dann durfte die Polizei die Fans auch durchsuchen. Das weitere Festhalten ist dann durch die Feststellung der Identität gerechtfertigt, nicht mehr durch die Unterbindung von Straftaten.

**170. Ergänzender Rückgriff auf das Polizeigesetz**

Die rechtsextreme, nicht verbotene R-Partei hat eine Großkundgebung gegen die ihrer Meinung nach „lasche deutsche Asylpolitik“ angemeldet. Linke Gegendemonstranten haben zu einer Gegenkundgebung aufgerufen, zu der ebenfalls mehrere tausend Teilnehmer erwartet werden. Nach der polizeilichen Lageeinschätzung ist mit zahlreichen gewaltbereiten Gegendemonstranten zu rechnen, wobei die Polizei auch unter Zuhilfenahme von Kräften aus anderen Ländern die beiden Gruppen von Demonstranten nicht sicher trennen kann.
a) Kann die Polizei die Gegendemonstration untersagen?
b) Kann die Polizei die Demonstration der R-Partei verbieten?

a) Ja. Hier droht die Gefahr durch die Versammlung der Gegendemonstranten selbst, so dass die Polizei auf der Grundlage des § 15 I VersG vorgehen kann.

b) Ja. Zwar geht die Gefahr von den Gegendemonstranten aus, nicht von der R-Partei, sodass diese selbst kein Störer ist. Die R-Partei kann aber als Notstandspflichtiger in Anspruch genommen werden, wenn wegen der drohenden Gewalttätigkeiten eine gegenwärtige erhebliche Gefahr abzuwehren ist, Maßnahmen gegen die Gegendemonstration nicht ausreichen und die Polizei auch nicht mit eigenen Kräften die öffentliche Sicherheit und Ordnung wahren kann. Weil das Versammlungsgesetz insoweit zum Notstandspflichtigen keine Regelungen enthält, kann ergänzend auf das allgemeine Polizei- und Ordnungsrecht zurückgegriffen werden.

**171. Ausschluss von Störern und Versammlungsauflösung**

a) Am 1. Mai versammeln sich tausende Gewerkschaftsanhänger, um für bessere Arbeits- und Wirtschaftsbedingungen zu demonstrieren. Am Rande der Maikundgebung halten Teilnehmer Transparente hoch, auf denen Banker als „Blutsauger“ bezeichnet werden. Was kann die Polizei unternehmen?
b) Teilnehmer der Versammlung beginnen, die Fensterscheiben von Bankfilialen einzuwerfen. Was wird die Polizei jetzt tun?
c) Der friedliche Demonstrant D entfernt sich nach Beginn der Krawalle nicht. Kann die Polizei trotz der sog. „Polizeifestigkeit des Versammlungsrechts“ einen Platzverweis aussprechen?

a) Die Polizei kann diese Teilnehmer nach § 18 III VersG von der Versammlung ausschließen.

b) Die Polizei wird die Versammlung auf der Grundlage von § 15 III VersG auflösen, weil die Versammlung einen gewalttätigen Verlauf nimmt und die öffentliche Sicherheit gemäß § 15 I VersG unmittelbar gefährdet ist.

c) Ja. Sobald die Polizei die Versammlung nach § 15 III VersG aufgelöst hat, steht diese nicht mehr unter dem spezifischen Schutz des Versammlungsrechts und das allgemeine Landespolizeigesetz ist wieder anwendbar. Dann kann die Polizei aber auch einen Platzverweis aussprechen, um die nach § 13 II; § 18 I VersG bestehende Pflicht des Demonstranten sich zu entfernen durchzusetzen.

## 172. Auflagen bei Versammlungen

**a) Wie unterscheidet sich die „Auflage" nach § 15 VersG von der „Auflage" gemäß § 36 II Nr. 4 VwVfG und worauf beruht dieser Unterschied?**
**b) Der „Gesprächskreis Deutschland in den Grenzen von 1937" trifft sich regelmäßig im Hinterzimmer einer Gaststätte. Nach Informationen der Polizei wird dabei auch die Hakenkreuzflagge gezeigt. Kann die Polizei nur das Zeigen der Flagge untersagen oder muss sie gleich die ganze Versammlung verbieten?**

a) Die Auflage nach § 36 II Nr. 4 VwVfG ist eine Nebenbestimmung zu einer Hauptregelung. Die sog. Auflage nach § 15 VersG hingegen stellt einen selbstständigen Verwaltungsakt dar, der auch ohne einen Hauptverwaltungsakt ergeht, weil eine Versammlung keiner Genehmigung bedarf. Besser sollte man vielleicht von einer „Beschränkung" sprechen. Der Unterschied beruht darauf, dass das VersG von 1953 stammt, das dogmatisch deutlich stringentere VwVfG aber von 1976, und der Gesetzgeber des VersG noch nicht die Terminologie des VwVfG kannte.

b) Nach § 5 VersG können Versammlungen in geschlossenen Räumen scheinbar nur verboten werden, während gemäß § 15 VersG bei Versammlungen unter freiem Himmel an Stelle eines Verbots auch die Verhängung von „Auflagen" in Betracht kommt. Wegen des grundgesetzlichen Verhältnismäßigkeitsprinzips wird aus der weitergehenden Rechtsfolge des Versammlungsverbots nach § 5 VersG zumeist im Wege eines Erst-recht-Schlusses in Form des argumentum a maiore ad minus geschlossen, dass auch die weniger weitreichende „Auflage" als sog. „Minusmaßnahme" verhängt werden kann.

## 173. Teilnahme an einer Versammlung in geschlossenen Räumen

**In der Stadthalle von S findet der Gründungsparteitag einer neuen europakritischen Partei statt. Dürfen a) Mitglieder anderer Parteien, b) Journalisten und c) Polizeibeamte von der Teilnahme ausgeschlossen werden?**
**d) Welche besonderen Pflichten gelten bei der Teilnahme für Journalisten und Polizisten?**

a) Ja. Gemäß § 6 I VersG dürfen bestimmte Personenkreise wie die Mitglieder einer anderen Partei von der Teilnahme ausgeschlossen werden.

b) Nein. Pressevertreter dürfen gemäß § 6 II VersG nicht ausgeschlossen werden.

c) Nein. § 12 VersG setzt die Möglichkeit der Teilnahme von Polizeibeamten voraus.

d) Journalisten haben sich gemäß § 6 II VersG durch ihren Presseausweis auszuweisen, und auch Polizeibeamte haben sich gemäß § 12 S. 1 VersG dem Leiter der Versammlung zu erkennen zu geben.

## 174. Anmeldung einer Versammlung unter freiem Himmel

**a) In der Gemeinde G wurde ein Asylbewerberheim in Brand gesteckt. Eine Bürgerinitiative meldet daraufhin für den nächsten Tag eine Demonstration gegen Ausländerfeindlichkeit an. Hat sie ihrer Anmeldepflicht genügt?**
**b) Wie wäre es, wenn sich sofort nach dem Brandanschlag empörte Bürger für eine Solidaritätskundgebung versammelten?**

a) Ja. Zwar sieht § 14 I VersG eine Anmeldefrist von 48 Stunden vor. Diese ist aber bei sog. Eilversammlungen, bei denen der Anlass der Versammlung plötzlich entstanden ist, vor dem Hintergrund des Art. 8 GG in verfassungskonformer Auslegung auf eine geringere Zeitspanne zu reduzieren, die der Versammlungsbehörde noch ausreichend Zeit belässt, sich auf die Versammlung einzurichten.

b) Bei einer sog. Spontanversammlung entfällt die Anmeldefrist ganz, weil nur auf diese Weise der grundgesetzlichen Wertung des Art. 8 GG hinreichend Rechnung getragen werden kann.

## 175. Uniform- und Waffenverbot

**a) Auf dem zentralen Platz der Stadt S wollen sich Feuerwehrleute in ihrer Dienstkleidung und Ausrüstung versammeln, um gegen die ihrer Meinung nach schlechte Ausstattung der Feuerwehr zu demonstrieren. Die zuständige Versammlungsbehörde will die Veranstaltung wegen Verstoßes gegen das Uniform- und das Waffentragungsverbot verbieten. Zu Recht?**
**b) Welche Möglichkeit besteht stattdessen für die Versammlungsbehörde?**

a) Nein. Ein Verstoß gegen das Uniformverbot liegt nicht vor, weil die Uniform der Feuerwehrleute nicht Ausdruck einer gemeinsamen politischen Gesinnung i. S. d. § 3 I VersG, sondern Zeichen ihres Berufs und zugleich Schutzkleidung ist. Hingegen dürfte ein Verstoß gegen das Waffentragungsverbot nach § 2 III VersG gegeben sein, weil dieses sich nicht nur auf Waffen i. S. d. Waffengesetzes bezieht, sondern auch auf sonstige Gegenstände, die nach ihrer Art zur Verletzung von Personen oder zur Beschädigung von Sachen geeignet sind, wozu auch Feuerwehräxte und Brechstangen zählen, die zur typischen Ausrüstung von Feuerwehrleuten gehören. Allein deswegen ein Verbot der Versammlung auszusprechen, wäre jedoch unverhältnismäßig.

b) An Stelle eines Verbotes könnte die Versammlungsbehörde auch gemäß § 15 I Alt. 2 VersG die Auflage verhängen, dass die Feuerwehrleute sich nur ohne Feuerwehräxte, Brechstangen und ähnliche Gegenstände versammeln dürfen.

## § 13 Exkurs: Beteiligung Privater an der Gefahrenabwehr

**Literatur:** *Brenner, Michael,* Überwachung des ruhenden Verkehrs durch Private, SVR 2011, S. 129–132; *Groß, Hermann / Kreuzer, Arthur,* Ehrenamtliche Polizei als Scharnier zwischen Bürger und Polizei?, Kriminalistik 2008, S. 554–558; *Hornmann, Gerhard,* Zur Unvereinbarkeit des Hessischen Freiwilligen-Polizeidienst-Gesetzes mit Art. 33 Abs. 4 GG, LKRZ 2008, S. 201–206; *Jeand'Heur, Bernd,* Von der Gefahrenabwehr als staatlicher Angelegenheit zum Einsatz privater Sicherheitskräfte – Einige rechtspolitische und verfassungsrechtliche Anmerkungen –, AöR 119 (1994), S. 107–136; *Rebler, Adolf,* Verkehrsüberwachung durch Private, Ein Dauerbrenner: Privatisierung staatlicher Aufgaben, SVR 2011, S. 1–5; *Steegmann, Christoph,* Verkehrsüberwachung durch Private, NJW 1997, S. 2157–2159.

### 176. Freiwilliger Polizeidienst

**Im Land L besteht ein freiwilliger Polizeidienst. Nach einer zweiwöchigen Schulung unterstützen Bürger die Polizei bei Routineaufgaben.**
**a) Darf der freiwillige Polizeihelfer H die Identität des vermeintlichen Störers S feststellen.**
**b) Darf H den sich sträubenden S gewaltsam zum nächsten Polizeirevier verbringen?**
**c) Darf H sich gegen die Schläge des S zur Wehr setzen?**

a) Die Befugnisse der freiwilligen Polizeihelfer hängen von der jeweiligen landesrechtlichen Regelung ab. Auf keinen Fall kann allein von der Aufgabe der Polizeihelfer auf ihre Befugnisse geschlossen werden. Auch können diese sich nicht einfach auf die Befugnisse der hauptamtlichen Polizeivollzugsbeamten berufen. Vielmehr müssen ihnen in dem jeweiligen Landesrecht ausdrücklich Befugnisse eingeräumt werden. Dies ist im Hinblick auf die Identitätsfeststellung in den meisten Ländern, die einen freiwilligen Polizeidienst kennen, der Fall.

b) Auch hier hängt es von der jeweiligen landesrechtlichen Lage ab, ob den Polizeihelfern solche Befugnisse ausdrücklich eingeräumt worden sind.

c) Unabhängig von der Ausstattung mit besonderen Befugnissen nach dem jeweiligen Landespolizeigesetz kann der freiwillige Polizeihelfer sich aber zumindest auf die allgemeinen Rechtfertigungsgründe der Notwehr nach § 32 StGB und des rechtfertigenden Notstands nach § 34 StGB berufen.

### 177. Verwaltungshilfe und Beleihung

**Die Stadt S schließt einen Vertrag mit der „Park & Wach GmbH" ab, in welchem diese sich verpflichtet, für S das Parken auf den öffentlichen Flächen zu überwachen, Parksünder zu notieren und im Namen von S an diese Bußgeldbescheide zu versenden. Im Gegenzug soll die GmbH von S einen Anteil an den Bußgeldeinnahmen erhalten.**
**a) Sind die Bußgeldbescheide rechtmäßig?**
**b) Könnte S durch Satzung die GmbH mit diesen Kompetenzen versehen?**
**c) Welche Leistungen könnte die GmbH für die Stadt rechtmäßig erbringen?**

a) Nein. Solche Maßnahmen zur Wahrung der öffentlichen Sicherheit und Ordnung können grds. nur von Hoheitsträgern und Beliehenen vorgenommen werden. Es ist aber keine Rechtsgrundlage für die Übertragung von Befugnissen auf die GmbH ersichtlich. Der Vertrag reicht dafür nicht aus, vielmehr bedarf es stets einer gesetzlichen Grundlage.

b) Nein. Eine Beleihung kann nur durch Parlamentsgesetz oder auf Grund eines solchen Gesetzes erfolgen, eine kommunale Satzung reicht dafür nicht aus.

c) Die GmbH könnte für S nur Hilfsdienste als Verwaltungshelfer erbringen, z. B. die Parksünder notieren oder die Bußgeldbescheide vorbereiten. Der eigentliche Hoheitsakt, der Erlass des Bescheides, muss dann aber immer noch durch S selbst erfolgen.

### 178. Private Sicherheitsdienste

**Der Mitarbeiter M eines erlaubten privaten Sicherheitsdienstes schützt über Nacht auf einem Betriebsgelände abgestellte Straßenbahnen vor Vandalen.**
**a) Darf M den vor dem Betriebsgelände auf einer öffentlichen Straße herumlungernden V wegschicken?**
**b) Wie wäre es, wenn V sich auf dem Betriebsgelände aufhielte?**
**c) M stellt den V dabei, wie dieser gerade eine Straßenbahn mit Graffiti „verziert". Darf M den V festnehmen?**
**d) Darf M den V durch einen gezielten Schuss mit seiner Waffe an weiteren Graffiti hindern?**

a) Nein. Gemäß § 34a V 1 GewO stehen Sicherheitsdiensten bei der Durchführung von Bewachungsaufgaben keine polizeirechtlichen Befugnisse zu, wozu auch der Platzverweis zählt.

b) Ja. Hier kann M in Ausübung des von dem Verkehrsbetrieb übertragenen Hausrechts den V des Geländes verweisen.

c) Ja. Dem M steht das Recht der Jedermann-Festnahme gemäß § 127 I StPO zu, sofern er den V auf frischer Tat antrifft und dieser fliehen will oder dessen Identität nicht sofort festgestellt werden kann.

d) Nein. Zwar kann das allgemeine Notwehrrecht nach § 32 StGB grds. auch den Einsatz von Waffengewalt rechtfertigen, um weitere Sachbeschädigungen zu verhindern, nach § 34a V 2 GewO haben aber Angehörige privater Sicherheitsdienste in besonderem Maße den Grundsatz der Erforderlichkeit zu beachten. Dies dürfte den Schusswaffeneinsatz zumindest zur Verhinderung von Schmierereien ausschließen.

## § 14 Ordnungsbehördliche Verordnungen

**Literatur:** *Finger, Thorsten,* Bettel- und Alkoholverbote im Spiegel der Rechtsprechung, KommJur 2006, S. 441–445; *Haurand, Günter,* Rechtsvorschriften als Schutzgut der öffentlichen Sicherheit im Polizei- und Ordnungsrecht, DVP 2002, S. 107–108; *Höche, Anja,* Die Generalermächtigung für ordnungsbehördliche Verordnungen im Thüringer Ordnungsbehördengesetz, ThürVBl 1999, S. 221–224; *Ruder, Karl-Heinz,* Neue Entwicklungen im Polizei- und Ordnungsrecht, KommJur 2004, S. 7–15; *Vahle, Jürgen,* Bettelverbot in ordnungsbehördlicher Verordnung, DVP 1999, S. 260.

## 179. Ordnungsbehördliche Verordnungen im Gefüge der Rechtsordnung

**Auf der Grundlage des Landesnaturschutzgesetzes erlässt die Gemeindevertretung der Gemeinde G eine Regelung, die im gesamten Gemeindegebiet das Fällen von Bäumen ab einem bestimmten Stammdurchmesser verbietet. Um was für eine Art von Rechtsvorschrift handelt es sich?**

Es handelt sich um eine Rechtsverordnung, also um eine abstrakt-generelle Regelung der Exekutive mit Außenwirkung. Die Vorschrift betrifft unbestimmt viele Sachverhalte und ist abstrakt. Dies schließt eine Allgemeinverfügung nach § 35 S. 2 VwVfG aus, die immer einen konkreten Sachverhalt im Blick hat. Die Vorschrift wendet sich an unbestimmt viele Adressaten und ist daher generell. Daher kommt auch kein Verwaltungsakt nach § 35 S. 1 VwVfG in Betracht. Die Vorschrift ist auch unmittelbar auf Außenwirkung gerichtet, weshalb die Annahme einer Verwaltungsvorschrift ausscheidet. Schließlich wird die Vorschrift auf der Grundlage eines staatlichen Gesetzes und in Erfüllung einer der Gemeinde übertragenen staatlichen Aufgabe erlassen, weshalb sie nicht als Satzung ergehen kann. Denn Satzungen regeln grds. nur Angelegenheiten des eigenen Wirkungskreises der Kommunen, die von der kommunalen Selbstverwaltungsgarantie nach Art. 28 II GG umfasst sind. Es verbleibt nur die Einordnung als Rechtsverordnung.

## 180. Ermächtigungsgrundlage

**Kann eine gemeindliche Rechtsverordnung zum Verbot des wilden Plakatierens ergehen auf der Grundlage**
**a) der Satzungsermächtigung in der jeweiligen Landesgemeindeordnung?**
**b) der allgemeinen polizeilichen Generalklausel, die auch für den Erlass von Verwaltungsakten herangezogen wird?**
**c) einer spezialgesetzlichen Ermächtigung?**
**d) Worin liegt in den meisten Ländern die Ermächtigungsgrundlage für den Erlass ordnungsbehördlicher Verordnungen?**

a) Nein. Hier kommt der Unterschied zwischen Satzungen im eigenen Wirkungskreis der Selbstverwaltung und Rechtsverordnungen im übertragenen Wirkungskreis zum Tragen.

b) Nein. Die allgemeine polizeiliche Generalklausel bietet nur die Rechtsgrundlage für den Erlass von Verwaltungsakten und die Anwendung von Realakten als Maßnahmen im Einzelfall.

c) Ja. In Bayern und Thüringen sind zahlreiche einzelne Ermächtigungsgrundlagen für den Erlass ordnungsbehördlicher Verordnungen vorhanden. In den übrigen Ländern finden sich vereinzelt solche speziellen Ermächtigungsgrundlagen.

d) In den meisten Ländern besteht zusätzlich zu der polizeilichen Generalklausel für den Erlass von Gefahrenabwehrverfügungen im Einzelfall eine weitere Generalklausel für den Erlass ordnungsbehördlicher Rechtsverordnungen. In Thüringen (s. o.) finden sich daneben zahlreiche einzelne Ermächtigungsgrundlagen.

## 181. Zuständigkeit zum Erlass einer Rechtsverordnung

**Kann eine Rechtsverordnung über die Haltung gefährlicher Tiere – eine entsprechende gesetzliche Ermächtigungsgrundlage vorausgesetzt – erlassen werden**
**a) von einer Gemeinde?**
**b) vom Landrat oder vom Kreistag eines Landkreises?**
**c) vom Landesinnenministerium?**
**d) von der Polizei?**

a) Ja. Es ist der Regelfall, dass eine Verordnung zur Gefahrenabwehr von der in der Behördenhierarchie niedrigsten Behörde erlassen wird.

b) Die Verbandszuständigkeit des Landkreises hängt davon ab, ob eine einheitliche Regelung für ein Gebiet, das über eine Gemeinde hinausgeht, geboten ist. Im Übrigen unterscheiden sich die Landesgesetze danach, ob sie von einer Organzuständigkeit des Landrates oder des Kreistages ausgehen.

c) Sofern die von solchen Tieren ausgehende Gefahr in mehreren Landkreisen oder kreisfreien Städten besteht, darf der Landesinnenminister tätig werden.

d) Nein. Die Polizei ist für die Abwehr konkreter Gefahren im Einzelfall zuständig, nicht für die Abwehr abstrakter Gefahren.

## 182. Formelle Anforderungen an eine Rechtsverordnung

**a) Die Gemeindevertretung von G erlässt folgendes „Campingstatut: Ab sofort ist das wilde Campen verboten." Welche formellen Fehler weist diese Rechtsverordnung auf?**
**b) Formulieren Sie die Verordnung neu unter Vermeidung dieser formellen Fehler!**

a) Zwar bezeichnet die Überschrift dieser Rechtsvorschrift ihren Inhalt, sie wird aber nicht ausdrücklich als Verordnung bezeichnet. Zudem wird ihre gesetzliche Ermächtigungsgrundlage nicht angegeben. Es fehlen auch die Angabe des örtlichen Geltungsbereichs, das Erlassdatum sowie die Bezeichnung der erlassenden Behörde.

b) Unter Vermeidung dieser formellen Fehler könnte die Verordnung wie folgt formuliert werden: „Auf der Grundlage von § X Landesnaturschutzgesetz hat die Gemeindevertretung der Gemeinde G am TT. MM.JJJJ folgende ordnungsbehördliche Verordnung über das Camping erlassen: Im gesamten Gebiet der Gemeinde G ist ab In-Kraft-Treten dieser Verordnung das Campen außerhalb der festgelegten Campingplätze untersagt."

**183. Abstrakte und konkrete Gefahr**

**a) Rentnerin R füttert die Tauben im Stadtpark. Kann ein Mitarbeiter des städtischen Ordnungsamtes ihr dies mit der Begründung untersagen, Tauben könnten gefährliche Krankheiten verbreiten und deshalb müsse die Taubenpopulation eingeschränkt werden?**
**b) Ändert sich etwas, wenn eine städtische Rechtsverordnung das Taubenfüttern untersagt?**

a) Nein. Hier macht der Mitarbeiter des Ordnungsamtes eine abstrakte Gefahr geltend, d. h. eine nach allgemeiner Lebenserfahrung oder nach den Erkenntnissen fachkundiger Stellen mögliche Sachlage, die im Falle ihres Eintritts eine konkrete Gefahr darstellt (vgl. § 3 Nr. 3 lit. f) SOG LSA). Die allgemeine gefahrenabwehrrechtliche Generalklausel erlaubt aber nur ein Einschreiten zur Abwehr konkreter Gefahren für die öffentliche Sicherheit oder Ordnung.

b) Ja. In diesem Fall verstößt R gegen die Rechtsverordnung und damit gegen einen Teil der objektiven Rechtsordnung als Schutzgut der öffentlichen Sicherheit. Dieser Rechtsverstoß stellt eine konkrete Gefahr dar, die zum Einschreiten ermächtigt, nicht aber das Füttern der Tauben selbst, was weiterhin nur eine abstrakte Gefahr bewirkt.

**184. Alkoholverbote**

**a) In einem Teil der Innenstadt von S häufen sich Gewaltdelikte unter Alkoholeinfluss. S legt daraufhin durch Rechtsverordnung fest, dass zum Gemeingebrauch der öffentlichen Straßen in S nicht der Konsum von Alkohol zähle. Kann das Ordnungsamt auf dieser Grundlage rechtmäßig gegen den Trinker T vorgehen, weil dieser eine Sondernutzung vornehme, ohne im Besitz der dazu erforderlichen Erlaubnis zu sein?**
**b) Könnte S durch Rechtsverordnung den Alkoholkonsum in der gesamten Innenstadt verbieten?**
**c) Der öffentliche Personennahverkehr in S wird im Wesentlichen durch die Stadtbus GmbH betrieben, deren sämtliche Gesellschaftsanteile sich in den Händen von S befinden. Welche Möglichkeit besteht hier für S, den Alkoholkonsum in den Bussen zu verbieten?**

a) Nein. Die Abgrenzung zwischen erlaubnisfreiem Gemeingebrauch und erlaubnispflichtiger Sondernutzung hat allein auf der Grundlage des Landesstraßengesetzes zu erfolgen, eine eigene Definitionskompetenz ist den Kommunen gesetzlich nicht eingeräumt worden.

b) Sofern belegt ist, dass ein Zusammenhang zwischen dem Alkoholkonsum und den Gewalttaten besteht, sind grds. die Voraussetzungen für den Erlass einer ordnungsbehördlichen Rechtsverordnung gegeben. Die Gewalttaten stellen nämlich einen Verstoß gegen die öffentliche Sicherheit dar und der Alkoholkonsum erhöht die abstrakte Gefahr der Begehung solcher Verstöße. Allerdings ist eine solche Rechtsverordnung jedenfalls territorial auf den Bereich der Innenstadt zu beschränken, in dem es zu solchen Gewalttaten kommt. Zudem dürften vor dem Hintergrund von Art. 12 und 14 GG zumindest Straßencafés und ähnliche Gastronomiebetriebe auszunehmen sein, in denen es im Übrigen dem Wirt selbst obliegt, an betrunkene Gäste keinen weiteren Alkohol auszuschenken. Siehe *Albrecht, Florian*, Durststrecken im Nah- und Fernverkehr? Rechtliche Rahmenbedingungen für Alkoholverbote in Bus und Bahn, NZV 2011, S. 588–591; *Brückner, Götz*, Die Verfassungsmäßigkeit des § 9a SächsPolG – Grenzen abstrakt-genereller Alkoholverbote im öffentlichen Raum, LKV 2012, S. 202–207; *Faßbender, Kurt*, Alkoholverbote durch Polizeiverordnungen: per se rechtswidrig?, NVwZ 2009, S. 563–568; *Hecker, Wolfgang*, Zur neuen Debatte über Alkoholkonsumverbote im öffentlichen Raum, NVwZ 2009, S. 1016–1019; *Strohs, Matthias*, Nächtliches Alkoholverkaufsverbot in Baden-Württemberg, KommJur 2010, S. 201–208.

c) Hier kann S durch Weisung an den Geschäftsführer sowie durch ihr Abstimmungsverhalten in der Gesellschafterversammlung dafür sorgen, dass in den Beförderungsbedingungen als Allgemeinen Geschäftsbedingungen nach §§ 305 ff. BGB der Alkoholkonsum in den Bussen untersagt wird. Dieses Verbot kann in Ausübung des Hausrechts durchgesetzt werden.

### 185. Hundehaltung

**a) Der Landesinnenminister erlässt eine Verordnung über die Hundehaltung. Darf er einen Wesenstest für jeden Hund vorschreiben und für den Fall des Nichtbestehens die Tötung des Hundes anordnen?**
**b) Darf er außerdem Hunde bestimmter Rassen wie den American Pitbull Terrier ohne Weiteres als gefährlich einordnen und deren Zucht verbieten?**
**c) Kann er schließlich ein generelles Verbot der Hundehaltung aufstellen?**

a) Zwar darf ein Wesenstest vorgesehen werden, um im Einzelfall gefährliche Hunde zu ermitteln, aber eine sich daran anschließende Tötung der gefährlichen Hunde dürfte unverhältnismäßig sein. Vielmehr kann der Gefahr auch durch einen entsprechend gesicherten Ort der Hundehaltung sowie einen Maulkorbzwang und eine umfassende Leinenpflicht wirksam begegnet werden.

b) Ja. Das BVerfG(E 110, 141 (159 ff.)) hat es in einer Abwägung mit Leben und Gesundheit der von Hundebissen Bedrohten akzeptiert, dass bestimmte Rassen von vornherein als gefährlich angesehen werden und nicht mehr gezüchtet werden dürfen.

c) Nein. Ein solches Verbot griffe übermäßig in die Allgemeine Handlungsfreiheit des Art. 2 I GG ein und wäre unverhältnismäßig.

## § 15 Rechtsschutz gegen Maßnahmen der Primärebene

**Literatur:** *Graulich, Kurt*, Strafverfolgungsfürsorge, NVwZ 2014, S. 685–691; *Schoch, Friedrich*, Rechtsschutz gegen polizeiliche Maßnahmen, Jura 2001, S. 628–634.

### 186. Hauptsacherechtsschutz gegen Einzelmaßnahmen

**Nachdem die Polizei den X a) des Platzes verwiesen, b) ihn durchsucht und c) sein Messer sichergestellt hat, will er dagegen jeweils klagen. Welche Rechtsbehelfe sind gegen die Maßnahmen gegeben?**

a) Der Platzverweis ist ein befehlender Verwaltungsakt. Weil dieser sich mit seiner Befolgung durch X bereits vor Klageerhebung erledigt hat, kommt dagegen nur noch die Fortsetzungsfeststellungsklage in einfacher Analogie zu § 113 I 4 VwGO in Betracht.

b) Ordnet man die bereits abgeschlossene Durchsuchung als einen Realakt ein, ist dagegen die negative Feststellungsklage gemäß § 43 I Var. 2 VwGO gegeben. Nimmt man indes einen der Durchsuchung vorgeschalteten Duldungsverwaltungsakt an, der sich nach Abschluss der Durchsuchung bereits erledigt hat, ist dagegen ebenso wie bei dem Platzverweis die Fortsetzungsfeststellungsklage in einfacher Analogie zu § 113 I 4 VwGO gegeben.

c) Die Sicherstellung des Messers dauert hingegen noch an, weshalb X dagegen mit Widerspruch gemäß §§ 68 ff. VwGO und Anfechtungsklage nach § 42 I Alt. 1 VwGO vorgehen kann. Eine gesonderte Leistungsklage auf Herausgabe des Messers ist nicht erforderlich, vielmehr kann das VG gemäß § 113 I 2, 3 VwGO auf Antrag auch aussprechen, wie die Vollziehung der Sicherstellung rückgängig zu machen ist. Wird eine Leistungsklage auf Herausgabe des Messers erhoben, so muss nicht zunächst der Erfolg der Anfechtungsklage abgewartet werden, sondern es kann gemäß § 113 IV VwGO neben einer Anfechtungsklage im gleichen Verfahren auch die Verurteilung zur Leistung, hier auf Herausgabe des Messers, begehrt werden.

### 187. Eilrechtsschutz gegen oder auf Einzelmaßnahmen

**a) Die Ordnungsbehörde verbietet eine für den nächsten Tag angesetzte Demonstration und ordnet den Sofortvollzug an. Welcher Rechtsbehelf des Eilrechtsschutzes ist dagegen gegeben?**
**b) Die Polizei stellt bei einer Versammlung den Medikamentenkoffer des X wegen der darin enthaltenen Spritzen sicher. Welchen Antrag im Eilrechtsschutz sollte X stellen, der auf die Medikamente dringend angewiesen ist?**
**c) Im Fall b) erfährt X, dass die Polizei den Medikamentenkoffer unverzüglich vernichten will. Welchen Antrag sollte er nun stellen?**
**d) Nach einer Versammlung besetzen Demonstranten das leerstehende Haus des E. Aus einsatztaktischen Erwägungen sieht die Polizei von einer sofortigen Räumung ab. Empört ruft E das Verwaltungsgericht an. Mit welcher Antragsart wird er die sofortige Räumung verlangen?**

a) Gegen die Anordnung der sofortigen Vollziehung gemäß § 80 II 1 Nr. 4 VwGO ist der Antrag auf Wiederherstellung der aufschiebenden Wirkung nach § 80 V 1 Alt. 2 VwGO gegeben.

b) Weil die aufschiebende Wirkung bei unaufschiebbaren Anordnungen von Polizeivollzugsbeamten gemäß § 80 II 1 Nr. 2 VwGO kraft Gesetzes entfällt, ist dagegen der Antrag auf Anordnung der aufschiebenden Wirkung gemäß § 80 V 1 Alt. 1 VwGO gegeben.

c) X sollte gemäß § 123 I 1 VwGO zur Wahrung des status quo den Erlass einer Sicherungsanordnung beantragen, mit der der Polizei untersagt werden soll, den bestehenden Zustand durch Vernichtung des Medikamentenkoffers zu verändern.

d) E wird zur Veränderung des status quo einen Antrag gemäß § 123 I 2 VwGO auf Erlass einer Regelungsanordnung stellen, mit der der Polizei aufgegeben werden soll, das Haus umgehend zu räumen.

## 188. Rechtsschutz gegen Festnahme

**a) Die Polizei hat den Steinewerfer S in Gewahrsam genommen, um weitere Straftaten zu verhindern. Welches Gericht entscheidet nach dem Recht der meisten Länder über die Fortdauer der Freiheitsentziehung?**
**b) Welche Verfahrensordnung findet dabei Anwendung?**
**c) Warum wurde diese Rechtswegzuweisung gewählt?**

a) In aller Regel sehen die Landespolizeigesetze vor, dass über die Fortdauer der Freiheitsentziehung das Amtsgericht entscheidet, in dessen Bezirk der Betroffene festgehalten wird, nicht aber das Verwaltungsgericht, das im Übrigen für die Kontrolle der präventiven polizeilichen Maßnahmen zuständig ist.

b) Das Verfahren richtet sich i. d. R. nach dem Gesetz über das Verfahren in Familiensachen und in Angelegenheiten der freiwilligen Gerichtsbarkeit, v. a. §§ 415 ff. FamFG.

c) Diese Rechtswegzuweisung wurde gewählt, weil die Amtsgerichte weitaus mehr Erfahrung in der Überprüfung von Gründen für eine Freiheitsentziehung mitbringen als die Verwaltungsgerichte. Zudem verfügen die Amtsgerichte mit Zellen und Ähnlichem über ganz andere bauliche Voraussetzungen als die Verwaltungsgerichte.

## 189. Rechtsschutz gegen sonstige behördliche Handlungsformen

**a) Durch Verordnung des Landesinnenministers wird die Haltung von Bullterriern verboten und die Tötung vorhandener Hunde dieser Art angeordnet. Welche Rechtsbehelfe sind dagegen in der Hauptsache und im Eilrechtsschutz gegeben?**
**b) Was ändert sich für den Rechtsschutz, wenn die Verordnung vom Bundesinnenminister erlassen wurde?**

a) In der Hauptsache kann gegen diese Verordnung des Landesinnenministers eine verwaltungsgerichtliche Normenkontrolle gemäß § 47 I Nr. 2 VwGO erhoben werden, sofern das jeweilige Landesrecht dies vorsieht, was derzeit in den meisten Ländern der Fall ist. Ist ein solches Hauptsacheverfahren durch das Landesrecht eröffnet, kann im Eilrechtsschutz der Erlass einer einstweiligen Anordnung nach § 47 VI VwGO begehrt werden.

b) Ein prinzipaler Rechtsschutz gegen Bundesrechtsverordnungen vor den Verwaltungsgerichten ist in der VwGO nicht vorgesehen. Denkbar erscheint allenfalls eine Feststellungsklage gemäß § 43 VwGO vor dem VG. Das stellte aber wertungsmäßig einen Widerspruch zur Kontrolle von Landesrechtsverordnungen vor dem OVG dar. Dementsprechend gibt es auch keinen ausdrücklichen Eilrechtsschutz gegen Bundesrechtsverordnungen nach der VwGO. Bejahte man die Feststellungsklage in der Hauptsache, wäre Eilrechtsschutz nach § 123 VwGO zu gewähren.

## 190. Rechtsschutz gegen Maßnahmen Privater

**a) Der Mitarbeiter M eines privaten Sicherheitsdienstes schickt den Alkohol trinkenden T aus der Vorhalle der von einer städtischen GmbH betriebenen Stadthalle. Welcher Rechtsweg und welche Klageart ist für T dagegen gegeben?**
**b) Änderte sich etwas, wenn M den T aus dem Rathausfoyer hinausschickt?**

a) Hier übt M für die Stadthallen-GmbH das private Hausrecht aus. Dagegen ist der Rechtsweg zu den Zivilgerichten gemäß § 13 GVG und die Feststellungsklage nach § 256 ZPO gegeben.

b) Übte M auch hier für die Stadt das privatrechtliche Hausrecht aus, änderte sich nichts. Geht man indes davon aus, dass das Hausrecht im Rathaus öffentlich-rechtlicher Natur ist und M hier für die Stadt handelt, dann ist der Rechtsweg zu den Verwaltungsgerichten gemäß § 40 I VwGO eröffnet. Erblickt man in dem Hinausschicken einen Verwaltungsakt, ist nach Durchführung des Widerspruchsverfahrens eine Anfechtungsklage gemäß § 42 I Alt. 1 VwGO zu erheben. Lehnte man indes die Verwaltungsaktsqualität ab, etwa weil es an der Behördeneigenschaft des M fehle, wäre eine positive Feststellungsklage nach § 43 I Var. 1 VwGO zu erheben.

# Dritter Teil: Verwaltungszwang („Sekundärebene")

## § 16 Zwangsmittel

### I. Grundlagen der Zwangsmittel

**Literatur:** *Detterbeck, Steffen,* Allgemeines Verwaltungsrecht, 13. Auflage, 2015, § 13; *Götz, Volkmar,* Allgemeines Polizei- und Ordnungsrecht, 15. Auflage, 2013, § 13; *Maurer, Hartmut,* Allgemeines Verwaltungsrecht, 18. Auflage, 2011, § 20.

**191. Überblick über die Zwangsmittel**

a) Welche Mittel sehen die Gefahrenabwehrgesetze vor, um die Anordnungen der Polizei- und Ordnungsbehörden zwangsweise durchzusetzen?
b) Welches Mittel wird typischerweise eingesetzt, um vertretbare Handlungen zu erzwingen, welches für unvertretbare Handlungen, welches zum Erzwingen von Duldungen und Unterlassungen?
c) Inwiefern unterscheiden sich die Zwangsmittel des Polizei- und Ordnungsrechts von den Aufsichtsmitteln des Kommunalrechts?
d) Können daneben auch noch andere Zwangsmittel, etwa die Fiktion der Abgabe einer Willenserklärung, zum Einsatz kommen?

a) Die Gefahrenabwehrgesetze sehen jeweils die Ersatzvornahme, § 30 MEPolG, das Zwangsgeld, § 31 MEPolG, ersatzweise die Zwangshaft, § 32 MEPolG, und den unmittelbaren Zwang, § 33 MEPolG, als Zwangsmittel vor.

b) Vertretbare Handlungen werden typischerweise mit der Ersatzvornahme durchgesetzt, unvertretbare mit unmittelbarem Zwang oder Zwangsgeld, ersatzweise Zwangshaft. Auch Duldungen und Unterlassungen werden regelmäßig mit Zwangsgeld, ersatzweise Zwangshaft, bewirkt.

c) Das Kommunalrecht kennt in gleicher Weise wie das Polizei- und Ordnungsrecht die Ersatzvornahme, nicht aber das Zwangsgeld, ersatzweise die Zwangshaft, und den unmittelbaren Zwang als Zwangsmittel. Stattdessen sind als präventive Aufsichtsmittel noch die Anzeige und der Genehmigungsvorbehalt, als repressive Aufsichtsmittel die Beanstandung und die Aufhebung kommunalen Handelns sowie die Anordnung bei kommunalem Unterlassen vorgesehen. Bei besonders schweren kommunalen Verstößen kann die Aufsichtsbehörde auch einen Beauftragten („Staatskommissar") entsenden.

d) Es besteht ein numerus clausus der gefahrenabwehrrechtlichen Zwangsmittel. Wegen des Gesetzesvorbehalts der Grundrechte muss jedes einzusetzende Zwangsmittel ausdrücklich gesetzlich vorgesehen sein. Nur soweit Länder diese Fiktion in den Katalog der Zwangsmittel, vgl. § 29 I MEPolG, aufgenommen haben, was bisher nur selten geschehen ist, kann sie auch zum Einsatz kommen.

## II. Zwangsmittelverfahren

### 192. Überblick über das Zwangsmittelverfahren

**a) Welche Stufen des Zwangsmittelverfahrens sind zu unterscheiden?**
**b) Werden diese Stufen in der Praxis immer beschritten?**

a) Das Zwangsmittelverfahren ist dreistufig ausgestaltet: Zunächst wird das Zwangsmittel angedroht, dann wird es festgesetzt und schließlich angewendet.

b) Nein. Zum einen kann von der Androhung als der ersten Stufe des Zwangsmittelverfahrens abgesehen werden, wenn die sofortige Anwendung eines Zwangsmittels zur Abwehr einer gegenwärtigen Gefahr erforderlich ist. Zum anderen ist die ausdrückliche Festsetzung des Zwangsmittels auf der zweiten Stufe nur bei dem Zwangsgeld erforderlich, nicht aber bei der Ersatzvornahme und dem unmittelbaren Zwang. Die Anwendung des jeweiligen Zwangsmittels auf der dritten Stufe schließlich entfällt, sobald der Betroffene die gebotene Handlung ausführt oder die zu duldende Maßnahme gestattet.

### 193. Androhung der Zwangsmittel

**Der Grundstückseigentümer E hat trotz behördlicher Aufforderung die von seinem Grundstück in den öffentlichen Straßenraum reichenden Äste noch immer nicht zurückgeschnitten. Daraufhin schreibt ihm die zuständige Behörde: „Sehr geehrter Herr E, wenn Sie die polizeirechtswidrige Situation nicht beheben, sehen wir uns gezwungen, durch Verhängung eines Zwangsgelds oder im Wege der Ersatzvornahme vorzugehen. Sie werden dann die entstehenden Kosten zu tragen haben. Hochachtungsvoll. Unterschrift". Ist diese Androhung rechtmäßig?**

Nein. Diese Androhung leidet an mehreren Fehlern: Es geht daraus überhaupt nicht hervor, welche Handlung der E vornehmen soll. Zudem ist ihm keine bestimmte Frist zur Vornahme bestimmt worden. Zwar werden zwei Zwangsmittel genannt, es wird aber nicht angegeben, in welcher Reihenfolge sie angewendet werden sollen. Für das Zwangsgeld fehlt die Androhung in bestimmter Höhe. Auch für die Ersatzvornahme werden die voraussichtlichen Kosten nicht angegeben.

### 194. Festsetzung der Zwangsmittel

**a) Nachdem dem X durch Verfügung der Ordnungsbehörde unter Androhung eines Zwangsgelds in Höhe von 3.000 € mit sofort vollziehbarer Verfügung aufgegeben worden war, sein Hausdach binnen zwei Wochen gegen herunterfallende Ziegeln zu sichern, ist X untätig geblieben und auf Weltreise gegangen. Darf nach einer Woche gegen ihn das Zwangsgeld festgesetzt werden?**
**b) Kann nach zwei Wochen gegen ihn ein Zwangsgeld bis zum gesetzlichen Höchstsatz von 5.000 € festgesetzt werden?**

**c) Kann die Ordnungsbehörde nun auch im Wege der Ersatzvornahme selbst für die Sicherung des Dachs sorgen?**
**d) Meteorologen haben einen Orkan angekündigt. Was gilt nun im Fall c)?**

a) Nein. Die Festsetzung eines Zwangsmittels darf erst erfolgen, wenn die dem Betroffenen gesetzte Frist erfolglos verstrichen ist. Selbst bei einer Auslandsreise erscheint es immer noch möglich, dass der Betroffene telefonisch einen Dritten, hier einen Dachdecker, mit der Sicherung des Dachs betraut.

b) Nein. Bei der Festsetzung der Höhe des Zwangsgelds ist nicht nur die gesetzliche Höchstgrenze zu beachten, sondern auch die zuvor angedrohte Höhe. Maßgebend kann nur der jeweils geringere Betrag sein.

c) Nachdem die Ordnungsbehörde einmal das Zwangsgeld angedroht hat, ist sie im weiteren Verfahren auf dieses Zwangsmittel festgelegt. Sie könnte aber – ggf. unter Aufhebung der ursprünglichen Androhung – unter Setzung einer neuen Frist die Ersatzvornahme androhen und diese dann nach erfolglosem Ablauf dieser weiteren Frist vollstrecken.

d) In solchen Fällen besonderer Eilbedürftigkeit kann die Ordnungsbehörde nach den Regeln des sofortigen Vollzugs zur Abwendung einer drohenden Gefahr sogar ohne vorherige Grundverfügung, Androhung oder Festsetzung von Zwangsmitteln zum Verwaltungszwang greifen. Dann muss es ihr aber erst recht möglich sein, bei schon erlassener Grundverfügung und bereits vorgenommener Androhung eines Zwangsmittels das Zwangsmittel während des Verfahrens noch zu wechseln und ein anderes Zwangsmittel als das ursprünglich vorgesehene festzusetzen und anzuwenden. Die Ordnungsbehörde kann also ohne weitere Androhung im Wege der Ersatzvornahme einen Dachdecker mit der Sicherung des Dachs beauftragen.

## 195. Anwendung der Zwangsmittel

**a) Dem Hundehalter H ist von der kommunalen Ordnungsbehörde mit sofort vollziehbarer Verfügung unter Androhung unmittelbaren Zwangs die Herausgabe seines tollwutverdächtigen Hundes aufgegeben worden, der getötet werden soll. H weigert sich bis zum Ende der bestimmten Frist, den Hund herauszugeben, und hat sich mit diesem in seiner Wohnung eingeschlossen. Was kann die Ordnungsbehörde unternehmen, um die Verfügung durchzusetzen?**
**b) Nachdem die herbeigerufene Polizei begonnen hat, mit einem Brecheisen die Tür aufzustemmen, erklärt H sich zur Öffnung bereit. Wie hat die Polizei sich nun zu verhalten?**
**c) Leider hat die Polizei die Wohnungen verwechselt und begonnen, die Tür des Nachbarn N aufzubrechen. Wer ist für dessen Schaden verantwortlich?**

a) Fehlt es der Ordnungsbehörde an eigenen Vollzugskräften, kann sie die Polizei um Vollzugshilfe nach § 25 I MEPolG ersuchen.

b) Die Polizei hat die Anwendung unmittelbaren Zwangs einzustellen, weil sein Zweck, die Durchsetzung des Herausgabeverlangens, hier auf anderem Wege erreicht wird.

c) Weil dieser Fehler nicht die Grundverfügung, sondern die Art und Weise der Durchführung betrifft, ist dafür nicht die Kommune als Träger der Ordnungsbehörde, sondern das Land als Träger der Polizei verantwortlich.

### III. Ersatzvornahme

**Literatur:** *Fischer, Kristian,* Das polizeiliche Abschleppen von Kraftfahrzeugen, JuS 2002, S. 446–450; *Hong, Mathias,* Altes und Neues zum Abschleppen und zur Bekanntgabe und Anfechtung von Verkehrszeichen, Jura 2012, S. 473–481; *Michaelis, Lars Oliver,* Das Abschleppen von Kraftfahrzeugen, Jura 2003, S. 298–303; *Niedzwicki, Matthias,* Aus der Praxis: Amtshaftungsanspruch trotz Unanfechtbarkeit von Verwaltungsakten, Jus 2015, S. 134–136; *Wehser, Eckart,* Polizeiliches Abschleppen verkehrszeichenwidrig in der Fußgängerzone geparkter Kfz, DVP 2014, S. 96–102.

#### 196. Überblick über die Arten der Ersatzvornahme

**Ein im Halteverbot stehender Wagen wird a) auf Veranlassung der Behörde durch ein privates Abschleppunternehmen oder b) durch die Behörde selbst abgeschleppt. Um was für ein Zwangsmittel handelt es sich jeweils nach dem VwVG des Bundes bzw. nach dem jeweiligen Landespolizeigesetz und kann die Behörde das Abschleppen dem Wagenhalter in Rechnung stellen?**

a) Wird ein Privater auf Veranlassung der Behörde an Stelle des Pflichtigen tätig, handelt es sich sowohl gemäß § 10 VwVG als auch nach dem jeweiligen Landespolizeigesetz um eine Ersatzvornahme in Form der Fremdvornahme. Dafür können die Kosten jeweils dem Pflichtigen in Rechnung gestellt werden.

b) Wird die Behörde jedoch selbst an Stelle des Pflichtigen tätig, so ist zwischen der Rechtslage nach Bundes- und Landesrecht zu unterscheiden: Im Bundesrecht handelt es sich um unmittelbaren Zwang gemäß § 12 Alt. 2 VwVG. Hier ist keine Kostentragungspflicht des Pflichtigen normiert. In den Landespolizeigesetzen hingegen wird diese Konstellation als Ersatzvornahme in Form der Selbstvornahme eingeordnet mit der Folge, dass der Pflichtige die Kosten zu tragen hat.

#### 197. Abgrenzung der Ersatzvornahme zur Sicherstellung

**Die Polizei lässt sowohl a) den Wagen des A, der im Halteverbot gestanden hat, als auch b) das Fahrzeug des B, in dem sie Drogen vermutet, auf den Hof des Polizeipräsidiums bringen. Um was für eine Maßnahme handelt es sich jeweils?**

a) In Bezug auf den Wagen des A liegt eine Ersatzvornahme vor, weil die Polizei hier den Abschleppunternehmer mit der Entfernung des Wagens beauftragt hat, wozu A selbst verpflichtet gewesen wäre.

b) Hinsichtlich des Fahrzeugs des B hingegen ist eine Sicherstellung gegeben. Hier wollte die Polizei nicht selbst oder durch einen Dritten an Stelle des Pflichtigen tätig werden, sondern ein öffentlich-rechtliches Gewahrsamsverhältnis an dem Fahrzeug begründen.

**198. Abschleppen von Fahrzeugen**

**a) Die Polizei schleppt das auf einer Feuerwehrzufahrt stehende Fahrzeug des F ab. Durch eine leichte Unachtsamkeit des Polizisten P wird der Wagen dabei beschädigt. Welche Ersatzansprüche stehen dem F zu?**
**b) Kann das Land bei P Rückgriff nehmen?**
**c) Die Polizei schleppt das Fahrzeug nicht selbst ab, sondern beauftragt damit den privaten Abschleppunternehmer A, der dabei versehentlich den Wagen beschädigt. Welche Ersatzansprüche des F bestehen nun?**
**d) Kann in Fall c) das Land sich bei A schadlos halten?**

a) F kann nicht direkt gegen P vorgehen, sondern nur gegen das Land als Träger der Polizei, weil der Amtshaftungsanspruch aus § 839 BGB gemäß Art. 34 S. 1 GG auf dieses übergeleitet und so zu einem Anspruch aus mittelbarer Staatshaftung wird.

b) Da P nur leicht fahrlässig handelte, kann das Land bei ihm gemäß Art. 34 S. 2 GG keinen Rückgriff nehmen.

c) Ein Schadensersatzanspruch des F gegen das Land aus § 839 BGB i. V. m. Art. 34 S. 1 GG ist nur gegeben, sofern das Handeln des A dem Land zugerechnet werden kann, wenn A also als Beamter im haftungsrechtlichen Sinne gehandelt hat. Hier wurde A als Verwaltungshelfer tätig. Seine Aufgabe unterschied sich im Verhältnis zu F nicht von dem Abschleppen durch die Polizei selbst. Er war in die Ausübung von Hoheitsgewalt gegenüber F unmittelbar eingebunden und handelte wie ein Werkzeug der Polizei. Deshalb ist das Handeln des A dem Land als Träger der Polizei zuzurechnen. Siehe BGHZ 121, 161 sowie *Ossenbühl, Fritz / Cornils, Matthias*, Staatshaftungsrecht, 6. Auflage, 2013, S. 20 ff., m. w. N.

d) Umstritten ist, ob das Land bei A Rückgriff nehmen kann. Einerseits besteht zwischen A und der Polizei ein zivilrechtlicher Werkvertrag, aus dem A verpflichtet ist, keine Schäden an den abzuschleppenden Fahrzeugen zu verursachen, und den hat A verletzt. Andererseits ist der Rückgriff nach Art. 34 S. 2 GG auf Fälle des Vorsatzes und grober Fahrlässigkeit beschränkt. M. E. muss Art. 34 S. 2 GG auch auf Verwaltungshelfer angewendet werden, so dass der Haftungsmaßstab unmittelbar kraft Verfassung modifiziert wird. Ein Rückgriff ist daher nur bei Vorsatz und grober Fahrlässigkeit möglich.

## IV. Zwangsgeld und Ersatzzwangshaft

**Literatur:** *Brühl, Raimund,* Die Prüfung der Rechtmäßigkeit des Verwaltungszwangs im gestreckten Verfahren, Jus 1998, S. 65–70; *Cirullies, Michael,* Zwangsmittel und Haftbefehl – Die Anordnung von Ersatzzwangshaft, NJW 2013, S. 203–205; *Weber, Klaus,* Zur Zwangshaft im Verwaltungsvollstreckungsverfahren, VR 2004, S. 363–367.

**199. Festsetzung des Zwangsgelds**

**Gegen den X ist ein Zwangsgeld in Höhe von 2.000 € angedroht worden.**
**a) Kann gegen ihn ein Zwangsgeld in Höhe von zunächst 1.000 € festgesetzt werden?**
**b) Kann gegen ihn auch ein Zwangsgeld in Höhe von 3.000 € festgesetzt werden?**

a) Ja. Das festgesetzte Zwangsgeld kann hinter dem angedrohten zurückbleiben. Die Androhung legt lediglich eine Obergrenze fest.

b) Nein. Das Zwangsgeld darf nicht über die Androhung hinaus festgesetzt werden, weil der Adressat mit einer solchen Belastung nicht rechnen musste und die Warnfunktion der Androhung sonst leerliefe.

**200. Beitreibung des Zwangsgelds**

**Dem Landwirt L wird verboten, zehn hormonbelastete Kälber abzugeben. Je Kalb und Verstoß wird ihm ein Zwangsgeld in Höhe von 2.000 € angedroht. L veräußert dennoch die Tiere an einen Schlachthof. Gegen die Festsetzung des Zwangsgelds in Höhe von 20.000 € macht er geltend, nach der Schlachtung der Tiere bestehe nicht mehr die Gefahr, dass er dem ihm auferlegten Verbot noch einmal zuwiderhandeln könne. Weil der Beugezweck des Zwangsgelds nicht mehr erreicht werden könne, sei dessen Festsetzung und Beitreibung rechtswidrig. Zu Recht?**

Nein. Ein Zwangsgeld kann auch noch dann festgesetzt und beigetrieben werden, wenn gegen ein Verbot mit Zwangsgeldandrohung verstoßen wurde, ein weiterer Verstoß aber nicht mehr möglich ist. Anderenfalls liefe die Zwangsgeldandrohung in solchen Fällen regelmäßig ins Leere. Siehe OVG Münster, DVBl. 1992, 783, sowie *Götz, Volkmar*, Allgemeines Polizei- und Ordnungsrecht, 15. Auflage, 2013, § 13, Rn. 35, m. w. N.

**201. Abgabe von Willenserklärungen**

**Dem Hotelbesitzer H wird aufgegeben, seine Brandmeldeanlage mit dem Netz der örtlichen Feuerwehr verbinden zu lassen. Er weigert sich jedoch, die notwendigen Verträge mit einem privaten Fernmeldeunternehmen abzuschließen. Wie kann er dazu gezwungen werden?**

Sofern das Landesrecht dies besonders vorsieht, gilt nach Bestandskraft des Verwaltungsaktes die darin verlangte Willenserklärung als abgegeben. Fehlt es im Landesrecht an einer solchen Fiktion, kann der H nur durch Zwangsgeld zur Abgabe einer entsprechenden Willenserklärung angehalten werden. Letztlich wird man auch die Ersatzvornahme zur Durchsetzung der Verpflichtung für möglich halten müssen, weil die Willenserklärung zum Abschluss eines schuldrechtlichen Vertrages eine vertretbare Handlung darstellt, wie die Vorschriften über die Stellvertretung nach §§ 164 ff. BGB zeigen.

### 202. Abgrenzung des Zwangsgelds von anderen Zahlungsverpflichtungen

**Was unterscheidet das Zwangsgeld von a) einem Ordnungsgeld, b) einer Geldbuße und c) einer Geldstrafe?**

a) Das Zwangsgeld ist als Zwangsmittel ein von der Behörde verhängtes Mittel zur Willensbeugung. Ein Ordnungsgeld hingegen wird von dem Gericht nach § 890 ZPO angedroht für den Fall der Zuwiderhandlung gegen ein gerichtliches Duldungs- oder Unterlassungsgebot.

b) Eine Geldbuße ist eine von einer Behörde verhängte Rechtsfolge für die Begehung einer Ordnungswidrigkeit gemäß § 17 OWiG.

c) Eine Geldstrafe ist eine von einem Strafgericht verhängte Rechtsfolge für die Begehung einer Straftat nach §§ 40 ff. StGB, soweit nicht eine Freiheitsstrafe nach §§ 38 f. StGB verhängt wird.

### 203. Ersatzzwangshaft

**Die Polizei hat ein Zwangsgeld gegen den mittellosen M nicht beitreiben können.**
**a) Kann sie ihn nun ohne Weiteres verhaften?**
**b) Was geschieht, wenn M auch in der Haft die ganze Zeit standhaft bleibt, und die geforderte Handlung nicht vornimmt?**

a) Nein. Wegen Art. 104 II GG bedarf es einer richterlichen Entscheidung, wobei der Gesetzgeber auch die Entscheidung eines Verwaltungsgerichts vorsehen kann.

b) Nach dem erfolglosen Ablauf der in dem jeweiligen Landespolizeigesetz vorgesehenen Frist hat das (Ersatz)Zwangsmittel sich als untauglich erwiesen und M ist freizulassen. Allerdings können gegen M erneut Zwangsmittel, auch dieselben, angedroht, festgesetzt und vollstreckt werden.

### 204. Abgrenzung der Ersatzzwangshaft zu anderen Haftformen

**Was unterscheidet die Ersatzzwangshaft von a) dem Gewahrsam, b) der Ordnungshaft, c) der Strafhaft und d) der Untersuchungshaft?**

a) Die Ersatzzwangshaft ist ein nachrangiges, vom Gericht auf behördlichen Antrag verhängtes Zwangsmittel zur Willensbeugung, wenn das Zwangsgeld nicht eingebracht werden kann. Der Gewahrsam hingegen erfolgt als Standardbefugnis, weil der Betroffene vor einer Gefahr geschützt werden soll oder von ihm eine Gefahr ausgeht.

Der Gewahrsam ist also eine Maßnahme auf der Primärebene der Gefahrenabwehr, die Ersatzzwangshaft hingegen eine Maßnahme auf der Sekundärebene der Vollstreckung.

b) Die Ordnungshaft wird von einem Gericht nach § 890 ZPO dann verhängt, wenn ein für den Fall der Zuwiderhandlung gegen ein gerichtliches Duldungs- oder Unterlassungsgebot verhängtes Ordnungsgeld nicht beigetrieben werden kann.

c) Eine Freiheitsstrafe nach §§ 38 f. StGB hingegen ist eine von einem Strafgericht ausgesprochene Rechtsfolge für die Begehung einer Straftat, sofern nicht eine Geldstrafe nach §§ 40 ff. StGB verhängt wird.

d) Die Untersuchungshaft schließlich nach §§ 112 ff. StPO darf gegen den Beschuldigten in einem Strafverfahren nur wegen Flucht- oder Verdunkelungsgefahr durch richterlichen Haftbefehl für die Dauer der Durchführung des Strafverfahrens verhängt werden.

## V. Unmittelbarer Zwang

**Literatur:** *App, Michael,* Ersatzvornahme und unmittelbarer Zwang – eine Gegenüberstellung, VR 1992, S. 326–328; ders, Der unmittelbare Zwang, DVP 1997, S. 135–137; *König, Hans-Günther,* Anordnung, Vollzug, unmittelbarer Zugriff im Verwaltungsrecht, BayVBl 1981, S. 359–363; *Krüger, Ralf,* Sind Inhalt und formale Gestaltung des Rechts des unmittelbaren Zwanges ein Hindernis für die Entwicklung technischer und taktischer Möglichkeiten unmittelbaren Zwanges?, Die Polizei 1981, S. 378–385.

### 205. Mittel unmittelbaren Zwangs

**a) Welche drei Arten unmittelbaren Zwangs sind zu unterscheiden?**
**b) Welche Bedeutung hat diese Unterscheidung?**
**c) Der Polizist P setzt ein Distanz-Elektroimpulsgerät, einen sog. Taser, ein, um einen auf ihn zustürmenden, mit einem Knüppel bewaffneten Gewalttäter kampfunfähig zu machen. Wie ist dieser Tasereinsatz rechtlich zu beurteilen, wenn das Landespolizeigesetz nur den Schusswaffeneinsatz regelt?**

a) Es ist zu unterscheiden zwischen körperlicher Gewalt, z. B. Wegtragen eines Sitzblockierers, Hilfsmitteln körperlicher Gewalt wie Fesseln, Wasserwerfern, Diensthunden und -pferden, sowie Waffen, etwa Schlagstock und Pistole.

b) Grds. gelten die Vorschriften über den unmittelbaren Zwang für alle drei beschriebenen Arten. Es bestehen aber besondere Bestimmungen für den Schusswaffeneinsatz. Auch im Übrigen ist zwischen den einzelnen Mitteln unmittelbaren Zwangs stets in strikter Anwendung des Verhältnismäßigkeitsprinzips zu wählen.

c) An sich gilt, dass wegen des Vorbehalts des Gesetzes nur solche Hilfsmittel der körperlichen Gewalt und Waffen eingesetzt werden dürfen, die ausdrücklich gesetzlich vorgesehen sind. Danach wäre der Einsatz des Tasers rechtswidrig. Andererseits verursacht ein Taser normalerweise deutlich geringere Verletzungen bei dem Betroffenen als ein Schusswaffeneinsatz, weshalb er aus Gründen der Verhältnismäßigkeit regelmäßig der Schusswaffe vorzuziehen sein dürfte. M. E. lässt sich daher ein Erst-recht-Schluss von der gesetzlichen Erlaubnis des Schusswaffeneinsatzes auf die

Berechtigung zum Einsatz des Tasers ziehen: Wenn der Gesetzgeber schon den Einsatz einer möglicherweise tödlich wirkenden Schusswaffe gestattet, dann muss es dem Polizisten erst recht erlaubt sein, mit einer weniger tödlich wirkenden Waffe den Angriff abzuwehren, selbst wenn diese nicht ausdrücklich gesetzlich vorgesehen ist.

## 206. Räumung einer Sitzblockade

**a) Demonstranten sperren durch eine Sitzblockade den einzigen Zugang zu einem Atommüllzwischenlager, um einen Castor-Transport zu stoppen. Kann die Polizei, nachdem sie die Demonstranten vergeblich zum Aufstehen und Weggehen aufgefordert hat, diese wegtragen?**
**b) Darf die Polizei Wasserwerfer einsetzen?**
**c) Darf die Polizei zur Schusswaffe greifen?**
**d) Nachdem Polizisten den Demonstranten D von der Straße an den Straßenrand getragen haben, springt er auf, läuft ein Stück weiter und setzt sich erneut auf die Straße. Wie kann die Polizei verhindern, dass sich diese Aktion wiederholt?**

a) Ja. Dies ist der mildeste Fall der Anwendung unmittelbaren Zwangs.

b) Ja. Die Polizei kann sich auch der Hilfe von Wasserwerfern bedienen.

c) Nein. Schusswaffen dürfen nur eingesetzt werden, wenn andere Maßnahmen des unmittelbaren Zwangs erfolglos angewendet wurden oder offensichtlich keinen Erfolg versprechen. Selbst dann muss aber der Verhältnismäßigkeitsgrundsatz strikt beachtet werden.

d) Die Polizei kann D in Gewahrsam nehmen, um den Platzverweis durchzusetzen. Alternativ kommt auch die Verbringung des D an einen weiter entfernten Ort in Betracht, von dem aus er erst nach Durchfahrt des Transports die Stelle der Blockade wieder erreichen kann.

## 207. Schusswaffengebrauch

**a) Nach einem missglückten Banküberfall hat der Bankräuber B sich mit Geiseln in der Bank verbarrikadiert und bedroht diese mit dem Tode. Darf die Polizei den B erschießen, um die Geiseln zu retten?**
**b) Darf sie ihn auch erschießen, um seine Flucht mit großer Beute zu verhindern?**

a) Die meisten Landespolizeigesetze sehen explizit vor, dass auch ein tödlicher Schuss abgegeben werden darf, wenn er das einzige Mittel zur Abwehr einer gegenwärtigen Lebensgefahr oder einer gegenwärtigen Gefahr einer schwerwiegenden Verletzung der körperlichen Unversehrtheit darstellt. Auch wenn der sog. finale Rettungsschuss nicht ausdrücklich gesetzlich geregelt sein sollte, so darf er in strikter Anwendung des

Verhältnismäßigkeitsprinzips gleichwohl erfolgen, um das Leben der Geiseln zu retten.

b) Nein. Hier sind die polizeirechtlichen Regelungen über den Schusswaffengebrauch strenger als die strafrechtlichen Rechtfertigungsgründe.

## 208. Flugzeugabschuss

**a) § 14 III LuftSiG erlaubte in seiner Ursprungsfassung 2005 (BGBl. I S. 78) den Abschuss eines Flugzeugs, wenn nach den Umständen davon auszugehen ist, dass das Flugzeug gegen das Leben von Menschen eingesetzt werden soll und der Abschuss das einzige Mittel zur Abwehr dieser gegenwärtigen Gefahr darstellt. Ist diese Regelung grundgesetzgemäß?**
**b) Wie wäre der Fall zu beurteilen gewesen, wenn nach dem Gesetz nur Flugzeuge hätten abgeschossen werden dürfen, in denen sich allein Terroristen befunden hätten?**

a) Nein. Diese Bestimmung verstößt gegen das Grundrecht auf Leben gemäß Art. 2 II 1 GG, weil sie das Leben der entführten Flugzeuginsassen zu Gunsten des Lebens der Personen am Boden opfert. Zudem werden die Flugzeuginsassen als bloßes Mittel zum Zweck missbraucht, was einen Verstoß gegen die Menschenwürde nach Art. 1 I GG darstellt. Siehe BVerfGE 115, 118 sowie *Klatt, Matthias / Schmidt, Johannes*, Abwägung unter Unsicherheit, AöR 137 (2012), S. 545–591; *Lutze, Christian*, Die Tötung von Flugzeuginsassen bei der Abwehr kriegerischer und terroristischer Angriffe, BayVBl 2008, S. 745–751.

b) In diesem Fall wären die allgemeinen Erwägungen über den finalen Rettungsschuss übertragbar gewesen. Das Leben der Angreifer hätte geopfert werden können, um das Leben Unbeteiligter zu retten. Die Angreifer wären auch nicht zum bloßen Objekt staatlichen Handelns herabgewürdigt worden, denn sie hätten es durch ihr Verhalten selbst in der Hand behalten, ob gegen sie tödlich wirkende Maßnahmen ergriffen worden wären.

## 209. Gewaltanwendung zur Informationsgewinnung

**E hat die fünfjährige F entführt und hält sie an einem unbekannten Ort gefangen, um von ihren reichen Eltern Lösegeld zu erpressen. Auch nachdem E von der Polizei gefasst wurde, schweigt er zum Aufenthaltsort der F. Polizist P droht dem E „erhebliche Schmerzen“ an, um ihn zur Preisgabe des Orts zu bewegen. Daraufhin führt E die Beamten zu dem Versteck. Handelte P rechtmäßig?**

Nein. Zwar kann unmittelbarer Zwang auch eingesetzt werden, um Leben und Gesundheit eines anderen Menschen zu retten, und eine Abwägung zwischen den Schmerzen des E und der Rettung der F könnte möglicherweise auch zu Gunsten der Gewaltanwendung durch P ausgehen, indes ist die Gewaltanwendung gegen Festgehaltene nach Art. 104 I 2 GG ausnahmslos verboten. Nicht erst die Anwendung solcher Folter, sondern schon die Drohung damit würdigen das Opfer zum bloßen Objekt staatlichen Handelns herab und verstoßen gegen die Menschenwürdegarantie des Art. 1 I 1 GG.

## VI. Exkurs: Rechtfertigung polizeilichen Zwangs außerhalb des Polizeirechts

**Literatur:** *Amelung, Knut,* Die Rechtfertigung von Polizeivollzugsbeamten, Jus 1986, S. 329–337; *Beaucamp, Guy,* §§ 32, 34 StGB als Ermächtigungsgrundlage für polizeiliches Eingreifen, JA 2003, S. 402–405; *Hoffmann-Riem, Wolfgang,* Übergang der Polizeigewalt auf Private?, ZRP 1977, S. 277–284; *Rogall, Klaus,* Das Notwehrrecht des Polizeibeamten – BayObLGSt 1991, 141, Jus 1992, S. 551–559.

### 210. Rückgriff auf Rechtfertigungsgründe des Straf- und Zivilrechts

**Bei einem missglückten Banküberfall erschießt der Polizist P den Bankräuber B nicht, um eine Geisel zu retten, sondern um die erhebliche Beute sicherzustellen. P beruft sich auf Nothilfe. Zu Recht?**

Hier ist zwischen der polizeirechtlichen und der strafrechtlichen Beurteilung zu differenzieren: Polizeirechtlich liegen die Voraussetzungen eines finalen Rettungsschusses nicht vor; P handelte polizeirechtswidrig. Strafrechtlich kann tödlich wirkende Notwehr ausnahmsweise auch zur Verteidigung bedeutender Sachwerte erfolgen; ein Bürger in der Lage von P handelte strafrechtlich gerechtfertigt. Zur Lösung dieses Wertungswiderspruchs bieten sich drei Wege an: Man könnte von einem Vorrang des Polizeirechts ausgehen, dann wäre dem zur Verteidigung der Rechtsordnung berufenen P weniger erlaubt als jedem Bürger. Man könnte auch einen Vorrang des Strafrechts annehmen, dann wären die polizeirechtlichen Einschränkungen des Schusswaffengebrauchs aber weitestgehend hinfällig. Vorzugswürdig erscheint es, den P zwar strafrechtlich für gerechtfertigt zu halten, zugleich aber disziplinarrechtlich wegen eines Verstoßes gegen die polizeirechtlichen Bestimmungen gegen ihn vorzugehen.

## VII. Unmittelbare Ausführung und Sofortvollzug

**Literatur:** *Kästner, Karl-Hermann,* Unmittelbare Maßnahmen der Gefahrenabwehr, JuS 1994, S. 361–366; *Kugelmann, Dieter,* Unmittelbare Ausführung von Maßnahmen und sofortige Anwendung von Verwaltungszwang durch die Polizei, DÖV 1997, S. 153–160; *Sadler, Gerhard,* Unmittelbare Ausführung einer Maßnahme durch sofortigen Vollzug, DVBl 2009, S. 292–299.

### 211. Abgrenzung zwischen unmittelbarer Ausführung und Sofortvollzug

**a) Manche Landespolizeigesetze kennen nur die unmittelbare Ausführung, manche nur den Sofortvollzug, manche beide Rechtsinstitute. Was ist damit jeweils gemeint?**
**b) Wie ist vorzugehen, wenn das Landesrecht beide Rechtsinstitute geregelt hat?**
**c) Wie ist zu verfahren, wenn das Landesrecht nur eines dieser beiden Rechtsinstitute geregelt hat?**

a) Die unmittelbare Ausführung wird im Zusammenhang mit der gefahrenabwehrrechtlichen Verantwortlichkeit geregelt und erfasst die Gefahrbeseitigung durch die Polizei oder die Ordnungsbehörde an Stelle des Pflichtigen. Sie stellt damit inhaltlich eine Ersatzvornahme dar. Der Sofortvollzug hingegen wird im Kontext des Verwaltungszwangs normiert und betrifft die Willensbeugung des Pflichtigen. Mit dem Sofortvollzug kann nicht nur die Ersatzvornahme in Gestalt der Selbst- und Fremdvornahme, sondern insbesondere auch der unmittelbare Zwang durchgesetzt werden. Beim Sofortvollzug kann dabei auf die Grundverfügung, die Androhung und die Festsetzung des Zwangsmittels verzichtet werden. Faustformelmäßig betrifft die unmittelbare Ausführung das Handeln *ohne* den Pflichtigen, der Sofortvollzug *gegen* den Pflichtigen.

b) Hat das Landesrecht beide Rechtsinstitute geregelt, ist zunächst die unmittelbare Ausführung als das speziellere Institut zu prüfen. Erst danach kann auf den Sofortvollzug zurückgegriffen werden.

c) Hat das Landesrecht nur den Sofortvollzug geregelt, sind alle Fälle des Handelns der Behörden ohne oder gegen den Willen des Pflichtigen davon zu erfassen. Findet sich indes im Landesrecht nur eine Regelung der an sich speziellen unmittelbaren Ausführung, ist diese ausdehnend auszulegen, um keine Lücke in den gefahrenabwehrrechtlichen Befugnissen entstehen zu lassen.

## 212. Unmittelbare Ausführung

**a) Im Land L, in dessen Polizeigesetz nur die unmittelbare Ausführung geregelt ist, entdeckt Polizist P nach einem schweren Unwetter, dass vom Hanggrundstück des sich in Urlaub befindlichen U ein großer Felsbrocken auf die darunter verlaufende Straße zu stürzen droht. P beauftragt umgehend den privaten Bauunternehmer B mit der Beseitigung des Felsbrockens, der dafür 2.000 € verlangt. Handelt P rechtmäßig?**
**b) Von wem kann B die 2.000 € verlangen?**
**c) Welche finanziellen Ansprüche bestehen zwischen dem Land als Träger der Polizei und dem U?**
**d) Der Einsatz des P dauerte eine Stunde. Kann das Land die dafür entstehenden Kosten von 100 €/h von U ersetzt verlangen?**
**e) Kann das Land seinen Anspruch durch Bescheid geltend machen?**

a) Ja. An sich ist es Aufgabe des (Zustands)Verantwortlichen die von den in seinem Besitz oder Eigentum stehenden Sachen ausgehenden Gefahren zu beseitigen. Kann der Verantwortliche aber nicht oder nicht rechtzeitig erreicht werden, so kann die Polizei im Wege der unmittelbaren Ausführung an seiner Stelle selbst oder durch einen Dritten die Gefahr beseitigen.

b) B kann die 2.000 € als vereinbarten Werklohn nur von dem Land als Träger der Polizei verlangen, nicht aber von U. Weder wurde ein Werkvertrag zwischen B und U geschlossen noch handelte B im Wege der Geschäftsführung ohne Auftrag für U, sondern in Erfüllung seiner vertraglichen Verpflichtung gegenüber dem Land.

c) Das Land kann als Träger der Polizei die durch die unmittelbare Ausführung entstandenen Kosten von U ersetzt verlangen.

d) Nein. Die Gefahrenabwehrgesetze sehen i. d. R. vor, dass nur die zusätzlichen personellen und sächlichen Aufwendungen der Polizei ersatzfähig sind, dazu gehören aber nicht die durch einen regulären Streifendienst entstehenden Kosten.

e) Ja. Das Land macht keinen übergegangenen privatrechtlichen Werklohnanspruch des Werkunternehmers geltend, sondern einen originären öffentlich-rechtlichen Kostenersatzanspruch gegen den Verantwortlichen, wobei sich lediglich dessen Höhe nach dem Werklohn bestimmt. Dieser öffentlich-rechtliche Anspruch kann auch durch Verwaltungsakt geltend gemacht werden.

### 213. Sofortvollzug

**Im vorherigen Fall kennt das Gefahrenabwehrgesetz des Landes keine unmittelbare Ausführung, sondern nur den sofortigen Vollzug. Ändert sich etwas an der rechtlichen Beurteilung?**

Nein. Die Rechtmäßigkeit des polizeilichen Handelns ist nach den gleichen inhaltlichen Maßstäben zu beurteilen. Die Polizei hätte auch dem Pflichtigen – wenn sie ihn denn angetroffen hätte – die Beseitigung des Felsbrockens aufgeben können, so dass ein hypothetisch rechtmäßiger Grundverwaltungsakt vorlag. Auch die zivilrechtlichen Vertragsbeziehungen zwischen dem Land als Träger der Polizei und dem Bauunternehmer B verändern sich nicht. Die Vorschriften der Landespolizeigesetze sehen vor, dass der Pflichtige auch in den Fällen des Sofortvollzugs die Kosten der Ersatzvornahme zu tragen hat, was aber auch hier stets nur die besonderen Kosten, nicht die allgemeinen Personal- und Sachkosten der Polizei umfasst. Diese Kosten können dann wiederum auch durch Bescheid geltend gemacht werden.

## § 17 Rechtsschutz gegen Zwangsmittel

**Literatur:** *Pietzner, Rainer,* Rechtsschutz in der Verwaltungsvollstreckung, VerwArch 84 (1993), S. 261–285; *Vahle, Jürgen,* Die Vollstreckung von Verwaltungsmaßnahmen, DVP 1997, S. 58–65; *Weber, Klaus,* Rechtsschutz im Verwaltungsvollstreckungsverfahren, VR 2004, S. 253–257.

### 214. Hauptsacherechtsschutz gegen Einzelmaßnahmen

**Die Ordnungsbehörde a) fordert den A zur Beseitigung der auf seinem Grundstück vor sich hin rostenden Altautos auf, b) ordnet die sofortige Vollziehung an, c) droht unter Fristsetzung die Ersatzvornahme an, d) setzt diese nach erfolglosem Fristablauf fest e) und wendet sie an. Schließlich f) verlangt sie von A die Kosten der Ersatzvornahme mit Bescheid ersetzt. Welcher Rechtsbehelf ist jeweils in der Hauptsache gegen die Maßnahmen der Ordnungsbehörde gegeben?**

a) und b) Gegen die Beseitigungsanordnung ist ein Widerspruch nach § 68 I VwGO sowie anschließend eine Anfechtungsklage vor dem Verwaltungsgericht gemäß § 42

I Alt. 1 VwGO gegeben. Ein gesonderter Hauptsacherechtsschutz gegen die Anordnung der sofortigen Vollziehung nach § 80 II 1 Nr. 4 VwGO kann hingegen nicht erfolgen, weil diese Anordnung keinen selbstständigen VA darstellt (str.), sondern die Beseitigungsanordnung modifiziert.

c) und d) Die Androhung und Festsetzung von Zwangsmitteln sind Verwaltungsakte, gegen die wiederum Widerspruch nach § 68 I VwGO und Anfechtungsklage nach § 42 I Alt. 1 VwGO gegeben sind.

e) Die Anwendung des Zwangsmittels hingegen ist ein Realakt, gegen den eine Feststellungsklage nach § 43 I Var. 1 oder 2 VwGO gegeben ist.

f) Die Anforderung der Kosten der Ersatzvornahme erfolgt mit Bescheid, weshalb dagegen Widerspruch nach § 68 I VwGO und Anfechtungsklage nach § 42 I Alt. 1 VwGO erhoben werden können.

## 215. Eilrechtsschutz gegen Einzelmaßnahmen

**Im vorherigen Fall möchte A auch alle Möglichkeiten des Eilrechtsschutzes ausschöpfen. Welche Rechtsbehelfe sind jeweils gegen die Maßnahmen a) bis e) gegeben?**
**f) Die Kosten der Ersatzvornahme will die Ordnungsbehörde beitreiben, obwohl A Widerspruch erhoben hat. Welchen Rechtsbehelf kann A erheben?**

a) und b) Gegen die Anordnung der sofortigen Vollziehung der Beseitigungsanordnung ist der Antrag auf Wiederherstellung der aufschiebenden Wirkung nach § 80 V 1 Alt. 2 VwGO gegeben.

c) und d) Die Androhung und die Festsetzung der Ersatzvornahme sind Maßnahmen *in* der Verwaltungsvollstreckung, gegen die in aller Regel Rechtsbehelfe bereits nach dem jeweiligen Landesverwaltungsvollstreckungsgesetz keine aufschiebende Wirkung haben. Daher muss A einen Antrag auf Anordnung der aufschiebenden Wirkung nach § 80 V 1 Alt. 1 VwGO stellen.

e) Gegen einen Realakt ist einstweiliger Rechtsschutz nur durch einen Antrag auf Erlass einer Sicherungsanordnung nach § 123 I 1 VwGO möglich.

f) Die Kosten der Ersatzvornahme stellen keine Anforderung von öffentlichen Abgaben i. S. d. § 80 II 1 Nr. 1 VwGO dar, weil sie keine allgemeine Finanzierungsfunktion erfüllen (str.). Es handelt sich auch um keine Maßnahme *in* der Verwaltungsvollstreckung nach § 80 II 2 VwGO und den entsprechenden Vorschriften in den Verwaltungsvollstreckungsgesetzen der Länder, sondern um eine Maßnahme *nach* der Verwaltungsvollstreckung, bei der nicht mehr in gleichem Maße schnell gehandelt werden muss (ebenfalls str.). Daher kommt kein Antrag nach § 80 V 1 Alt. 1 VwGO in Betracht. Die Ordnungsbehörde hat auch nicht die sofortige Vollziehung des Kostenbescheids gemäß § 80 II 1 Nr. 4 VwGO angeordnet, weshalb auch ein Antrag nach § 80 V 1 Alt. 2 VwGO ausscheidet. Vielmehr kommt dem Widerspruch des A aufschiebende Wirkung nach § 80 I 1 VwGO zu, welche die Ordnungsbehörde missachtet. Dagegen kann A einen Antrag analog § 80 V 1 VwGO auf Feststellung der aufschiebenden Wirkung stellen.

# Vierter Teil: Entschädigungs- und Ausgleichsansprüche gefahrenabwehrrechtlichen Handelns („Tertiärebene")

## § 18 Ansprüche des Bürgers gegen die Gefahrenabwehrbehörde

### I. Ansprüche aus verwaltungsrechtlichem Schuldverhältnis

**Literatur:** *Gries, Berthold / Willebrand, Elmar,* Entstehung der auf Leistung oder Nutzung gerichteten verwaltungsrechtlichen Schuldverhältnisse, JuS 1990, S. 103–108; *Jäckle, Wolfgang,* Die Haftung der Verwaltung aus culpa in contrahendo im Licht der oberinstanzlichen Rechtsprechung, NJW 1990, S. 2520–2525; *Janson, Bernd,* Verwaltungsrechtliches Schuldverhältnis, Verwaltungsverfahrensgesetz und Reform der Staatshaftung; DÖV 1979, S. 696–705.

**216. Grundlagen des verwaltungsrechtlichen Schuldverhältnisses**

a) Was versteht man unter einem verwaltungsrechtlichen Schuldverhältnis?
b) Wie kann ein verwaltungsrechtliches Schuldverhältnis entstehen?
c) Welche Rechtsnormen finden auf ein verwaltungsrechtliches Schuldverhältnis Anwendung?
d) Welche Ansprüche können sich aus einem verwaltungsrechtlichen Schuldverhältnis ergeben?

a) Ein verwaltungsrechtliches Schuldverhältnis ist eine Rechte- und Pflichtenbeziehung zwischen einer Behörde und einem Bürger oder zwischen zwei Behörden, aus der sich wechselseitige Rechte und Pflichten ergeben.

b) Ein verwaltungsrechtliches Schuldverhältnis kann zum einen auf solchen Wegen begründet werden, die der Entstehung zivilrechtlicher Schuldverhältnisse ähneln, und zwar durch verwaltungsrechtlichen Vertrag nach §§ 54 ff. VwVfG, durch vertragsähnliche Konstellationen wie die öffentlich-rechtliche GoA oder öffentlich-rechtliche CIC, durch Delikt, etwa gemäß § 839 BGB, Art. 34 GG, oder durch deliktsähnliche Handlungen wie eine öffentlich-rechtliche Gefährdungshaftung. Zum anderen kann ein verwaltungsrechtliches Schuldverhältnis auch durch Handlungsformen entstehen, die kein direktes Gegenstück im Zivilrecht aufweisen, etwa durch einen Verwaltungsakt.

c) Auf ein verwaltungsrechtliches Schuldverhältnis finden zunächst die speziellen Vorschriften des jeweiligen Rechtsverhältnisses Anwendung, seien es die Vereinbarungen des verwaltungsrechtlichen Vertrages oder des öffentlich-rechtlichen Verwahrungsverhältnisses. Ergänzend gelten die allgemeinen Regelungen des privaten Schuldrechts, auf die teils ausdrücklich verwiesen wird, und die teils analog bzw. als Ausdruck allgemeiner Rechtsgrundsätze anzuwenden sind.

d) Aus einem verwaltungsrechtlichen Schuldverhältnis können sich ähnlich wie bei einem privatrechtlichen Schuldverhältnis Primäransprüche auf die vereinbarten oder gesetzlich vorgesehenen Leistungen ergeben und bei deren Nichterfüllung Sekundäransprüche.

## 217. Verwahrung

**a) Nachdem der angetrunkene N mehrmals mitten in der Nacht seine Stereoanlage auf volle Lautstärke gedreht hatte, beschlagnahmte die Polizei diese. Welche Ansprüche hat der wieder nüchterne N gegen die Polizei?**
**b) Beim Transport der Anlage beschädigt der Polizist P diese leicht fahrlässig. Welche weiteren Ansprüche ergeben sich für N?**
**c) In Fall b) lehnt die Polizei unter Berufung auf § 690 BGB jegliche Haftung ab. Zu Recht?**
**d) Was kann die Polizei unternehmen, wenn N trotz mehrmaliger Aufforderung seine Anlage nicht abholt?**
**e) Nach Ablauf eines Jahres hat die Polizei die Anlage versteigern lassen. Muss die Polizei den vollständigen Erlös an N herausgeben?**

a) N kann von der Polizei die Herausgabe der Anlage verlangen, weil der Grund für deren Sicherstellung weggefallen ist, vgl. § 24 I MEPolG.

b) N hat zusätzlich zur Herausgabe der Anlage einerseits einen vertragsähnlichen Schadensersatzanspruch analog §§ 241 II; 280 BGB, andererseits einen deliktischen Schadensersatzanspruch gemäß § 839 BGB; Art. 34 GG.

c) Nein. Zum einen sind die zivilrechtlichen Bestimmungen nur unter Berücksichtigung der öffentlich-rechtlichen Eigenart des jeweiligen Schuldverhältnisses entsprechend anzuwenden und § 690 BGB ist Ausprägung des spezifischen Schutzes des unentgeltlich handelnden Privaten und als solcher nicht übertragbar auf die einer strengen Gesetzesbindung unterliegende Polizei. Zum anderen ist die Sicherstellung durch die Polizei auch nicht „unentgeltlich" i. S. d. § 690 BGB, denn nach den Gefahrenabwehrgesetzen hat der Verantwortliche jeweils die Kosten der Sicherstellung und Verwahrung zu tragen, vgl. § 24 III MEPolG.

d) Die Polizei kann die Anlage verwerten, vgl. § 23 I Nr. 5 MEPolG, wenn der Berechtigte N sie nicht innerhalb einer ausreichend bemessenen Frist abgeholt hat, obwohl ihm auch die Verwertung angedroht wurde.

e) Nein. Zwar hat die Polizei grds. den Erlös als Surrogat an Stelle der Anlage an den N herauszugeben, § 24 II 1 MEPolG, sie kann davon jedoch die Kosten der Sicherstellung und Verwahrung abziehen, § 24 III 4 MEPolG.

## 218. Öffentlich-rechtliche pVV

**Die städtische Ordnungsbehörde weist den Obdachlosen O in eine städtische Notunterkunft ein. Diese ist so stark von Nässe und Schimmel befallen, dass O erkrankt und seine verbliebenen Habseligkeiten beschädigt werden. Welche Ansprüche stehen O gegen die Stadt S zu?**

Durch die Einweisungsverfügung wird ein verwaltungsrechtliches Schuldverhältnis zwischen O und S begründet. Daraus ergibt sich für O ein Anspruch auf Schadensersatz entsprechend §§ 241 II; 280 BGB für seine Krankheitskosten und den Ersatz seiner Sachen. Zudem kann er ein angemessenes Schmerzensgeld entsprechend § 253 II BGB verlangen. Daneben kommt auch ein Anspruch auf Schadensersatz aus § 839 BGB; Art. 34 GG in Betracht. Auch dieser Anspruch kann die Grundlage bilden für einen Anspruch auf Schmerzensgeld entsprechend § 253 II BGB.

## II. Folgenbeseitigungs- und Unterlassungsansprüche

**Literatur:** *Beckmann, Martin,* Zur Wahl des Beklagten beim Folgenbeseitigungsanspruch im Sinne von § 113 Abs 1 Satz 2 VwGO, DVBl 1994, S. 1342–1345; *Broß, Siegfried,* Zum Anwendungsbereich des Anspruchs auf Folgenbeseitigung, VerwArch 76 (1985), S. 217–230; *Kemmler, Iris,* Folgenbeseitigungsanspruch, Herstellungsanspruch und Unterlassungsanspruch, JA 2005, S. 908–911; *Papier, Hans-Jürgen,* Öffentlich-rechtlicher Folgenbeseitigungsanspruch bei Nichterfüllung?, DÖV 1972, S. 845–851; *Schloer, Bernhard,* Der Folgenbeseitigungsanspruch, JA 1992, S. 39–45; *Schoch, Friedrich,* Der Folgenbeseitigungsanspruch im Spiegel der Rechtsprechung der letzten 25 Jahre, Verw 44 (2011), S. 397–420.

### 219. Vollzugsfolgenbeseitigungsanspruch

**a) Nachdem Vermieter V dem Mieter M wegen rückständiger Mietzahlungen gekündigt und einen Räumungstitel vor dem Amtsgericht erstritten hatte, wies die zuständige Ordnungsbehörde den M zur Vermeidung von Obdachlosigkeit für die Dauer von drei Monaten wieder in die Wohnung des V ein. Zwei Monate später wird ein Platz in einer städtischen Notunterkunft frei. Welcher Anspruch steht dem V zu?**
**b) Was hat die Ordnungsbehörde zu veranlassen?**
**c) Als M nicht aus der Wohnung auszieht, fordert V die Behörde zur Räumung auf. Diese verweist ihn auf die Durchsetzung seines zivilgerichtlichen Räumungstitels. Zu Recht?**

a) V kann von der Ordnungsbehörde die Beseitigung der Folgen der Einweisung des M verlangen, weil mit dem Freiwerden eines Platzes in der städtischen Notunterkunft die Voraussetzungen für die Inanspruchnahme des V als Notstandspflichtigen entfallen sind. Dieser Vollzugsfolgenbeseitigungsanspruch setzt eine fortdauernde rechtswidrige Beeinträchtigung durch die Folgen eines Verwaltungsaktes voraus, deren Beseitigung möglich und zumutbar ist. Er findet seine Grundlage in den Grundrechten und dem Rechtsstaatsprinzip, insbesondere im Gebot der Gesetzmäßigkeit der Verwaltung, und wird von § 113 I 2, 3 VwGO einfachgesetzlich vorausgesetzt. Zum Teil wird er auch in Analogie zu §§ 12; 862; 1004 BGB hergeleitet. Er ist verschuldensunabhängig.

b) In Umsetzung dieses Vollzugsfolgenbeseitigungsanspruchs hat die Ordnungsbehörde die gegen M gerichtete Einweisungsverfügung nach § 48 I, III VwVfG mit Wirkung ex nunc zurückzunehmen. Durch den Wegfall seiner Voraussetzungen ist dieser Verwaltungsakt mit Dauerwirkung rechtswidrig geworden. Wegen des Vollzugsfolgenbeseitigungsanspruchs des V ist das Rücknahmeermessen der Behörde auf Null reduziert worden.

c) Mit Aufhebung der Einweisungsverfügung entfällt die Rechtsgrundlage für den weiteren Aufenthalt des M in der Wohnung. Sein Verbleib wird rechtswidrig. An sich könnte die Ordnungsbehörde den V zur Durchsetzung seiner Rechte auf den

Zivilrechtsweg verweisen, doch hat sie in diesem Fall selbst durch die vorherige Einweisung des M zu der nunmehr rechtswidrigen Beeinträchtigung des Eigentums des V beigetragen. Deshalb ist sie aus dem Vollzugsfolgenbeseitigungsanspruch heraus verpflichtet, die Wohnung zu räumen. Der Anspruch selbst bietet dafür keine Ermächtigungsgrundlage gegenüber M. Diese liegt vielmehr in der gefahrenabwehrrechtlichen Generalklausel.

## 220. Schlichter Folgenbeseitigungsanspruch

**Die Ordnungsbehörde warnte vor dem Verzehr von Äpfeln des Bauern A, weil erste Untersuchungen darauf hindeuteten, dass diese mit stark gesundheitsgefährdenden Pflanzenschutzmitteln gespritzt worden waren. Der Umsatz des A brach daraufhin ein. Welche Ansprüche hat A, wenn sich nach einer gründlicheren Untersuchung der Verdacht als unbegründet herausgestellt?**

A kann von der Ordnungsbehörde in Ausprägung des allgemeinen Folgenbeseitigungsanspruchs den Widerruf der Warnung in derselben Form wie die ursprüngliche Warnung verlangen. Mit Vorliegen der gründlicheren Untersuchungsergebnisse hat sich die Fortdauer der Folgen der ursprünglich rechtmäßigen Warnung nämlich als rechtswidrig erwiesen. Im Unterschied zum Vollzugsfolgenbeseitigungsanspruch ist der schlichte Folgenbeseitigungsanspruch auf die Rückgängigmachung der Folgen von Realakten gerichtet.

Ein Anspruch auf Schadensersatz aus Amtspflichtverletzung gemäß § 839 BGB; Art. 34 GG steht A hingegen nicht zu, weil die ursprüngliche Warnung unter Anlegung eines objektiven ex ante Maßstabs zum damaligen Zeitpunkt angesichts der ersten Untersuchungsergebnisse rechtmäßig erfolgte.

## 221. Spezialgesetzlich geregelte Folgenbeseitigungsansprüche

**a) Welche in den Gefahrenabwehrgesetzen geregelten speziellen Folgenbeseitigungsansprüche kennen Sie?**
**b) In welchem Verhältnis stehen diese zum allgemeinen Folgenbeseitigungsanspruch?**

a) Spezielle Folgenbeseitigungsansprüche finden sich zum einen bei einzelnen klassischen polizeilichen Standardmaßnahmen, zum anderen bei der Datenverarbeitung.

So sind erkennungsdienstliche Unterlagen nach der Identitätsfeststellung nach § 10 II MEPolG zu vernichten, und der Wohnungsverweis als Sonderfall des Platzverweises endet nach bestimmter Frist. Ebenso ist bei der Freiheitsentziehung nach § 16 MEPolG geregelt, dass die festgehaltene Person zu entlassen ist, sobald der Grund für die Maßnahme entfallen ist. Die Vernichtung der Niederschrift über die Wohnungsdurchsuchung kann nach § 20 IV MEPolG verlangt werden, sobald ihre Aufbewahrung nicht mehr erforderlich ist. In gleicher Weise sind sichergestellte Sachen herauszugeben, sobald die Voraussetzungen für die Sicherstellung weggefallen sind, vgl. § 24 I MEPolG.

Bei der Datenverarbeitung sind gemäß § 10g II Nr. 1 MEPolG unzulässig erhobene Daten, etwa aus dem Kernbereich privater Lebensgestaltung, unverzüglich zu löschen. Im Übrigen sind erhobene Daten nach § 10g II Nr. 2 MEPolG zu vernichten, sobald sie nicht mehr benötigt werden, und unrichtige Daten sind zu berichtigen. Sind schließlich unrichtige oder zu löschende Daten übermittelt worden, ist dies gemäß § 10g III MEPolG dem Empfänger mitzuteilen, damit dieser sie korrigieren oder löschen kann.

b) In ihrem jeweiligen Regelungsbereich schließen diese Ansprüche nach dem Grundsatz „leges speciales derogant legibus generalibus" den Rückgriff auf den allgemeinen Folgenbeseitigungsanspruch aus.

## 222. Unterlassungsanspruch

**a) X wohnt direkt neben der Ausfahrt der städtischen Feuerwache und fühlt sich durch die nachts mit Sirene und Blaulicht ausrückenden Einsatzfahrzeuge erheblich gestört. Auf welcher Grundlage kann er von der Stadt verlangen, dass in den Nachtstunden eine auf der anderen Seite des Feuerwehrgrundstücks liegende Nebenausfahrt genutzt wird?**
**b) Warum verspricht im Fall a) ein Antrag bei der Polizei, gegen die Feuerwehr einzuschreiten, keinen Erfolg?**

a) Dem X könnte ein öffentlich-rechtlicher Unterlassungsanspruch gegen die Stadt zustehen. Auch dieser Anspruch wird in gleicher Weise wie der Folgenbeseitigungsanspruch aus den Grundrechten und dem Rechtsstaatsprinzip hergeleitet und wird zum Teil auch auf eine Analogie zu §§ 12; 862; 1004 BGB gestützt. Voraussetzung ist, dass eine fortdauernde rechtswidrige öffentlich-rechtliche Beeinträchtigung vorliegt, deren Wiederholung zu besorgen ist und deren Unterlassung möglich und zumutbar ist. Dieser Anspruch ist in gleicher Weise wie der Folgenbeseitigungsanspruch verschuldensunabhängig. Die Feuerwehr handelt bei ihren Einsätzen öffentlich-rechtlich, ist aber normalerweise durch ihre Sonderrechte nach § 35 I StVO gerechtfertigt. Allerdings dürfen auch diese Sonderrechte gemäß § 35 VIII StVO nur unter gebührender Berücksichtigung der öffentlichen Sicherheit und Ordnung ausgeübt werden, weshalb tunlichst Lärmbelästigungen der Nachbarn zu vermeiden sind. Es ist Tatfrage, ob der Weg durch die Nebenausfahrt die Fahrtzeit zu einem Einsatzort verlängert oder in gleicher Weise der Feuerwehr zugemutet werden kann. Wiederholungsgefahr ist gegeben, weil die Feuerwehr immer wieder zu Einsätzen gerufen wird.

b) Zwar ist die Feuerwehr materiell polizeipflichtig und für die Rechtmäßigkeit ihrer Handlungen selbst verantwortlich. Sie ist aber als Hoheitsträger nicht formell polizeipflichtig und daher kein geeigneter Adressat gefahrenabwehrrechtlicher Verfügungen. Vielmehr muss notfalls mit den Mitteln der Aufsicht rechtmäßiges Verhalten nachgeordneter Behörden sichergestellt werden.

## 223. Vorbeugender Unterlassungsanspruch

**In der Kleinstadt S mit 30.000 Einwohnern hat die Polizei ein entschiedenes Vorgehen gegen die durch Rechtsverordnung gemäß Art. 297 I 1 Nr. 1**

**EGStGB verbotene Wohnungsprostitution angekündigt. Zu diesem Zweck durchsucht sie verdächtige Wohnungen und stellt die Personalien der dort angetroffenen Personen fest. Vermieter V befürchtet, dass auch einige seiner Wohnungen Gegenstand einer solchen Durchsuchung werden könnten, was seine Mieter erheblich verschrecken könnte. Deshalb will er schon jetzt gegen die Polizei gerichtlich vorgehen. Welchen Anspruch wird er geltend machen?**

V wird einen vorbeugenden Unterlassungsanspruch geltend machen. Dieser ähnelt dem regulären Unterlassungsanspruch und ist wie dieser aus den Grundrechten und dem Rechtsstaatsprinzip herzuleiten, ggf. auch in Analogie zu §§ 12; 862; 1004 BGB. Im Unterschied zum normalen Unterlassungsanspruch muss bei diesem vorbeugenden Anspruch aber noch keine Beeinträchtigung eingetreten sein, deren Wiederholung zu befürchten steht, sondern es muss eine Erstbegehungsgefahr zu bejahen sein. Weil nach der VwGO aber grds. nur nachträglicher Rechtsschutz gewährleistet wird, müssen ganz besondere Gründe vorliegen, warum ausnahmsweise dem Anspruchsteller bzw. Kläger das Abwarten der polizeilichen Maßnahme nicht zuzumuten ist. Solche Gründe dürften hier noch nicht gegeben sein.

## III. Entschädigungsansprüche

**Literatur:** *Papier, Hans-Jürgen,* Die Entschädigung für Amtshandlungen der Polizei, DVBl 1975, S. 567–575; *Sydow, Gernot,* Entschädigungsansprüche im Polizei- und Ordnungsrecht, Jura 2007, S. 7–12; *Will, Martin,* Ausgleichs- und Entschädigungsansprüche im Polizei- und Ordnungsrecht am Beispiel von § 64 ff. HSOG, VerwArch 106 (2015), S. 55–75.

### 224. Überblick über die Entschädigungsansprüche

**a) Welche Entschädigungsansprüche sind üblicherweise in den Gefahrenabwehrgesetzen der Länder geregelt?**
**b) Welche weiteren Entschädigungsansprüche in Analogie zu den gesetzlich geregelten Fällen werden diskutiert?**

a) Üblicherweise finden sich in den Gefahrenabwehrgesetzen der Länder zwei Entschädigungsansprüche, und zwar zum einen der Anspruch des Notstandspflichtigen, § 45 I 1 MEPolG, zum anderen der Anspruch aus enteignungsgleichem Eingriff desjenigen, der durch rechtswidrige behördliche Maßnahmen einen Schaden erlitten hat, vgl. § 45 I 2 MEPolG.

b) Daneben werden Entschädigungsansprüche des Zustandspflichtigen bei atypischen Risiken, des Anscheinsverantwortlichen, des Gefahrenverdächtigen sowie des nicht gezielt in Anspruch genommenen Unbeteiligten erörtert. In einigen Gefahrenabwehrgesetzen sind manche dieser Ansprüche auch ausdrücklich gesetzlich geregelt, in den anderen Ländern werden Analogien zu den geregelten Fällen diskutiert.

## 225. Entschädigungsanspruch des Notstandspflichtigen

Nachdem der Vermieter V dem Mieter M wegen ausstehender Mietzahlungen in Höhe von drei Monatsmieten zu je 600 € die Wohnung gekündigt hatte, wies die zuständige Behörde den M erneut in die Wohnung für die Dauer von sechs Monaten ein.
a) Hat V gegen M einen Anspruch auf Miete?
b) Was kann V von der Behörde verlangen, wenn solche Wohnungen in dieser Gegend üblicherweise für 500 € pro Monat vermietet werden?
c) Nach der Wohnungseinweisung hat M aus Versehen die Wohnungstür beschädigt, wofür Kosten in Höhe von 400 € entstanden sind. Kann V diese Kosten von der Behörde ersetzt verlangen?

a) Nein. Die Wohnungseinweisung ist eine öffentlich-rechtliche Maßnahme, die keinen neuen privatrechtlichen Mietvertrag zwischen V und M begründet.

b) V kann als Entschädigung lediglich das gewöhnliche Nutzungsentgelt verlangen, also 500 € Entschädigung pro Monat, nicht etwa 600 € Miete je Monat.

c) Ja. Die Entschädigung umfasst auch den Ersatz für Vermögensschäden, die sich in Folge der hoheitlichen Maßnahme ergeben.

## 226. Entschädigungsanspruch des besonders belasteten Zustandsverantwortlichen

Nachdem das Haus des X, das sein einziges Vermögen darstellte, einem schweren Sturm zum Opfer gefallen war, gab die zuständige Behörde dem X die Beseitigung der Trümmer von seinem Grundstück auf. Kann X die Kosten der Beseitigung in Höhe von 40.000 € von der Behörde ersetzt verlangen?

X ist als Eigentümer des Hausgrundstücks Zustandsverantwortlicher und daher für die Trümmerbeseitigung verantwortlich. Ein Entschädigungsanspruch als Notstandspflichtiger steht ihm daher nicht zu. Teilweise wird allerdings erwogen, diesen Entschädigungsanspruch analog auf solche Zustandsverantwortlichen anzuwenden, die sich einer erheblichen wirtschaftlichen Belastung ausgesetzt sehen und denen ein Sonderopfer vergleichbar einem Notstandspflichtigen auferlegt wurde. Dies kann insbesondere anzunehmen sein, wenn die Zustandsverantwortlichkeit durch eine Naturkatastrophe ausgelöst wurde.

## 227. Entschädigungsanspruch des Anscheinsverantwortlichen

Aus der Wohnung des A dringen mitten in der Nacht laute Geräusche. Die von besorgten Nachbarn alarmierte Polizei befürchtet eine gewalttätige Auseinandersetzung und bricht die Wohnungstür auf, nachdem auf wiederholtes Klingeln niemand öffnete und wegen der zugezogenen Vorhänge auch kein

**Blick in die Wohnung möglich war. Es stellt sich heraus, dass A ausgegangen war und aus Angst vor Einbrechern den Fernseher sehr laut gestellt hatte. Steht dem A ein Entschädigungsanspruch wegen der beschädigten Wohnungstür zu?**

A ist kein Notstandspflichtiger, sondern Anscheinsverantwortlicher, wofür Entschädigungsansprüche nicht ausdrücklich normiert sind. Möglicherweise könnte aber der Anspruch des Notstandspflichtigen auf Entschädigung analog herangezogen werden. Dies hängt davon ab, ob die Anscheinsgefahr nicht nur auf der vorrangigen Ebene der Gefahrenabwehr, sondern auch auf der nachrangigen Kostenebene dazu führt, dass ein Anscheinsverantwortlicher sonstigen Verantwortlichen gleichzustellen ist. Stattdessen könnte man auf der nachrangigen Kostenebene eine Gleichstellung mit einem Notstandspflichtigen nur dann bejahen, wenn dem in Anspruch genommenen Anscheinsverantwortlichen ein Sonderopfer auferlegt worden wäre. Dies ließe sich allenfalls begründen, wenn der Anscheinsverantwortliche die Anscheinsgefahr nicht zurechenbar verursacht hätte. Hier hat A aber durch sein Verhalten die Ursache für das Einschreiten der Polizei gesetzt. M. E. ist ihm kein Entschädigungsanspruch einzuräumen.

## 228. Entschädigungsanspruch des Gefahrenverdächtigen

**Die zuständige Behörde befürchtet in dem Fischteich des E erhebliche Verunreinigungen durch eine früher in der Nähe betriebene Wäscherei und gibt ihm zunächst die Durchführung kostspieliger Wasserproben auf. Dabei stellt sich heraus, dass tatsächlich gar keine Verunreinigung vorliegt.**
**a) Kann E Ersatz der Kosten für die Wasserproben verlangen?**
**b) Ändert sich etwas, wenn sich durch die Proben ergibt, dass der Fischteich des E belastet ist?**

a) Sieht man den Gefahrenverdächtigen als Unterfall des Verantwortlichen, dann steht ihm grds. kein Entschädigungsanspruch zu. Allerdings könnte man erwägen, dass ihm im Vergleich zu Dritten, denen keine Aufklärung aufgegeben wird, ein Sonderopfer zugemutet wird, was für eine analoge Anwendung des Entschädigungsanspruchs des Notstandspflichtigen spricht. Zudem ist der Amtsermittlungsgrundsatz des § 24 VwVfG zu beachten, wonach die Behörde den Sachverhalt von Amts wegen ermittelt. Da dem E durch die Verfügung eine behördliche Aufgabe übertragen wird, legt dies ebenfalls einen Entschädigungsanspruch nahe.

b) Nun erweist sich E ex post als Zustandsverantwortlicher. Deshalb hat er wenigstens die Sanierungskosten zu tragen. Betrachtet man die Aufklärungskosten als deren Vorstufe, spricht dies gegen einen Entschädigungsanspruch. Auf der anderen Seite ist auch hier weiterhin § 24 VwVfG zu beachten, weshalb die Verlagerung der Sachaufklärung von der Behörde auf den Bürger für einen Ersatzanspruch spricht.

### 229. Entschädigungsanspruch des Unbeteiligten

**Polizist P verfolgt den flüchtigen Bankräuber B, um diesen an weiteren Straftaten zu hindern. Dabei löst sich versehentlich ein Schuss aus der Dienstwaffe, der den Unbeteiligten U trifft. Hat U einen Entschädigungsanspruch?**

U steht kein Anspruch auf Entschädigung als Notstandspflichtiger zu, weil P ihn nicht gezielt in Anspruch genommen hat. Gleichwohl wird ihm aber vergleichbar einem Notstandspflichtigen ein Sonderopfer auferlegt. Es erscheint deshalb gerechtfertigt, diesen Entschädigungsanspruch analog heranzuziehen.

### 230. Entschädigungsanspruch aus enteignungsgleichem Eingriff

**a) Die Ordnungsbehörde wies den obdachlosen M in eine Wohnung des V ein, obwohl eigene behördliche Notunterkünfte zur Verfügung standen. Steht dem V ein Entschädigungsanspruch zu?**
**b) Ändert sich etwas im Hinblick auf den Entschädigungsanspruch, wenn die Behörde schuldhaft gehandelt hat?**

a) Ja. Ein solcher Anspruch ergibt sich zunächst einmal unter dem Gesichtspunkt des enteignungsgleichen Eingriffs, weil die Voraussetzungen für die Inanspruchnahme des V als Notstandspflichtiger nicht vorlagen und die Behörde daher rechtswidrig handelte. Der Anspruch folgt darüber hinaus aber auch aus den Vorschriften über die Entschädigung des Notstandspflichtigen. Wenn nämlich schon derjenige, der rechtmäßig als Notstandspflichtiger in Anspruch genommen wurde, Entschädigung verlangen kann, gilt dies erst recht für denjenigen, der rechtswidrig beansprucht wurde.

b) Nein. Schuldhaftes Handeln ist für den Entschädigungsanspruch weder erforderlich noch schädlich.

### 231. Vergleich der Entschädigungsansprüche mit dem Amtshaftungsanspruch

**a) Worin liegt der tatbestandliche Unterschied zwischen Entschädigung und Schadensersatz?**
**b) Wie unterscheiden sich die Ansprüche auf Entschädigung und Schadensersatz in der Rechtsfolge?**

a) Während Ansprüche auf Schadensersatz in aller Regel tatbestandsmäßiges, rechtswidriges und schuldhaftes Verhalten der Behörde voraussetzen, kann ein Anspruch auf Entschädigung schon gegeben sein, wenn die Behörde einen Schaden verursachte und bei rechtmäßigem Handeln dem Betroffenen ein Sonderopfer auferlegte oder rechtswidrig handelte. Behördliches Verschulden ist hingegen nicht erforderlich.

b) Der Anspruch auf Schadensersatz ist auf Naturalrestitution gerichtet und umfasst grds. auch den entgangenen Gewinn. Bei dem auf Geldleistung beschränkten Entschädigungsanspruch hingegen werden grds. nur der gewöhnliche Verdienst oder das übliche Nutzungsentgelt erfasst, nur ausnahmsweise aber darüber hinaus gehende finanzielle Einbußen.

## IV. Schadensersatzanspruch aus Amtshaftung

**Literatur:** *Dötsch, Wolfgang,* Öffentlich-rechtliche Schmerzensgeldansprüche?, NVwZ 2003, S. 185–186; *Gusy, Christoph,* Amtshaftung bei pflichtwidrigem Einsatz verdeckter technischer Mittel, JZ 2004, S. 459–460; *Schlick, Wolfgang / Rinne, Eberhard,* Die Rechtsprechung des BGH zum Staatshaftungsrecht (Teil 1), NVwZ 1997, S. 1065–1077, (Teil 2) NVwZ 1997, S. 1171–1182; *Würtenberger, Thomas,* Zur Geltung von Amtshaftungsregeln bei der Schädigung eines Verkehrsteilnehmers durch einen aufgrund privatrechtlichen Vertrages für eine Polizeibehörde tätigen Abschleppfahrer, JZ 1993, S. 1003–1005.

### 232. Überblick über den Amtshaftungsanspruch

**a) Was unterscheidet die Amtshaftung von der Staatshaftung und wie ist der Anspruch aus § 839 BGB; Art. 34 GG einzuordnen?**
**b) Welche tatbestandlichen Voraussetzungen enthält der Amtshaftungsanspruch?**

a) Bei einem Amtshaftungsanspruch wird der einzelne Amtsträger persönlich in Anspruch genommen, bei einem Staatshaftungsanspruch hingegen ist der Anspruch gegen den Hoheitsträger gerichtet, in dessen Dienst der Amtsträger tätig gewesen ist. Der Anspruch aus § 839 BGB ist zwar vom Ansatz her gegen den Amtsträger gerichtet und insofern ein Amtshaftungsanspruch, er wird dann aber durch Art. 34 S. 1 GG auf den Hoheitsträger übergeleitet, in dessen Dienst er steht. Es handelt sich also letztlich um mittelbare Staatshaftung.

b) Der Anspruch aus § 839 BGB setzt als positive Tatbestandsmerkmale die schuldhafte Verletzung einer drittgerichteten Amtspflicht voraus, woraus kausal ein Schaden entstanden ist. Als negative Tatbestandsmerkmale verlangt dieser Anspruch, dass weder von einem Dritten gemäß § 839 I 2 BGB Ersatz erlangt werden kann noch ein Urteil in einer Rechtssache gemäß § 839 II BGB erfolgte noch der Anspruchsteller schuldhaft unterlassen hat, den Schaden durch Gebrauch eines geeigneten Rechtsmittels nach § 839 III BGB abzuwenden.

### 233. Amtspflichtverletzung

**Wurde in den folgenden Fällen jeweils eine drittgerichtete Amtspflicht verletzt?**
**a) Die Polizei stellt ein bei dem Hehler H gefundenes Gemälde sicher, um es dem rechtmäßigen Eigentümer E zurückzugeben. Aus Versehen beschädigt dabei Polizist P das Gemälde. Wurde eine Amtspflicht verletzt?**
**b) Polizist P kommt dazu, als der A den B mit einem Stock verprügelt, schreitet aber zunächst nicht ein. B erleidet daraufhin einen Nasenbeinbruch.**

**c) In einem reichen Villenviertel unternimmt die Polizei keine Streifenfahrten mehr. In dem dort gelegenen Haus des C kommt es zu einem Wohnungseinbruch.**

a) Ja. Es besteht eine Pflicht der Beamten zum rechtmäßigen Handeln gemäß § 36 I BeamtStG. Diese Pflicht umfasst auch die Verpflichtung zur Rücksichtnahme auf die Rechte und Rechtsgüter der Bürger. Diese auch gegenüber dem E bestehende Pflicht hat P verletzt.

b) Ja. Eine Amtspflicht kann auch durch Unterlassen verletzt werden, wenn eine Pflicht zum Tun bestand. Zwar kommt der Polizei nach der polizeilichen Generalklausel grds. Ermessen zu, dieses Ermessen kann sich jedoch auf Null reduzieren und zu einer Pflicht zum Einschreiten führen, wenn – wie in diesem Fall – bedeutende Rechtsgüter wie die körperliche Unversehrtheit eines Bürgers gefährdet sind.

c) Nein. Selbst wenn eine Pflicht zu regelmäßigen Streifenfahrten bestehen sollte, erfolgen diese Streifenfahrten nur im Dienste der Allgemeinheit, nicht aber eines einzelnen Bürgers. Die Pflicht ist also nicht drittgerichtet.

## 234. Rechtswidrigkeit der Amtspflichtverletzung

**Kann der A, dessen Tür von der Polizei aufgebrochen wurde, weil sie bei dem lauten Fernsehlärm irrtümlich Gewalttätigkeiten in der Wohnung fürchtete (vgl. Fall 227), Schadensersatz verlangen?**

Nein. Schreitet die Polizei angesichts einer Anscheinsgefahr ein, handelt sie rechtmäßig. Diese Beurteilung setzt sich auch bei der Frage nach einem etwaigen Schadensersatzanspruch fort.

## 235. Verschulden

**a) Rollstuhlfahrer R hat seinen Wagen auf einem Behindertenparkplatz abgestellt, dabei allerdings versäumt, den dazu erforderlichen Ausweis gut sichtbar in seinem Wagen auszulegen. Polizist P geht irrtümlich von einem Falschparker aus und lässt den Wagen abschleppen (vgl. Fall 56). Hat R einen Anspruch auf Ersatz der Abschleppkosten?**
**b) Wie wäre in Fall a) zu entscheiden, wenn ein ganz besonders sorgfältiger Polizeibeamter in der Lage des P in dem Wagen Vorrichtungen für den Rollstuhl hätte entdecken können und daraus auf einen Wagen für einen Rollstuhlfahrer hätte schließen können?**
**c) Wie wäre es, wenn dem P der R und sein Wagen eigentlich bekannt waren, er sich aber – abgelenkt durch das bevorstehende Schichtende – daran nicht erinnerte?**

a) Nein. Aus der maßgeblichen objektiven ex ante – Perspektive ist P pflichtgemäß vom Vorliegen einer Gefahr ausgegangen. P handelte rechtmäßig, so dass es bereits an dem Bezugspunkt für ein mögliches Verschulden fehlt.

b) Es änderte sich nichts an der rechtlichen Bewertung. Maßgebend ist entsprechend § 276 II BGB der Sorgfaltsmaßstab eines durchschnittlichen Beamten, keiner besonderen Spitzenkraft. Daher ist weiterhin von einer Anscheinsgefahr auszugehen.

c) In diesem Fall wäre das darüber hinausgehende Sonderwissen des konkret handelnden Beamten zu berücksichtigen gewesen. P ist pflichtwidrig von einer Scheingefahr ausgegangen, deren Bekämpfung durch Abschleppenlassen rechtswidrig war. P ist auch nicht entschuldigt, weil er entsprechend § 276 I 1 BGB auch für leichte Fahrlässigkeit haftet. Sofern auch die übrigen Voraussetzungen des Anspruchs auf Schadensersatz aus § 839 BGB vorliegen, kann R teilweise Freistellung von den Abschleppkosten verlangen. Anspruchsmindernd ist ihm allerdings sein Mitverschulden entsprechend § 254 BGB anzurechnen, weil er versäumt hat, den erforderlichen Ausweis gut sichtbar auszulegen.

## 236. Kausaler Schaden

**Auf Grund einer Verwechselung stellt die Polizei den Wagen des Tobias Müller, nicht des Thomas Müller sicher, in dem sich Betäubungsmittel befinden sollen. Noch bevor sich der Irrtum aufklären kann, wird der Wagen bei einem durch Schweißarbeiten einer Fremdfirma verursachten Brand in einer Lagerhalle der Polizei vollständig zerstört. Hat Tobias Müller einen Anspruch gegen das Land als Träger der Polizei auf Schadensersatz für das Fahrzeug?**

Nein. Zwar liegen sowohl eine rechtswidrige Amtspflichtverletzung als auch ein Schaden vor, die für einen Schadensersatzanspruch aus § 839 BGB; Art. 34 GG erforderliche Kausalität zwischen beiden ist jedoch nicht gegeben. Die Zerstörung des Wagens ist nicht adäquat kausal auf die rechtswidrige und schuldhafte Verletzung der Amtspflicht zur Sicherstellung der richtigen Sache zurückzuführen, sondern auf die Schweißarbeiten. Tobias Müller kann seinen Schaden nur gegenüber der Fremdfirma geltend machen.

## 237. Gebrauch eines geeigneten Rechtsmittels

**Die Ordnungsbehörde hat den Obdachlosen O in die Wohnung des Vermieters V eingewiesen, obwohl eine geeignete Notunterkunft zur Verfügung stand, und dem V die ortsübliche Vergleichsmiete als Entschädigung gezahlt. V macht nun als Schadensersatz die wesentlich höhere Miete geltend, die er aus einer anderweitigen Vermietung der Wohnung hätte erzielen können. Zu Recht?**

Nein. Zwar war die Obdachloseneinweisung rechtswidrig, weil für die Ordnungsbehörde die Möglichkeit bestand, mit eigenen Mitteln die aus der unfreiwilligen

Obdachlosigkeit des O resultierende Gefahr für die öffentliche Sicherheit abzuwehren. Dem V ist daraus auch adäquat kausal ein Schaden entstanden. Für ihn hätte aber die Möglichkeit bestanden, sich mit Widerspruch und Anfechtungsklage gegen die Einweisung zu wehren. Gemäß des in § 839 III BGB normierten Vorrangs des Primärrechtsschutzes ist in solchen Fällen ein Schadensersatz aus Amtshaftung ausgeschlossen.

## 238. Mitverschulden des Geschädigten

**Nachdem die Polizei einen Hinweis auf eine Cannabis-Plantage erhalten hatte, durchsuchte sie die Wohnung des C. Beim Aufbrechen einer verschlossenen Schranktür beschädigte Polizist P versehentlich eine auf dem Schrank stehende wertvolle Porzellanfigur, auf die ihn C aber nicht hingewiesen hatte. Kann C den vollen Wert der Porzellanfigur ersetzt verlangen?**

Auch bei einer Wohnungsdurchsuchung ist die Polizei verpflichtet, nur in dem unbedingt notwendigen Umfang Gewalt anzuwenden. P hat daher leicht fahrlässig eine dem C gegenüber bestehende Amtspflicht verletzt, woraus dem C ein Schaden entstanden ist. Der Anspruch des C ist allerdings um eine Mitverschuldensquote gemäß § 254 BGB zu kürzen. Zwar ist das Mitverschulden des C nicht darin zu erblicken, dass er nicht freiwillig alle Schränke geöffnet hat, denn eine Wohnungsdurchsuchung verpflichtet den Betroffenen lediglich zur Duldung der polizeilichen Suchaktion, nicht zur aktiven Mitwirkung daran. Er hat aber versäumt, den P i. S. d. § 254 II 1 BGB auf die Gefahr eines besonders hohen Schadens aufmerksam zu machen bzw. den Schaden durch Forträumen der Figur abzuwenden oder zu mindern.

## 239. Anderweitige Ersatzmöglichkeit

**Nachdem X ein gegen ihn ausgesprochenes Hausverbot in einem Hotel missachtet hat, wird er gemeinsam von dem Hotelier H und dem Polizisten P aus dem Gebäude gedrängt. Beide handeln leicht fahrlässig und verletzen den X dabei. Hat X einen Schadensersatzanspruch gegen das Land als Träger der Polizei?**

Nein. Die Überleitung eines Schadensersatzanspruchs nach Art. 34 S. 1 GG gegen das Land setzte voraus, dass zuvor überhaupt ein Schadensersatzanspruch nach § 839 BGB gegen P entstanden wäre. Ein solcher Anspruch ist aber gemäß § 839 I 2 BGB ausgeschlossen, weil X auch Ersatz von H gemäß § 823 I BGB verlangen kann. Diese Regelung, die ursprünglich den handelnden Beamten selbst entlasten sollte, kommt rechtspolitisch verfehlt im Ergebnis nun dem Land zugute.

## 240. Umfang des Ersatzanspruchs

**Polizisten trugen den Demonstranten D von einer Sitzblockade davon und setzten ihn dermaßen unsanft ab, dass er sich den Knöchel verstauchte und**

**eine Woche nicht arbeiten konnte, wodurch ihm ein wichtiger Geschäftsabschluss entgangen ist. Welche Ansprüche kann D im Rahmen eines Amtshaftungsprozesses gegen das Land geltend machen?**

D kann nicht nur die Kosten der Heilbehandlung nach § 249 II 1 BGB ersetzt verlangen, sondern auch den entgangenen Gewinn aus dem versäumten Geschäftsabschluss gemäß § 252 BGB. Zudem kann er ein angemessenes Schmerzensgeld nach § 253 II BGB verlangen.

## V. Ansprüche auf Auskunft und Akteneinsicht

**Literatur:** *Bohl, Johannes,* Der ewige Kampf des Rechtsanwalts um die Akteneinsicht, NVwZ 2005, S. 133–140; *Husein, Timur,* Die Informationsfreiheitsgesetze der Länder Berlin, Brandenburg, Sachsen, Sachsen-Anhalt und Thüringen, LKV 2010, S. 337–344; *Schoenemann, Peter,* Akteneinsicht und Persönlichkeitsschutz, DVBl 1988, S. 520–527.

### 241. Ansprüche auf Auskunft und Bescheinigungen

**Die Polizei hat die Identität des X festgestellt, ihn einen Tag festgehalten, seinen Wagen und seine Wohnung durchsucht und eine dabei gefundene Haschpfeife sichergestellt. Welche Ansprüche auf Auskunft und Erteilung von Bescheinigungen stehen dem X aus diesen polizeilichen Maßnahmen zu?**

X ist über die Möglichkeit gemäß § 10 II MEPolG zu belehren, die Vernichtung der erkennungsdienstlichen Unterlagen nach Feststellung seiner Identität zu verlangen. Zudem ist ihm der Grund seiner Festnahme nach § 15 I MEPolG mitzuteilen. Auf Verlangen ist ihm eine Bescheinigung über die Durchsuchung des Wagens und ihren Grund zu erteilen, vgl. § 18 II MEPolG. Über die Durchsuchung der Wohnung ist gemäß § 20 IV MEPolG eine Niederschrift zu fertigen, von der dem X eine Abschrift auszuhändigen ist. Dabei ist X darüber zu belehren, dass er die Vernichtung der Niederschrift verlangen kann, sobald deren Aufbewahrung nicht mehr erforderlich ist. Schließlich ist auch über die Sicherstellung der Haschpfeife eine Bescheinigung auszustellen, die den Grund der Sicherstellung erkennen lässt.

### 242. Anspruch auf Akteneinsicht

**a) Der kritische Bürger B will erfahren, welche Daten die Polizei über ihn speichert. Aus welchen Vorschriften können sich entsprechende Ansprüche des B ergeben?**
**b) In welchem Verhältnis stehen diese Ansprüche zueinander?**

a) Im Wesentlichen können sich aus drei Gesetzen Ansprüche auf Mitteilung der gespeicherten Daten ergeben: Zunächst enthalten die Polizeigesetze der Länder – i. d. R. zu Beginn des Abschnitts über die Datenverarbeitung – eine Vorschrift über die Grundsätze der Datenerhebung, welche die Polizei verpflichtet, den Betroffenen jeweils über die von ihm erhobenen Daten zu informieren, sobald der Zweck der

Datenerhebung dadurch nicht beeinträchtigt wird. Außerdem sieht § 29 VwVfG einen Anspruch auf Akteneinsicht vor, der aber nur für die Beteiligten an einem Verwaltungsverfahren gemäß § 13 VwVfG besteht. Schließlich haben zahlreiche Länder Informationsfreiheitsgesetze verabschiedet, die außerhalb laufender Verwaltungsverfahren jedermann einen Anspruch auf Akteneinsicht gewähren, wobei aber zumeist Belange der Strafverfolgung und der Gefahrenabwehr eine Grenze ziehen.

b) Die polizeirechtlichen Regelungen sollen über die Akteneinsicht nach dem VwVfG noch hinausgehen, schließen diese aber grds. nicht aus. Die Informationsfreiheitsgesetze zeichnen sich dadurch aus, dass sie Akteneinsicht auch außerhalb laufender Verwaltungsverfahren gewähren.

## § 19 Ansprüche der Gefahrenabwehrbehörde gegen den Bürger

### I. Kostenersatz

**Literatur:** *Götz, Volkmar,* Kostenrecht der Polizei- und Ordnungsverwaltung, DVBl 1984, S. 14–23; *Seibert, Max-Jürgen,* Gesamtschuld und Gesamtschuldnerausgleich im Polizei- und Ordnungsrecht, DÖV 1983, S. 964–974; *Thum, Cornelius,* Zur kostenrechtlichen Inanspruchnahme und Haftung sog. Trittbrettfahrer, BayVBl 2003, S. 161–168.

#### 243. Kosten der Standardmaßnahmen

a) Die Polizei nimmt den betrunkenen A über Nacht in Gewahrsam. Kann sie die Kosten dafür ersetzt verlangen?
b) Die Polizei hat außerdem den Wagen des A sichergestellt und für zwei Tage auf dem Hof des Polizeipräsidiums verwahrt. Muss der A diese Kosten tragen?
c) In Fall b) ist der Wagen des A versteigert worden, nachdem er trotz Aufforderung länger als zwei Monate nicht abgeholt wurde. Was bedeutet dies für die Verwahrungskosten?

a) Nein. Solange es an einer ausdrücklichen gesetzlichen Regelung fehlt, bleibt es bei dem Grundsatz, dass die Kosten der Polizei aus dem allgemeinen Steueraufkommen getragen werden, m. a. W., dass die Polizei gegenüber dem Betroffenen kostenlos handelt.

b) Ja. Hier finden sich in den Gefahrenabwehrgesetzen jeweils gesonderte Regelungen, vgl. § 25 III MEPolG, wonach die Polizei die Kosten der Sicherstellung und der Verwahrung von dem Verantwortlichen ersetzt verlangen kann.

c) Die Verwahrungskosten können nunmehr aus dem Versteigerungserlös gedeckt werden.

#### 244. Kosten der Zwangsmaßnahmen

a) Die Polizei lässt den im Halteverbot stehenden Wagen des A abschleppen. Kann sie die Kosten ersetzt verlangen?
b) Wie a), aber die Polizei schleppt selbst den Wagen ab.

**c) In Fall a) muss die Polizei durch Einsatz körperlicher Gewalt den empörten A daran hindern, auf den Abschleppunternehmer loszugehen. Kann sie die Kosten für den Einsatz der beteiligten Beamten ersetzt verlangen?**

a) Ja. Die Kosten der Ersatzvornahme als Fremdvornahme sind stets gemäß § 30 I MEPolG ersatzfähig.

b) Ja. Nach den Polizeigesetzen der Länder sind auch die Kosten der Ersatzvornahme als Selbstvornahme erstattungsfähig, vgl. § 30 I MEPolG. Das VwVG des Bundes hingegen ordnet die Selbstvornahme als Unterfall des unmittelbaren Zwangs ein.

c) Nein. Für den unmittelbaren Zwang fehlt es an gesetzlichen Vorschriften über den Kostenersatz.

### 245. Kosten bei Großveranstaltungen

**In der Fußballbundesliga findet ein sog. „Problemspiel" statt. Die Anhänger beider Vereine gelten als tief verfeindet. Die Polizei setzt deshalb mehrere tausend Beamte ein, um die Anhänger beider Vereine zu trennen, was Kosten in Millionenhöhe verursacht. Kann das Land als Träger der Polizei diese Kosten von dem Heimatverein ersetzt verlangen?**

Nach geltendem Recht ist dies nicht möglich. Eine vertragliche Grundlage für den Kostenersatz existiert nicht. Auch aus öffentlich-rechtlicher GoA ergibt sich kein Anspruch auf Aufwendungsersatz, weil die Polizei kein Geschäft des Heimatvereins führt, sondern ihre eigene Aufgabe der Wahrung der öffentlichen Sicherheit und Ordnung wahrnimmt. Ein öffentlich-rechtlicher Erstattungsanspruch wegen Befreiung von einer Verbindlichkeit scheitert zumindest daran, dass die Sicherheitsaufgabe der Polizei eine causa darstellt. Auch unter dem Gesichtspunkt der Ersatzvornahme gibt es keinen Anspruch auf Kostenersatz gegen den Verein. Denn Verhaltensverantwortlicher ist der jeweilige Fan, der Verein könnte nur dann als Zweckveranlasser betrachtet werden, wenn man der objektiven Theorie folgte, wonach eine Störung die typische Folge des Verhaltens des Hintermanns sein muss, sogar falls diese von ihm unerwünscht ist. Selbst wenn man den Verein aber als Zweckveranlasser betrachtete, handelt die Polizei gegenüber dem einzelnen aggressiven Fan durch unmittelbaren Zwang und damit kostenfrei, nicht aber durch kostenpflichtige Ersatzvornahme. Siehe *Schmidt, Thorsten Ingo,* Der Anspruch auf Ersatz von Polizeikosten bei Großveranstaltungen, ZRP 2007, S. 120–123; *Siegel, Thorsten,* Erneut auf dem Prüfstand: Kostentragung für Polizeieinsätze bei Fußballspielen?, DÖV 2014, S. 867–871.

## II. Regressansprüche

### 246. Regress bei Inanspruchnahme des Notstandspflichtigen

**a) Die zuständige Ordnungsbehörde hat den Mieter M, dem wegen Mietrückständen gekündigt worden war, in seine schon bisher benutzte Wohnung des**

**V für die Dauer von drei Monaten eingewiesen und die Mietzahlungen gegenüber V übernommen. Nachdem M durch eine Erbschaft überraschend zu Geld gekommen ist, sucht er sich eine neue, größere Wohnung. Kann die Behörde von M die drei Monatsmieten fordern?**
**b) M hat in diesen drei Monaten außerdem ein Fenster in der Wohnung beschädigt, wofür die Behörde ebenfalls aufgekommen ist. Kann sie auch diesen Betrag von M nun ersetzt verlangen?**

a) Ja. Leistet eine Behörde an einen Notstandspflichtigen, hier den V, eine Entschädigungszahlung, so kann sie von dem Verantwortlichen nach den Gefahrenabwehrgesetzen i. V. m. der entsprechenden Anwendung des § 670 BGB Aufwendungsersatz verlangen, hier von dem M als Verhaltensverantwortlichen.

b) Ja. Zum einen kommt auch hier ein Aufwendungsersatzanspruch analog § 670 BGB in Betracht. Zum anderen stand V gegen M ein Schadensersatzanspruch aus § 823 I BGB zu, und die Behörde durfte dem V nur gegen Abtretung dieses Anspruchs Ersatz leisten. Nun kann die Behörde gemäß § 823 I; § 398 BGB gegen M vorgehen.

## § 20 Rechtsschutz bei Entschädigungs- und Ausgleichsansprüchen

### 247. Überblick über den Rechtsweg

**In welcher Gerichtsbarkeit, vor welchem Gericht und in welcher Klageart sind Ansprüche auf a) Folgenbeseitigung, b) Schadensersatz in Höhe von 4.000 € aus Amtshaftung, c) Schadensersatz in dieser Höhe aus verwaltungsrechtlichem Schuldverhältnis und d) Entschädigung des Notstandspflichtigen in dieser Höhe jeweils einzuklagen?**

a) Der Folgenbeseitigungsanspruch ist gemäß § 40 I 1; § 45 VwGO vor dem VG erster Instanz in Form einer Leistungsklage geltend zu machen. Diese kann im Fall eines Vollzugsfolgenbeseitigungsanspruchs nach § 113 I 2, 3 VwGO mit einer Anfechtungsklage nach § 42 I Alt. 1 VwGO kombiniert werden.

b) Für den Anspruch auf Schadensersatz aus Amtspflichtverletzung darf gemäß Art. 34 S. 3 GG der ordentliche Rechtsweg nicht ausgeschlossen werden, der gemäß § 40 II 1 Hs. 1 VwGO dann zugewiesen wird. Zwar unterschreitet eine Klageforderung von 4.000 € den Zuständigkeitsstreitwert der Amtsgerichte von 5.000 € gemäß § 23 Nr. 1 GVG, so dass an sich dort Klage zu erheben wäre, indes ist das Landgericht für Staatshaftungssachen ohne Rücksicht auf den Streitwert gemäß § 71 II Nr. 2 GVG zuständig. Der Anspruch ist gemäß § 253 ZPO mit einer Leistungsklage geltend zu machen.

c) Bei einem Anspruch auf Schadensersatz in Höhe von 4.000 € aus verwaltungsrechtlichem Schuldverhältnis hängt der Rechtsweg davon ab, woraus das Schuldverhältnis sich ergibt. Folgt das Schuldverhältnis aus verwaltungsrechtlichem Vertrag, ist das VG erster Instanz gemäß § 40 I 1; § 45 VwGO zuständig. Dies entfaltet Bedeutung v. a. für die öffentlich-rechtliche pVV analog § 241 II; § 280 I BGB. Dabei ist eine Leistungsklage zu erheben, keine Verpflichtungsklage, weil der Schadensersatz nicht durch Verwaltungsakt festgesetzt wird. Zweifelhaft ist hingegen der Rechtsweg, wenn ein Anspruch aus öffentlich-rechtlicher CIC geltend gemacht wird. Einerseits könnte man hier den Charakter der CIC als vertragsähnliche Haftung betonen und diese wie die öffentlich-rechtliche pVV behandeln. Andererseits könnte man die CIC auch als einen Schadensersatzanspruch aus der Verletzung öffentlich-rechtlicher Pflichten betrachten, die nicht auf einem verwaltungsrechtlichen Vertrag beruhen, wofür nach § 40 II 1 Hs. 1 VwGO der ordentliche Rechtsweg gegeben ist. In diesem Fall wäre auch wieder § 71 II Nr. 2 GVG einschlägig, so dass trotz des Streitwerts unter 5.000 € das Landgericht zuständig wäre. Auch dieser Anspruch wäre nach § 253 ZPO mit einer Leistungsklage zu verfolgen.

d) Der Anspruch auf Entschädigung des Notstandspflichtigen ist je nach Landesrecht vor den ordentlichen Gerichten oder vor den Verwaltungsgerichten geltend zu machen.

## 248. Verbindung zweier Ansprüche

**Die Ordnungsbehörde schloss mit dem Konzertveranstalter V einen Vertrag über die Durchführung eines Rockkonzerts auf einem öffentlichen Platz. Sie verpflichtete sich u. a. zur Erteilung der erforderlichen Sondernutzungserlaubnis, während er sich zur Übernahme der Reinigungskosten bereit erklärte. Bei einer Besichtigung des Veranstaltungsorts beschädigte ein Mitarbeiter der Ordnungsbehörde fahrlässig einen Teil der Musikanlage, wodurch ein Schaden in Höhe von 3.000 € entstand. V macht Ansprüche auf Schadensersatz sowohl aus verwaltungsrechtlichem Schuldverhältnis als auch aus Amtshaftung geltend.**
**a) V erhebt Klage vor dem Landgericht. Über welche Ansprüche wird das Gericht entscheiden?**
**b) V erhebt stattdessen Klage vor dem Verwaltungsgericht. Über welche Ansprüche wird das Verwaltungsgericht urteilen?**

a) Das Landgericht ist gemäß Art. 34 S. 3 GG; § 40 II 1 Hs. 1 VwGO; § 71 II Nr. 2 GVG zur Entscheidung über den Amtshaftungsanspruch zuständig. Zur Entscheidung über den Anspruch aus verwaltungsrechtlichem Vertrag wäre eigentlich das VG nach § 40 I 1; § 45 VwGO berufen; das Landgericht entscheidet jedoch gemäß § 17 II 1 GVG den Rechtsstreit unter allen in Betracht kommenden rechtlichen Gesichtspunkten. Daher hat es im Zusammenhang mit dem Amtshaftungsanspruch auch über den Anspruch aus verwaltungsrechtlichem Vertrag zu urteilen.

b) Das Verwaltungsgericht hat nach § 40 I 1; § 45 VwGO über den Anspruch aus verwaltungsrechtlichem Vertrag zu urteilen. Hingegen kommt eine verwaltungsgerichtliche Sachentscheidung über den damit im Zusammenhang stehenden Anspruch aus Amtshaftung gemäß § 17 II 1 GVG nicht in Betracht, denn nach Art. 34 S. 3 GG darf für diesen Anspruch der ordentliche Rechtsweg nicht ausgeschlossen werden. Dies greift einfachgesetzlich § 17 II 2 GVG auf. Das Verwaltungsgericht wird stattdessen den Verfahrensteil über den Amtshaftungsanspruch abtrennen und dieses abgetrennte Verfahren nach Anhörung der Beteiligten gemäß § 17a II GVG an das Landgericht verweisen.

## Synopse der polizei- und ordnungsrechtlichen Normen

| | Bund | Baden-Württemberg | Bayern | | Berlin | Brandenburg | | Bremen | Hamburg | Hessen | Mecklenburg-Vorpommern |
|---|---|---|---|---|---|---|---|---|---|---|---|
| ME-PolG | BPolG | PolG BW | Bay PAG | Bay LStVG | Bln ASOG | Bbg PolG | Bbg OBG | Brem PolG | Hbg SOG | HSOG | SOG MV |
| § 1 I | § 1 V | § 1 I 1 | Art. 2 I | Art. 6 | § 1 I, III | § 1 I | § 1 I | § 1 I | § 3 I | § 1 I | § 1 I |
| § 1 II | § 1 IV | § 2 II | Art. 2 II | – | § 1 IV | § 1 II | – | § 1 II | § 3 III | § 1 III | § 1 III |
| § 1 III | - | § 60 V | Art. 2 III | – | § 1 V | § 1 III | § 2 | § 1 III | – | § 1 V | § 7 II |
| § 1 IV | § 1 II | § 1 II | Art. 2 IV | – | § 1 II | § 1 IV | § 1 II, III | § 1 IV | – | § 1 II | § 2 II 1 |
| § 1a | – | § 2 I | Art. 3 | – | § 4 I | § 2 | § 1 II | § 64 I 2, 3 | § 3 II 1 lit. a, 2 | § 2 S. 1 | – |
| § 2 I | § 15 I | § 5 I | Art. 4 I | Art. 8 I | § 11 I | § 3 I | § 14 I | § 3 I | § 4 II 1 | § 4 I | § 15 I 1 |
| § 2 II | § 15 II | § 5 II | Art. 4 II | Art. 8 II | § 11 II | § 3 II | § 14 II | § 3 II | § 4 III | § 4 II | § 15 II |
| § 2 III | § 15 III | – | Art. 4 III | Art. 8 III | § 11 III | § 3 III | § 14 III | § 3 III | § 5 | § 4 III | § 15 III |
| § 3 I | § 16 I | § 3 | Art. 5 I | – | § 12 I | § 4 I | § 15 | § 4 I | § 4 II 1 | § 5 I | § 14 I |
| § 3 II | § 16 II | – | Art. 5 II | – | § 12 II | § 4 II | § 20 | § 4 II | § 4 IV 1 | § 5 II | § 14 II |
| § 4 I | § 17 I | § 6 I | Art. 7 I | Art. 9 I 1 | § 13 I | § 5 I | § 16 I | § 5 I | § 8 I | § 6 I | § 69 I |
| § 4 II | § 17 II | § 6 II | Art. 7 II 1 | Art. 9 I 2 | § 13 II | § 5 II | § 16 II | § 5 II | § 8 II | § 6 II | § 69 II |
| § 4 III | § 17 III | § 6 III | Art. 7 III | Art. 9 I 4 | § 13 III | § 5 III | § 16 III | § 5 III | § 8 III | § 6 III | § 69 III |
| § 5 I | § 18 I 1 | § 7 Var. 2 | Art. 8 I | Art. 9 II 1 | § 14 I | § 6 I 1 | § 17 I | § 6 I | § 9 I 3 Var. 1 | § 7 I | § 70 I 1 |
| § 5 II | § 18 II | § 7 Var. 1 | Art. 8 II | Art. 9 II 2 | § 14 III | § 6 II | § 17 II | § 6 II | § 9 I 1, II | § 7 II | §§ 70 I, II 2 |
| § 5 III | § 18 III | – | Art. 8 III | – | § 14 IV | § 6 III | § 17 III | § 6 III | § 9 I 2 | § 7 III | § 70 III |
| § 5a I | § 19 I | § 8 I | Art. 9 I | – | § 15 I | – | – | – | § 7 I, II | § 8 I | § 70a |
| § 5a II | § 19 II 1 und 3 | § 8 II | Art. 9 II | – | § 15 II 1 und 3 | – | – | – | § 7 III 1 | § 8 II | – |
| § 6 I | § 20 I 1 | § 9 I | Art. 10 I | Art. 9 III | § 16 I | § 7 I | § 18 I | § 7 I | § 10 I, II | § 9 I | § 71 I |
| § 6 II | § 20 I 2 | § 9 II | Art. 10 II | – | § 16 II | § 7 II | § 18 II | § 7 II | § 10 I | § 9 II | – |

| | Nieder-sachsen | Nordrhein-Westfalen | | Rhein-land-Pfalz | Saarland | Sachsen | Sachsen-Anhalt | Schles-wig-Hol-stein | Thüringen | |
|---|---|---|---|---|---|---|---|---|---|---|
| **MEPolG** | **NSOG** | **PolG NW** | **OBG NW** | **POG RP** | **Saarl PolG** | **Sächs PolG** | **SOG LSA** | **LVwG SH** | **Thür PAG** | **Thür OBG** |
| § 1 I | § 1 I | § 1 I 1, 2 | § 1 I | § 1 I | § 1 II | § 1 I | § 1 I 1, 2, § 2 I | § 168 I | § 2 I | § 2 I |
| § 1 II | § 1 III | § 1 II | – | § 1 III | § 1 III | § 2 II | § 1 II | § 162 II | § 2 II | § 2 II |
| § 1 III | § 1 IV | § 1 III | § 2 | § 1 IV | § 1 IV | § 61 I | § 2 III | § 168 II 1 Nr. 1 | § 2 III | § 3 II |
| § 1 IV | § 1 V | § 1 IV | § 1 III | § 1 II | – | § 1 II | § 1 III | § 163 II 1 Var. 2 | § 2 IV | – |
| § 1a | § 1 II | § 1 I 3, 4 | § 6 I 1, III | § 1 VIII 1, 2 | § 85 II | § 2 I | § 1 I 4, § 2 II | § 168 I Nr. 2, 3 | § 3 | § 3 I |
| § 2 I | § 4 I | § 2 I | § 15 I | § 2 I | § 2 I | § 3 II | § 5 I | § 73 III | § 4 I | § 6 I |
| § 2 II | § 4 II | § 2 II | § 15 II | § 2 II | § 2 II | § 3 III | § 5 II | § 73 II | § 4 II | § 6 II |
| § 2 III | § 4 III | § 2 III | § 15 III | § 2 III | § 2 III | § 3 IV | § 5 III | – | § 4 III | § 6 III |
| § 3 I | § 5 I | § 3 I | § 16 | § 3 I | § 3 I | § 3 II | § 6 I | § 174 | § 5 I | § 7 I |
| § 3 II | § 5 II | § 3 II | § 21 S. 1, 2 | § 3 II | § 3 II | § 3 II | § 6 II | – | § 5 II | § 7 II |
| § 4 I | § 6 I | § 4 I | § 17 I | § 4 I | § 4 I | § 4 I | § 7 I | §§ 217, 218 I | § 7 I | § 10 I |
| § 4 II | § 6 II | § 4 II 1 | § 17 II 1 | § 4 II | § 4 II 1 | § 4 II | § 7 II | §§ 217, 218 II | § 7 II | § 10 II |
| § 4 III | § 6 III | § 4 III | § 17 III | § 4 III | § 4 III | § 4 III | § 7 III | §§ 217, 218 III | § 7 III | § 10 III |
| § 5 I | § 7 I | § 5 I 1 | § 18 II 1 | § 5 I 1 | § 5 I 1 | § 5 Var. 2 | § 8 I | § 219 II | § 8 I | § 11 I |
| § 5 II | § 7 II | § 5 II | § 18 I 1, II 2 | § 5 II | § 5 II | § 5 Var. 1 | § 8 II | § 219 I, II | § 8 II | § 11 II |
| § 5 III | § 7 III | § 5 III | § 18 III | § 5 III | § 5 III | – | § 8 III | § 219 III | § 8 III | § 11 III |
| § 5a I | – | – | – | § 6 I | – | § 6 I | § 9 I | – | § 9 I | § 12 I |
| § 5a II | – | - | – | § 6 II | – | § 6 II | § 9 II 1, 4 | – | § 9 II 1, 3 | § 12 II |
| § 6 I | § 8 I | § 6 I | § 19 I | § 7 I | § 6 I | § 7 I | § 10 I | § 220 I | § 10 I | § 13 I |
| § 6 II | § 8 II | § 6 II | § 19 II | § 7 II | § 6 II | § 7 II | § 10 II | – | § 10 II | § 13 II |

| | **Bund** | **Baden-Württemberg** | **Bayern** | | **Berlin** | **Brandenburg** | | **Bremen** | **Hamburg** | **Hessen** | **Mecklenburg-Vorpommern** |
|---|---|---|---|---|---|---|---|---|---|---|---|
| **ME-PolG** | **BPolG** | **PolG BW** | **Bay PAG** | **Bay LStVG** | **Bln ASOG** | **Bbg PolG** | **Bbg OBG** | **Brem PolG** | **Hbg SOG** | **HSOG** | **SOG MV** |
| § 7 | § 70 | § 4 | Art. 74 | Art. 58 S. 1 | § 66 | § 8 | § 43 | §§ 9, 46 II 2 HS. 2,- 40 I Brem PolG iVm § 21 Brem-VwVG | § 31 | § 10 | § 78 |
| § 8 I | § 14 I | § 3 | Art. 11 I | Art. 7 II | § 17 I | § 10 I | § 13 I | § 10 I | § 3 I | § 11 | § 13 |
| § 8 II | § 14 III 1 und 2 | – | Art. 11 III | – | § 17 II | § 10 II | § 13 II | § 10 II | – | – | – |
| § 8a I | § 21 I | §§ 20 II, 60 III | Art. 31 I | Art. 16 I Bay-DSG | § 18 I 1 und 2 | § 30 I | § 23 Nr. 2 iVm § 30 I Bbg-PolG | § 28 I | § 6 HbgPol-EDVG | § 13 I | § 27 I |
| § 8a II | § 21 II | § 20 III | – | – | § 18 I 3 | § 30 I | § 23 Nr. 2 iVm § 30 I Bbg-PolG | § 28 II | § 6 HbgPol-EDVG | – | – |
| § 8a III | – | §§ 20 IV 1 und 2, 60 III | Art. 31 II | – | § 19 S. 1 und 2 | § 30 II | § 23 Nr. 2 iVm § 30 II Bbg-PolG | § 28 III, IV | § 5 I 1 HbgPol-EDVG | – | – |
| § 8a IV | § 21 III | §§ 19 I, II, 20 IV 3 | Art. 30 II, III | Art. 16 II 1 und 2 Bay-DSG | § 18 II, IV | §§ 29 II, 30 II 2 | § 23 Nr. 2 iVm §§ 29 II, 30 II Bbg-PolG | § 27 I, II | §§ 2 II, III; 5 I 2 Hbg-Pol-EDVG | § 13 VII | § 26 II |
| § 8a V | § 21 IV 1 und 3 | § 19 III 1 | Art. 30 IV 1 | Art. 16 IV Bay-DSG | § 18 V 1 | § 29 IV | – | § 27 I 3 | § 2 IV 1 Hbg-Pol-EDVG | § 13 VIII | § 26 III |
| § 8b I | – | § 20 IV 1 Nr. 2 | Art. 32 I 1, IV | – | § 24 I 1, II | § 31 I | § 23 Nr. 2 iVm § 31 I Bbg-PolG | § 29 I, IV | § 8 I HbgPol-EDVG | § 14 I | § 27 II |

| | **Niedersachsen** | **Nordrhein-Westfalen** | | **Rheinland-Pfalz** | **Saarland** | **Sachsen** | **Sachsen-Anhalt** | **Schleswig-Holstein** | **Thüringen** | |
|---|---|---|---|---|---|---|---|---|---|---|
| **MEPolG** | **NSOG** | **PolG NW** | **OBG NW** | **POG RP** | **Saarl PolG** | **Sächs PolG** | **SOG LSA** | **LVwG SH** | **Thür PAG** | **Thür OBG** |
| § 7 | § 10 | § 7 | § 44 | § 8 | § 7 | § 79 | § 11 | § 227 | § 11 | § 14 |
| § 8 I | § 11 | § 8 I | § 14 I | § 9 I 1 | § 8 I | § 3 I | § 13 | §§ 174, 176 I | § 12 I | § 5 I |
| § 8 II | – | § 8 II | § 14 II | § 9 II | § 8 II | – | – | – | § 12 III | § 5 II |
| § 8a I | § 31 I 1 | - | – | – | § 26 I | § 36 I, III | § 15 I | § 179 I | § 32 I | § 26 iVm § 19 I, II Thür-DSG |
| § 8a II | § 31 II | – | – | § 26 III 1 | § 26 II | – | § 15 II | § 179 II | – | § 26 iVm § 19 II 2, 3 Thür-DSG |
| § 8a III | § 31 III | § 11 | § 24 Nr. 3 iVm § 11 PolG NW | § 26 IV | § 26 III | – | – | § 179 IV 1, 2, 4, 5 | § 32 II | – |
| § 8a IV | § 30 II | § 9 IV | § 24 Nr. 1 iVm § 9 IV PolG NW | § 26 V | § 25 II, III 1 | § 36 II 1, V 1, 2 | § 15 VI, V | § 178 I, II 1, 2 | § 31 III | § 26 iVm § 19 III 1 Thür-DSG |
| § 8a V | § 30 IV | § 9 VI | § 24 Nr. 1 iVm § 9 VI PolG NW | – | § 25 V 1 | § 36 II 3 | § 15 VII 1 | § 178 III | § 31 IV | § 26 iVm § 19 III 2 Thür-DSG |
| § 8b I | § 32 I 1 | § 15 I | § 24 Nr. 6 iVm § 15 I PolG NW | – | § 27 I 1, V 1 | § 37 I 1, III | § 16 I, IV 1 | § 184 I 1 | § 33 I | § 26 Nr. 1 S. 1 Var. 1, S. 2 |

| | Bund | Baden-Württemberg | Bayern | | Berlin | Brandenburg | | Bremen | Hamburg | Hessen | Mecklenburg-Vorpommern |
|---|---|---|---|---|---|---|---|---|---|---|---|
| **ME-PolG** | **BPolG** | **PolG BW** | **Bay PAG** | **Bay LStVG** | **Bln ASOG** | **Bbg PolG** | **Bbg OBG** | **Brem PolG** | **Hbg SOG** | **HSOG** | **SOG MV** |
| § 8b II | § 26 I, III | § 21 I 1, V 2 | Art. 32 I 1, IV, V | – | – | – | § 23 Nr. 2 iVm § 31 I BbgPolG | – | § 8 I HbgPol-EDVG | – | – |
| § 8b III | – | – | – | – | § 24 III | § 31 I 5 | § 23 Nr. 2 iVm § 31 I BbgPolG | § 29 IV | § 8 VII HbgPol-EDVG | – | – |
| § 8c I | § 28 I 1, III 1 | § 22 III, VI | Art. 33 II 1, V | – | § 25 I, II 1, III 1 | §§ 32 I, II; 33 I, II; 33a I, IV; 34 I, II; 35 I, IV | – | §§ 30, 32 I, II, III; 33 I, III, VIII; 34 I; 35 I, III, IV | §§ 9 I, II 1; 10 I; 11 I, II 2; 12 I, IV 1 HbgPol-EDVG | § 15 II | § 34 II |
| § 8c II | § 28 II | § 22 I | Art. 33 I | – | § 25 I 1 | §§ 32 I, II; 33 I, II; 33a I, IV; 34 I, II; 35 I, IV | – | §§ 30, 32 I, II, III; 33 I, III, VIII; 34 I; 35 I, III, IV | §§ 9 I, II 1; 10 I; 11 I, II 1; 12 I, IV 1 HbgPol-EDVG | § 15 I | § 34 I |
| § 8c III | – | § 23 I 1, III 1 und 8 HS 1 | Art. 34 I, IV 1 | – | § 25 IV 1, V 1 | § 33a | – | §§ 33 II, III, VIII; 35 III 3 | § 10 II, III, IV 1; 9 I 1 Nr. 1 HbgPol-EDVG | § 15 IV | § 34b |
| § 8c IV | – | § 23 VII 6 | – | – | § 25 IX | – | – | – | – | – | – |
| § 8c V | § 28 V | § 23 VI 1, 2 | Art. 34 VI 1, 2 | – | § 25 VIIa | §§ 29 VII 33a VI; 33b VIII; 34 III; 35 V | – | § 33 V | §§ 9 III, 10a VI 1, 5; 11 II 1; 12 IV 1 HbgPol-EDVG | – | – |
| § 8d I | §§ 30 I 1, 31 I 1, II | § 25 I 1 | Art. 36 I | – | § 27 I, II | § 36 I, II | – | § 31 I, II | § 13 I, HbgPol-EDVG | § 17 I. II | § 35 I |
| § 8d II | § 31 II, III | § 25 I 1, II 1 | Art. 36 I, III 1 | – | § 27 II, III 1 | § 36 I, III 1 | – | § 31 I, III, IV | §§ 13 III 1, 9 II 1, 2 HbgPol-EDVG | § 17 IV | § 35 II |

| | **Niedersachsen** | **Nordrhein-Westfalen** | | **Rheinland-Pfalz** | **Saarland** | **Sachsen** | **Sachsen-Anhalt** | **Schleswig-Holstein** | **Thüringen** | |
|---|---|---|---|---|---|---|---|---|---|---|
| **MEPolG** | **NSOG** | **PolG NW** | **OBG NW** | **POG RP** | **Saarl PolG** | **Sächs PolG** | **SOG LSA** | **LVwG SH** | **Thür PAG** | **Thür OBG** |
| § 8b II | – | – | – | § 27 II S. 1 | – | – | – | – | – | § 26 Nr. 2 iVm § 12a I 1, II Hs. 1, 19a VersG |
| § 8b III | § 32 III 3 iVm §§ 12 III, 17 III NVersG | § 15 II | § 24 Nr. 6 iVm § 15 II PolG NW | – | – | §§ 37 III Hs. 2; 43 VI 1 | § 16 IV 6 | – | § 33 V | – |
| § 8c I | – | § 16a I u. II, § 17 I u. II, § 19 I u. II, § 20 I u. IV | – | § 28 I, III u. IV | § 28 I | § 38 I, II, IV 1, 2 | § 17 II | § 185 II | § 34 III | – |
| § 8c II | – | § 16a I, § 17 I, 19 I, § 20 I | – | § 28 II Nr. 1 – 4 | § 28 II | § 38 I | § 17 I | § 185 I | § 34 I | – |
| § 8c III | – | § 18 I u. II | – | § 29 I u. III | § 28a I, III 1, 4, IV 1 | § 41 I 1, III 1, 2 | § 17 IV, V 1, 2 | § 185 III | – | – |
| § 8c IV | – | – | – | – | § 28 IV | § 38 X 2 | § 17 VI | – | § 33 III 1 | – |
| § 8c V | – | § 16a III, § 17 V, § 19 III, § 20 V | – | – | § 28 V | § 38 VIII 1, 2 | § 17 VII | – | – | – |
| § 8d I | § 37 I | § 21 I | – | § 32 I | § 29 I | § 40 I 1, III 1 | § 19 I, II | § 187 I 1, 2 | § 37 I, | – |
| § 8d II | § 37 I, III 1, 2 | § 21 III | – | § 32 I, III 1 | § 29 II | – | § 19 IV | § 187 I 2 – 4 | § 37 I 1, III 1 | – |

| | **Bund** | **Baden-Württemberg** | **Bayern** | | **Berlin** | **Brandenburg** | | **Bremen** | **Hamburg** | **Hessen** | **Mecklenburg-Vorpommern** |
|---|---|---|---|---|---|---|---|---|---|---|---|
| **ME-PolG** | **BPolG** | **PolG BW** | **Bay PAG** | **Bay LStVG** | **Bln ASOG** | **Bbg PolG** | **Bbg OBG** | **Brem PolG** | **Hbg SOG** | **HSOG** | **SOG MV** |
| § 8d III | § 31 IV 1–4 | § 25 II 2, 3 | Art. 36 III 2 und 3 | – | § 27 III 2, 4 und 5 | § 36 III 2, 4, 5 | – | § 31 IV 6, 7 | § 13 III 2–5 HbgPol-EDVG | § 17 IV | § 35 II |
| § 8d IV | § 31 V | § 25 III | Art. 36 IV | – | § 27 IV | – | – | § 31 IV 8 | § 13 IV 1 Hbg-Pol-EDVG | § 17 VI | § 35 II |
| § 9 I | § 23 I, II | §§ 26 I, 60 III | Art. 13 I | – | § 21 I, II | § 12 I | § 23 iVm § 12 I Bbg-PolG | § 11 I | § 4 I HbgPol-EDVG | § 18 I | § 29 I |
| § 9 II | § 23 III | §§ 26 II 1,2 und 3, 60 III | Art. 13 II | – | § 21 III | § 12 II | § 23 iVm § 12 II Bbg-PolG | § 11 II,III, IV | § 4 IV HbgPol-EDVG | § 18 III | § 29 II |
| § 9 III | § 23 IV | §§ 26 III, 60 III | Art. 13 III | – | § 22 | § 14 | § 23 iVm § 14 Bbg-PolG | § 11 V | § 4 V HbgPol-EDVG | § 18 VII | § 30 |
| § 10 I | § 24 I | § 36 I | Art. 14 I | – | § 23 I | § 13 II | – | § 11b I | § 7 I HbgPol-EDVG | § 31 I | § 31 I |
| § 10 II | § 24 II 1 | § 36 III 1 | Art. 14 II | – | § 23 II | § 13 III, IV | – | § 11b II 1 | § 7 II HbgPol-EDVG | § 31 III | § 31 III |
| § 10 III | § 24 III | § 36 II | Art. 14 III | – | § 23 III | § 13 I | – | § 11b III | § 7 III 1 Hbg-Pol-EDVG | § 31 II | § 31 II |
| § 10a I | § 29 I 1 | §§ 37 I 1, 60 III | Art. 38 I | Art. 17 I Bay-DSG | § 42 I | § 39 I | § 23 Nr. 2 iVm § 39 I Bbg-PolG | §§ 36a I 1, III 1; 36b I | § 16 I HbgPol-EDVG | § 20 I | § 36 I |
| § 10a II | § 29 I 3 und 4 | §§ 37 II, 60 III | Art. 37 II | – | § 42 II 1 und 2 | § 38 I | § 23 Nr. 2 iVm § 38 I Bbg-PolG | §§ 36a I 2; 36b I | § 14 I 1, 2 HbgPol-EDVG | § 20 II | § 36 I |

| | Niedersachsen | Nordrhein-Westfalen | | Rheinland-Pfalz | Saarland | Sachsen | Sachsen-Anhalt | Schleswig-Holstein | Thüringen | |
|---|---|---|---|---|---|---|---|---|---|---|
| **MEPolG** | **NSOG** | **PolG NW** | **OBG NW** | **POG RP** | **Saarl PolG** | **Sächs PolG** | **SOG LSA** | **LVwG SH** | **Thür PAG** | **Thür OBG** |
| § 8d III | § 37 III 3, 4 | § 21 III 3 – 6 | – | § 32 III 2 – 5 | § 29 III | § 40 II | § 19 IV 2, 4, V | § 187 II 1, 2 | § 37 III 2, 3 | – |
| § 8d IV | – | – | – | – | § 29 IV 1 | § 40 IV | § 19 VI | § 187 III 1 | § 37 IV | – |
| § 9 I | § 13 I | § 12 I | § 24 Nr. 4 iVm § 12 I PolG NW | § 10 I | § 9 I | § 19 I 1 | § 20 I, II | § 181 I | § 14 I | § 15 I |
| § 9 II | § 13 II | § 12 II | § 24 Nr. 4 iVm § 12 II PolG NW | § 10 II | § 9 II | § 19 II | § 20 III, IV | § 181 II, III 1, 2, 3 | § 14 II | § 15 II 1–4 |
| § 9 III | § 13 III | § 13 | § 24 Nr. 5 iVm § 13 PolG NW | § 10 III | § 9 III | § 19 III | § 20 VII | § 182 | § 15 | § 15 IV |
| § 10 I | § 15 I | § 14 I | – | § 11 I | § 10 I | § 20 I | § 21 II | § 183 I 1, 2 | § 16 I | – |
| § 10 II | § 15 II | § 14 II | – | § 11 II | § 10 II | § 20 III | § 21 III 1 | § 183 III | § 16 II | – |
| § 10 III | § 15 III | § 14 IV | – | § 11 III | § 10 III | § 20 II | § 21 I | § 183 II | § 16 III | – |
| § 10a I | § 38 I 1 | § 24 I | § 24 Nr. 8 iVm § 24 I PolG NW | § 33 I | § 30 I 1 | § 43 I 1 | § 22 I 1 | § 188 I 1 | § 40 I | § 26 iVm § 20 I 1 Thür-DSG |
| § 10a II | § 39 I 1 | § 23 I | § 24 Nr. 7 iVm § 23 I PolG NW | § 33 II 1, 2 | § 30 I 2, 3 | § 43 I 2 - 4 | § 22 II | § 188 I 2, 3 | § 39 | § 26 iVm § 20 I 2 Thür-DSG |

| | **Bund** | **Baden-Württemberg** | **Bayern** | | **Berlin** | **Brandenburg** | | **Bremen** | **Hamburg** | **Hessen** | **Mecklenburg-Vorpommern** |
|---|---|---|---|---|---|---|---|---|---|---|---|
| **ME-PolG** | **BPolG** | **PolG BW** | **Bay PAG** | **Bay LStVG** | **Bln ASOG** | **Bbg PolG** | **Bbg OBG** | **Brem PolG** | **Hbg SOG** | **HSOG** | **SOG MV** |
| § 10a III | § 29 II 1 | § 38 I 1 | Art. 38 II 1 | – | § 42 III | § 39 II 1 | – | § 36b V | § 16 II 3 Hbg-Pol-EDVG | § 20 IV | § 37 I |
| § 10a IV | § 29 III | § 38 VI 1 und 2 | – | – | § 43 I | § 39 IV | – | § 36b VIII | § 16 III HbgPol-EDVG | – | – |
| § 10a V | § 29 IV | § 37 I 3 | – | – | § 43 II | § 38 II 1 | § 23 Nr. 2 iVm § 38 V Bbg-PolG | § 36a III 2 | § 14 III 1 Hbg-Pol-EDVG | § 20 VI | § 36 II |
| § 10a VI | § 29 VI 1 | § 37 III 1 | Art. 38 V 1 | – | § 42 IV | § 38 VI, VII | § 23 Nr. 2 iVm § 38 VI, VII Bbg-PolG | – | § 17 I 1, II 1 HbgPol-EDVG | § 20 VII | § 36 IV |
| § 10b | § 29 V | §§ 37 IV, 60 III | Art. 38 I | – | § 42 I | § 39 I | § 23 Nr. 2 iVm § 39 I Bbg-PolG | § 36a V | § 16 I HbgPol-EDVG | § 20 VIII | § 38 |
| § 10c I | § 32 I | § 42 I | Art. 40 I 1 | Art. 18 I Bay-DSG | § 44 I 1 HS 1 | § 42 I | § 23 Nr. 2 iVm § 42 I Bbg-PolG | § 36d I, II | §§ 18 I 1, 19 I HbgPol-EDVG | § 22 I | § 41 |
| § 10c II | § 32 II | §§ 42 II, 44 I 60 III | Art. 40 III | – | § 44 I 1 HS 1 | § 43 II | § 23 Nr. 2 iVm § 43 II Bbg-PolG | § 36d I, II | § 20 II HbgPol-EDVG | § 22 II | § 41 |
| § 10c III | § 32 II, IV | §§ 42 VII 1, 60 III | Art. 40 IV, 41 I | – | §§ 44 II, 45 I | §§ 43 III; 44 I, II | § 23 Nr. 2 iVm § 43 III Bbg-PolG | §§ 36f I, 36g I, II | §§ 20 I 1, 21 S. 1 HbgPol-EDVG | – | – |

| | **Niedersachsen** | **Nordrhein-Westfalen** | | **Rheinland-Pfalz** | **Saarland** | **Sachsen** | **Sachsen-Anhalt** | **Schleswig-Holstein** | **Thüringen** | |
|---|---|---|---|---|---|---|---|---|---|---|
| **MEPolG** | **NSOG** | **PolG NW** | **OBG NW** | **POG RP** | **Saarl PolG** | **Sächs PolG** | **SOG LSA** | **LVwG SH** | **Thür PAG** | **Thür OBG** |
| § 10a III | § 39 III 1, 2 | § 24 II 1 | | § 33 V 1 | § 30 II | § 43 II 1 | § 23 | – | § 40 II 1 | § 26 iVm § 20 II Nr. 7 Thür-DSG |
| § 10a IV | – | – | – | § 33 IV | § 30 III | – | § 22 IV | – | § 31 I, V | – |
| § 10a V | – | § 23 II 1 | § 24 Nr. 7 iVm § 23 II S. 1 PolG NW | – | § 30 IV | – | § 22 VI | § 188 II | – | – |
| § 10a VI | § 39 VII | § 24 VI Hs. 1, VII 1 | § 24 Nr. 8 iVm § 24 VI Hs. 1, VII 1 PolG NW | § 33 VII 1 | § 30 VI | § 43 VI 1 | § 25 I 1 | § 188 IV 1 | § 40 IV 1 | – |
| § 10b | § 39 II | § 24 I | § 24 Nr. 8 iVm § 24 I PolG NW | – | § 31 | § 43 I 1 | § 22 V | § 190 S. 1, 2 | § 40 I | – |
| § 10c I | § 41 S. 1 | § 27 I | § 24 Nr. 10 iVm § 27 I PolG NW | § 34 I 1 | § 33 I | § 14 I Var. 1 Sächs-DSG | § 27 I 1, 4 | § 192 I 1, 2 | § 41 I 1, 3 | § 41 I PAG |
| § 10c II | § 41 S. 2 | § 28 II | § 24 Nr. 11 iVm § 28 II PolG NW | § 34 II | § 34 I 1 | – | § 27 I 3 | § 192 II, I 1, 2 | § 41 II 1 | § 41 II PAG |
| § 10c III | § 43 I | § 28 I, III, § 29 I | § 24 Nr. 11 iVm § 28 I, III, § 29 I PolG NW | § 34 III | § 34 I 2 | § 14 I Sächs-DSG | § 27 II | § 191 I 2 | § 41 III 1, 2 | § 26 iVm § 21 I Thür-DSG |

| | **Bund** | **Baden-Württemberg** | **Bayern** | | **Berlin** | **Brandenburg** | | **Bremen** | **Hamburg** | **Hessen** | **Mecklenburg-Vorpommern** |
|---|---|---|---|---|---|---|---|---|---|---|---|
| **ME-PolG** | **BPolG** | **PolG BW** | **Bay PAG** | **Bay LStVG** | **Bln ASOG** | **Bbg PolG** | **Bbg OBG** | **Brem PolG** | **Hbg SOG** | **HSOG** | **SOG MV** |
| § 10c IV | §§ 32 III, 33 III 2, VI 1 | §§ 43 I, II 1, 2, 60 III | Art. 40 V, 39 II | Art. 21 I, II 1 und 2, IV Bay-DSG | § 44 III | §§ 41 IV; 43 IV | § 23 Nr. 2 iVm § 43 IV Bbg-PolG | § 36f II, IV, V | §§ 20 III, 18 V 2, HbgPol-EDVG | § 22 III | § 43 II |
| § 10c V | – | – | – | – | – | § 41 I | § 23 Nr. 2 iVm § 41 I Bbg-PolG | §§ 36c I; 36f III iVm 36b VI 1, VII | § 18 I 1, 2 HbgPol-EDVG | § 21 I | § 40 I |
| § 10c VI | – | § 41 II 2 | Art. 39 III 1 | Art. 22 S. 1 Bay-DSG | – | § 41 II | § 23 Nr. 2 iVm § 41 II Bbg-PolG | § 36b III | § 18 III HbgPol-EDVG | § 21 II | § 45 I 3 |
| § 10c VII | – | § 40 I 1 | Art. 42 I 1 | – | § 44 VII 1 | § 45 I, II 1 | – | §§ 36c III; 36d I | – | § 22 V | § 44 I |
| § 10c VIII | § 33 I | § 41 I 1 und 2 | Art. 39 I 1, 2, 3 | Art. 18 II 3 Bay-DSG | § 44 V | §§ 45 II, 41 III | § 23 Nr. 2 iVm § 41 III Bbg-PolG | § 36d II | § 18 IV 2–4 HbgPol-EDVG | § 21 IV | – |
| § 10c IX | § 33 VI 1 | § 41 II 1 | Art. 39 II 1 | Art. 18 III 1 Bay-DSG | § 44 VI | § 41 IV 1 | § 23 Nr. 2 iVm § 41 IV Bbg-PolG | § 36g I 2 | § 18 V 1 Hbg-Pol-EDVG | § 21 VI | § 40 I |
| § 10c X | § 32 V | § 42 VIII | Art. 39 V | – | § 44 VIII | – | – | § 36c III | § 20 IV HbgPol-EDVG | § 21 VII | – |
| § 10d I | § 33 VII | § 42 III 1, 2 | Art. 46 I | Art. 8 I Bay-DSG | § 46 I | § 49 I iVm § 9 Bbg-DSG | – | § 36e I iVm § 14 II 2,3 Brem-DSG | § 27 I 1, 3 HbgPol-EDVG | § 24 I | § 42 I |

| | Nieder-sachsen | Nordrhein-Westfalen | | Rhein-land-Pfalz | Saarland | Sachsen | Sachsen-Anhalt | Schles-wig-Hol-stein | Thüringen | |
|---|---|---|---|---|---|---|---|---|---|---|
| **MEPolG** | **NSOG** | **PolG NW** | **OBG NW** | **POG RP** | **Saarl PolG** | **Sächs PolG** | **SOG LSA** | **LVwG SH** | **Thür PAG** | **Thür OBG** |
| § 10c IV | § 43 II | § 28 IV | § 24 Nr. 11 iVm § 28 IV PolG NW | § 34 III | § 34 II | § 14 I Var. 4, 5, § 17 I, IV Sächs-DSG | § 27 III | § 193 II | § 41 IV 1, 4, 5 | § 26 iVm § 23 I, III Thür-DSG |
| § 10c V | § 40 I | § 26 I | § 24 Nr. 9 iVm § 26 I PolG NW | – | § 32 I 1, II 1 | – | § 27 IV | § 191 I 1 | § 41 V | – |
| § 10c VI | § 39 I 3 | § 26 II | § 24 Nr. 9 iVm § 26 II PolG NW | § 35 IV | § 32 III | – | § 26 II 1 | § 191 II | § 41 VI | § 26 iVm § 24 I Thür-DSG |
| § 10c VII | § 41 S. 2 | § 30 I, II 1, 4 | § 24 Nr. 11 iVm § 30 I, II 1, 4 PolG NW | § 34 VI | – | § 14 Var. 1 Sächs-DSG | § 27 V 1 | – | § 41 VII | – |
| § 10c VIII | – | § 26 III | § 24 Nr. 9 iVm § 26 III PolG NW | § 35 I | § 32 IV | – | – | § 191 III | § 41 VIII | § 26 iVm § 21 II Thür-DSG |
| § 10c IX | – | § 26 IV 1 | § 24 Nr. 9 iVm § 26 IV 1 PolG NW | § 35 II 1 | § 32 V | § 14 III 1 Sächs-DSG | – | § 191 V | § 41 IX 1 | § 26 iVm § 21 III 1 Thür DSG |
| § 10c X | – | – | – | – | § 32 VI | – | – | – | – | – |
| § 10d I | § 42 I iVm § 12 NDSG | § 33 V | – | § 36 iVm § 7 I 1 DSG NW | § 35 I 1 | § 48 I | – | § 194 I 1 | § 42 I | – |

| | **Bund** | **Baden-Württemberg** | **Bayern** | | **Berlin** | **Brandenburg** | | **Bremen** | **Hamburg** | **Hessen** | **Mecklenburg-Vorpommern** |
|---|---|---|---|---|---|---|---|---|---|---|---|
| **ME-PolG** | **BPolG** | **PolG BW** | **Bay PAG** | **Bay LStVG** | **Bln ASOG** | **Bbg PolG** | **Bbg OBG** | **Brem PolG** | **Hbg SOG** | **HSOG** | **SOG MV** |
| § 10d II | – | § 42 VI iVm § 8 II 2 Nr. 3 BW-LDSG | – | – | § 46 II | § 49 I iVm § 9 Bbg-DSG | – | § 36e III iVm § 14 Brem-DSG | § 27 I 4, 8 II Hbg-DSG | § 24 II | – |
| § 10d III | § 33 VII 1 iVm § 10 III BDSG | – | Art. 46 III | Art. 26 III 1 Bay-DSG | – | § 49 I iVm § 9 Bbg-DSG | – | § 36e I | § 27 II HbgPol-EDVG iVm § 11 II 1, 2 Hbg-DSG | – | – |
| § 10e I | § 34 I 1 und 2 | § 39 I 1–3 | Art. 43 I 1, 2, 3 | – | § 28 I 1 und 2 | § 40 I | – | § 36h | § 22 I, HbgPol-EDVG | § 25 I | § 43 I |
| § 10e II | § 34 II | § 39 II | Art. 43 II | – | § 28 II | – | – | – | § 22 III HbgPol-EDVG | § 25 III | § 43 II |
| § 10f I | – | § 40 I | Art. 44 I, II 3 | – | § 47 I 1 und 3 | § 46 I, II 1 | – | § 36i I, II 5 | § 23 I HbgPol-EDVG | § 26 I | § 44 I |
| § 10f II | – | § 40 II | Art. 44 II 1 und 2 | – | § 47 II | § 46 II | – | § 36i II 2, 3, 4 | § 23 II 2, 3 HbgPol-EDVG | § 26 II | § 44 II |
| § 10f III | – | § 40 IV | Art. 44 VI | – | § 47 III | § 46 III | – | § 36i IV | § 23 III HbgPol-EDVG | § 26 III | § 44 III |
| § 10f IV | – | § 40 III 1 | Art. 44 III 1 | – | § 47 IV 1 | § 46 IV | – | § 36i III 1 | § 23 IV 1 Hbg-Pol-EDVG | § 26 IV | § 44 IV |
| § 10g I | § 35 I 1, 2 | § 46 II iVm § 22 I BW LDSG | Art. 45 I 1, 2 | Art. 11 BayDS-G | § 48 I | § 47 I | § 23 Nr. 2 iVm § 47 I Bbg-PolG | § 36k I | § 24 I HbgPol-EDVG | § 45 I | – |
| § 10g II | § 35 II, III | § 46 I 1 | Art. 45 II | Art. 12 I Bay-DSG | § 48 II 1 | § 47 II, III | § 23 Nr. 2 iVm § 47 II Bbg-PolG | § 36k II 1, IV | § 24 II HbgPol-EDVG | § 45 II | § 45 I |

| | Nieder-sachsen | Nordrhein-Westfalen | | Rhein-land-Pfalz | Saarland | Sachsen | Sachsen-Anhalt | Schles-wig-Hol-stein | Thüringen | |
|---|---|---|---|---|---|---|---|---|---|---|
| **MEPolG** | **NSOG** | **PolG NW** | **OBG NW** | **POG RP** | **Saarl PolG** | **Sächs PolG** | **SOG LSA** | **LVwG SH** | **Thür PAG** | **Thür OBG** |
| § 10d II | § 42 IV iVm § 12 II 3 NDSG | – | – | § 36 | – | § 48 I iVm § 10 I Sächs-DSG | – | – | – | – |
| § 10d III | – | § 33 IV | – | § 36 iVm § 7 III DSG NW | § 35 III | § 48 I | – | § 194 III | § 42 II | – |
| § 10e I | § 45 I | § 25 I | – | § 37 I, II 1 | § 36 I 1, 2 | § 46 I 1–3 | § 30 I 1, 2, 3 | § 195 I 1, 2, 3 | § 43 I | – |
| § 10e II | – | – | – | – | § 36 II | § 46 II | § 30 III | § 195 II | – | – |
| § 10f I | § 45a I 1, 3 | § 31 I 1 | – | § 38 I | § 37 I | § 47 I 1 | § 31 I | § 195a I | § 44 I | – |
| § 10f II | § 45a I | § 31 II | – | § 38 II | § 37 II | § 47 II | § 31 II | § 195a III 1–3 | § 44 II | – |
| § 10f III | – | § 31 III 2 – 4 | – | § 38 IV | § 37 III | § 47 VI 1 | § 31 III | § 195a IV 1, 2 | § 44 III | – |
| § 10f IV | § 45a II 1 | § 31 IV | – | § 38 III | § 37 IV | § 47 III 2 | § 31 IV 1 | § 195a II 1 | § 44 IV 1 | – |
| § 10g I | § 48 iVm § 17 I NDSG | § 32 I | § 24 Nr. 12 iVm § 32 I PolG NW | § 39 I 1, 2 | § 38 I | § 49, § 19 I 1, 2 Sächs-DSG | – | § 196 I 1, 2 | § 45 I 1, 2 | § 26 iVm § 14 Thür-DSG |
| § 10g II | §§ 39a S. 1, 48 iVm § 17 II 1 NDSG | § 32 II 1 | § 24 Nr. 12 iVm § 32 II 1 PolG NW | § 39 II 1 | § 38 II | § 49, § 20 I Sächs-DSG | § 32 II 1 | § 196 II 1 | § 45 II | § 26 iVm § 16 I Nr. 1, 3 Thür-DSG |

| | **Bund** | **Baden-Württemberg** | **Bayern** | | **Berlin** | **Brandenburg** | | **Bremen** | **Hamburg** | **Hessen** | **Mecklenburg-Vorpommern** |
|---|---|---|---|---|---|---|---|---|---|---|---|
| **ME-PolG** | **BPolG** | **PolG BW** | **Bay PAG** | **Bay LStVG** | **Bln ASOG** | **Bbg PolG** | **Bbg OBG** | **Brem PolG** | **Hbg SOG** | **HSOG** | **SOG MV** |
| § 10g III | § 35 VIII | § 46 I 2 iVm §§ 23 III, 22 II LDSG | Art. 45 I 3 | Art. 12 V Bay-DSG | § 48 V | § 47 IV | § 23 Nr. 2 iVm § 47 IV Bbg-PolG | – | § 24 V HbgPol-EDVG | – | § 45 II |
| § 10g IV | § 35 VI 1 und 2 | § 46 I 2 iVm § 23 IV BW LDSG | Art. 45 III | – | § 48 VI | § 47 V | § 23 Nr. 2 iVm § 47 V Bbg-PolG | § 36k VI | § 24 IV HbgPol-EDVG | – | – |
| § 10g V | § 35 IX | § 46 I 2 iVm § 23 III BW LDSG | Art. 45 IV iVm Art. 6 II Bay-ArchivG | Art. 12 VIII Bay-DSG | § 48 VII | § 47 VI | § 23 Nr. 2 iVm § 47 VI Bbg-PolG | – | § 24 VI HbgPol-EDVG | – | – |
| § 10h I | § 36 I, II 1 | – | Art. 47 I 1, 2 | – | §§ 49 I, II, 48 II 1 Nr. 2 iVm § 19 II Nr. 1–4, 6 und 7 Bln-DSG | § 48 II iVm § 8 BbgDS-G | § 23 Nr. 2 iVm § 48 II BbgPol-G iVm § 8 Bbg-DSG | § 36j S. 1 iVm § 8 Brem-DSG | § 26 I, II 1, 2 HbgPol-EDVG | – | – |
| § 10h II | § 36 III | – | Art. 37 III 1, 47 II | – | § 49 III | § 48 I | § 23 Nr. 2 iVm § 48 I Bbg-PolG | § 36j S. 2 | § 26 III HbgPol-EDVG | – | – |
| § 11 I | § 25 I | §§ 27 I, 60 III | Art. 15 I | – | § 20 I | § 15 I | § 23 iVm § 15 I Bbg-PolG | § 12 I | § 11 I Hbg-SOG; § 7 IV HbgPol-EDVG | § 30 I | § 50 I |
| § 11 II | § 25 II | §§ 27 II, 60 III | Art. 15 II | – | § 20 II | § 15 II | § 23 iVm § 15 II Bbg-PolG | § 12 II | § 11 II | § 30 II | § 50 II |

| | **Niedersachsen** | **Nordrhein-Westfalen** | | **Rheinland-Pfalz** | **Saarland** | **Sachsen** | **Sachsen-Anhalt** | **Schleswig-Holstein** | **Thüringen** | |
|---|---|---|---|---|---|---|---|---|---|---|
| **MEPolG** | **NSOG** | **PolG NW** | **OBG NW** | **POG RP** | **Saarl PolG** | **Sächs PolG** | **SOG LSA** | **LVwG SH** | **Thür PAG** | **Thür OBG** |
| § 10g III | § 48 iVm § 17 IV NDSG | § 32 IV | § 24 Nr. 12 iVm § 32 IV PolG NW | § 39 I 3 | § 38 III | § 49, § 20 V Sächs DSG | – | § 196 IV | § 45 III | § 26 Nr. 3 iVm §§ 14, 17 Thür-DSG |
| § 10g IV | § 39a S. 2 | § 32 V | § 24 Nr. 12 iVm § 32 V PolG NW | § 39 III | § 38 IV | § 49, § 20 IV Sächs-DSG | § 32 VII, VIII | § 196 V | § 45 IV | § 26 iVm §§ 15 I Nr. 2, 16 IV Nr. 1 Thür-DSG |
| § 10g V | § 48 iVm § 17 I 2 NDSG | § 36 VI | § 24 Nr. 13 iVm § 36 VI PolG NW | – | § 38 V | § 49, § 20 III SächsD-SG | § 32 IX | § 196 VI 1 | § 45 V | § 26 iVm § 16 III Thür-DSG |
| § 10h I | § 46 I iVm § 8 S. 1 NDSG | § 33 II iVm § 8 I, § 9 II 1,5 DSG NW | | § 41 II 1, III 1, 2 | § 39 II, III 1, 2 | § 50 I, II | – | § 197 II | § 46 I, II 1, 2 | § 26 iVm § 10 II Thür-DSG |
| § 10h II | § 46 II | § 33 I | | § 41 I | § 39 I | § 93 III 1–3 | – | § 197 I | § 46 III | – |
| § 11 I | § 16 I | § 10 I | § 24 Nr. 2 iVm § 10 I PolG NW | § 12 I 1 | § 11 II | § 18 II | § 35 I | § 199 I | § 17 I | § 16 IV 1 |
| § 11 II | § 16 II | § 10 II | § 24 Nr. 2 iVm § 10 II PolG NW | § 12 II | § 11 III | § 18 IV | § 35 II | § 199 II | § 17 II | § 16 IV 2, 3 |

| | **Bund** | **Baden-Württemberg** | **Bayern** | | **Berlin** | **Brandenburg** | | **Bremen** | **Hamburg** | **Hessen** | **Mecklenburg-Vorpommern** |
|---|---|---|---|---|---|---|---|---|---|---|---|
| **ME-PolG** | **BPolG** | **PolG BW** | **Bay PAG** | **Bay LStVG** | **Bln ASOG** | **Bbg PolG** | **Bbg OBG** | **Brem PolG** | **Hbg SOG** | **HSOG** | **SOG MV** |
| § 11 III | § 25 III | §§ 27 III, 60 III | Art. 15 III | – | § 20 III | § 15 III | – | § 12 III | § 11 III | § 30 III | § 50 III |
| § 11 IV | – | – | Art. 15 IV | – | – | § 15 IV | § 23 iVm § 15 IV BbgPolG | – | – | – | § 50 IV |
| § 11 V | § 25 IV | §§ 27 IV, 60 III | – | – | § 20 IV | – | – | § 12 IV | § 11 V | – | § 50 VI |
| § 12 | § 38 | § 27a I | Art. 16 | – | § 29 I | § 16 I, II | § 23 iVm § 16 I, II BbgPolG | § 14 I, II | § 12a | § 31 I | § 52 I |
| § 13 I | § 39 I | §§ 28 I, 60 III | Art. 17 I | – | § 30 I | § 17 I | § 23 iVm § 17 I BbgPolG | § 15 I | § 13 I Nr. 1, 2 | § 32 I | § 55 I |
| § 13 II | § 39 II | – | Art. 17 II | – | § 30 II | § 17 II | § 23 iVm § 17 II BbgPolG | § 15 II | § 13 II | § 32 II | § 55 II |
| § 13 III | § 39 III | – | Art. 17 III | – | § 30 III | § 17 III | § 23 iVm § 17 III BbgPolG | § 15 III | § 13 III | § 32 III | § 55 III |
| § 14 I | § 40 I | § 28 III 2, 3, § 60 III | Art. 18 I | – | § 31 I | § 18 I | § 23 iVm § 18 I BbgPolG | § 16 I, II | § 13a I | § 33 I | § 56 V |

| | **Nieder-sachsen** | **Nordrhein-Westfalen** | | **Rhein-land-Pfalz** | **Saarland** | **Sachsen** | **Sachsen-Anhalt** | **Schles-wig-Hol-stein** | **Thüringen** | |
|---|---|---|---|---|---|---|---|---|---|---|
| **MEPolG** | **NSOG** | **PolG NW** | **OBG NW** | **POG RP** | **Saarl PolG** | **Sächs PolG** | **SOG LSA** | **LVwG SH** | **Thür PAG** | **Thür OBG** |
| § 11 III | § 16 III | § 10 III 1 | § 24 Nr. 2 iVm § 10 III 1 PolG NW | § 12 III | § 11 IV | § 18 V | § 35 III | § 199 III | § 17 III | § 16 V 1 |
| § 11 IV | – | § 10 IV | § 24 Nr. 2 iVm § 10 IV PolG NW | § 12 IV | § 11 I 3 | § 18 VIII, IX | – | § 199 IV | § 17 IV | – |
| § 11 V | § 16 IV | § 10 V | § 24 Nr. 2 iVm § 10 V PolG NW | § 12 V | – | § 18 VII | § 35 V | § 199 VI | – | § 16 VI |
| § 12 | § 17 I | § 34 I | § 24 Nr. 13 iVm § 34 I PolG NW | § 13 I | § 12 I | § 21 I | § 36 I | § 201 I | § 18 I | § 17 I |
| § 13 I | § 18 I | § 35 I Nr. 1, 2 | § 24 Nr. 13 iVm § 35 I Nr. 1, 2 PolG NW | § 14 I | § 13 I | § 22 I | § 37 I | § 204 I | § 19 I | – |
| § 13 II | § 18 III | § 35 II | § 24 Nr. 13 iVm § 35 II PolG NW | § 14 II | § 13 II | § 22 II | § 37 II | § 204 II | § 19 II | – |
| § 13 III | § 18 II | § 35 III | § 24 Nr. 13 iVm § 35 III PolG NW | § 14 III | § 13 III | § 22 III | § 37 III | § 204 III | § 19 III | – |
| § 14 I | § 19 I | § 36 I | § 24 Nr. 13 iVm § 36 I PolG NW | § 15 I | § 14 I | § 22 VII 1, 2 | § 38 I | §§ 204 VI, 181 IV 1, 2 | § 20 I | – |

| | Bund | Baden-Württemberg | Bayern | | Berlin | Brandenburg | | Bremen | Hamburg | Hessen | Mecklenburg-Vorpommern |
|---|---|---|---|---|---|---|---|---|---|---|---|
| **ME-PolG** | **BPolG** | **PolG BW** | **Bay PAG** | **Bay LStVG** | **Bln ASOG** | **Bbg PolG** | **Bbg OBG** | **Brem PolG** | **Hbg SOG** | **HSOG** | **SOG MV** |
| § 14 II | § 40 II | §§ 28 IV 1 und 2, 60 III | Art. 18 III 1 und 3 | – | § 31 III 1 und 2 | § 18 II | § 23 iVm § 18 II Bbg-PolG | § 16 III | § 13a II 1, 2 | § 33 II | § 56 V |
| § 15 I | § 41 I | §§ 28 II, 60 III | Art. 19 I 1 | – | § 32 I 1 | § 19 I | § 23 iVm § 19 I Bbg-PolG | § 17 I 1 | § 13b I | § 34 I | § 56 I |
| § 15 II | § 41 II | § 1 II 1 PolD-VO | Art. 19 II | – | § 32 II | § 19 II | § 23 iVm § 19 II Bbg-PolG | § 17 II, III | § 13b II | § 34 II | § 56 II |
| § 15 III | § 41 III | § 1 I 1, 2 HS 1, III Pol-DVO | Art. 19 III | – | § 32 III | § 19 III | § 23 iVm § 19 III Bbg-PolG | § 15 IV | § 13b III | § 34 III | – |
| § 16 | § 42 I 1 | §§ 28 III 1 und 2, 60 III | Art. 20 S. 1 | – | § 33 I | § 20 I | § 23 iVm § 20 I Bbg-PolG | § 18 | § 13c I | § 35 I | – |
| § 17 I | § 43 I, II | §§ 29 I, 60 III | Art. 21 I | – | § 34 I, II | § 21 I | § 23 iVm § 21 I Bbg-PolG | § 19 I | § 15 I | § 36 I | § 53 I |
| § 17 II | § 43 III | §§ 29 II, 60 III | Art. 21 II | – | § 34 III 1 | § 21 II | § 23 iVm § 21 II Bbg-PolG | § 19 III | § 15 II | § 36 III | – |
| § 17 III | § 43 IV | §§ 29 III, 60 III | Art. 21 III | – | § 34 IV | § 21 III | § 23 iVm § 21 III Bbg-PolG | § 19 IV | § 15 III | § 36 IV | § 54 II |

| | **Nieder-sachsen** | **Nordrhein-Westfalen** | | **Rhein-land-Pfalz** | **Saarland** | **Sachsen** | **Sachsen-Anhalt** | **Schles-wig-Hol-stein** | **Thüringen** | |
|---|---|---|---|---|---|---|---|---|---|---|
| **MEPolG** | **NSOG** | **PolG NW** | **OBG NW** | **POG RP** | **Saarl PolG** | **Sächs PolG** | **SOG LSA** | **LVwG SH** | **Thür PAG** | **Thür OBG** |
| § 14 II | § 19 III | § 36 II | § 24 Nr. 13 iVm § 36 II PolG NW | § 15 II | § 14 II | § 22 VIII | § 38 II | §§ 204 VI, 181 IV 3 | § 20 II 1, 2 | – |
| § 15 I | § 20 I | § 37 I | § 24 Nr. 13 iVm § 37 I PolG NW | § 16 I | § 15 I 1 | § 22 IV | § 39 I | § 205 I | § 21 I | – |
| § 15 II | § 20 II | § 37 II | § 24 Nr. 13 iVm § 37 II PolG NW | § 16 II | § 15 II | § 22 V | § 39 II | §§ 205 II, 200 II | § 21 II | – |
| § 15 III | § 20 IV | § 37 III 1 – 3 | § 24 Nr. 13 iVm § 37 III 1 – 3 PolG NW | § 16 III | § 15 III | § 22 VI 1, 2 | § 39 III | § 205 III, IV | § 21 III | – |
| § 16 | § 21 | § 38 I | § 24 Nr. 13 iVm § 38 I PolG NW | § 17 I | § 16 I | § 22 VII 3 - 5 | § 40 I, II | § 204 V | § 22 | – |
| § 17 I | § 22 I | § 39 I | § 24 Nr. 13 iVm § 39 I PolG NW | § 18 I | § 17 I | § 23 I | § 41 I, II | § 202 I | § 23 I | § 18 I |
| § 17 II | § 22 II | § 39 II 1 | § 24 Nr. 13 iVm § 39 II 1 PolG NW | § 18 II | § 17 II | § 23 II | § 41 III 1 | § 202 I Nr. 2 | § 23 II | – |
| § 17 III | § 22 III | § 39 III | § 24 Nr. 13 iVm § 39 III PolG NW | § 18 IV | § 17 III | § 23 III | § 41 IV | § 203 II | § 23 III | § 18 II |

| | Bund | Baden-Württemberg | Bayern | | Berlin | Brandenburg | | Bremen | Hamburg | Hessen | Mecklenburg-Vorpommern |
|---|---|---|---|---|---|---|---|---|---|---|---|
| **ME-PolG** | **BPolG** | **PolG BW** | **Bay PAG** | **Bay LStVG** | **Bln ASOG** | **Bbg PolG** | **Bbg OBG** | **Brem PolG** | **Hbg SOG** | **HSOG** | **SOG MV** |
| § 18 I | § 44 I, III | §§ 30, 60 III | Art. 22 I | – | § 35 I, II | § 22 I | § 23 iVm § 22 I Bbg-PolG | § 20 I | § 15a I | § 37 I, II | § 57 |
| § 18 II | § 44 IV | – | Art. 22 II | – | § 35 III | § 22 II | § 23 iVm § 22 II Bbg-PolG | § 20 II | § 15a II | § 37 III | § 58 |
| § 19 I | § 45 I | §§ 31 I 1, II, 60 III | Art. 23 I | – | § 36 I, II | § 23 I | § 23 iVm § 23 I Bbg-PolG | § 21 I | § 16 I, II | § 38 II | § 59 I, III |
| § 19 II | § 45 II | §§ 31 I 2, 60 III | Art. 23 II | – | § 36 III | § 23 II | § 23 iVm § 23 II Bbg-PolG | § 21 II | § 16 III | § 38 V | § 59 IV |
| § 19 III | § 45 III, IV | – | Art. 23 III | – | § 36 IV | § 23 III | § 23 iVm § 23 III Bbg-PolG | § 21 III | § 16 IV | § 38 VI | § 59 IV |
| § 19 IV | § 45 V | §§ 31 VI, 60 III | Art. 23 IV | – | § 36 V | § 23 IV | § 23 iVm § 23 IV Bbg-PolG | § 21 IV | § 16 V 1 | § 38 VII | § 59 II |
| § 20 I | § 46 I | §§ 31 V 1 und 2, 60 III | Art. 24 I | – | § 37 I | § 24 I | § 23 iVm § 24 I Bbg-PolG | § 22 I | § 16a I | § 39 I | § 59 V |
| § 20 II | § 46 II | §§ 31 VII, 60 III | Art. 24 II | – | § 37 II | § 24 II | § 23 iVm § 24 II Bbg-PolG | § 22 II, VI | § 16a II | § 39 II | § 60 I |

| | **Nieder-sachsen** | **Nordrhein-Westfalen** | | **Rhein-land-Pfalz** | **Saarland** | **Sachsen** | **Sachsen-Anhalt** | **Schles-wig-Hol-stein** | **Thüringen** | |
|---|---|---|---|---|---|---|---|---|---|---|
| **MEPolG** | **NSOG** | **PolG NW** | **OBG NW** | **POG RP** | **Saarl PolG** | **Sächs PolG** | **SOG LSA** | **LVwG SH** | **Thür PAG** | **Thür OBG** |
| § 18 I | § 23 I | § 40 I | § 24 Nr. 13 iVm § 40 I PolG NW | § 19 I | § 18 I | § 24 | § 42 I, II | § 206 | § 24 I | § 19 I |
| § 18 II | § 23 II | § 40 II | § 24 Nr. 13 iVm § 40 II PolG NW | § 19 II | § 18 II | – | § 42 III | § 207 | § 24 II | § 19 II |
| § 19 I | § 24 II | § 41 I | § 24 Nr. 13 iVm § 41 I PolG NW | § 20 I | § 19 I | § 25 II, I 1 | § 43 I, II, III | § 208 I, III | § 25 I | § 20 |
| § 19 II | § 24 IV | § 41 II | § 24 Nr. 13 iVm § 41 II PolG NW | § 20 II | § 19 II | § 25 I 2, III 2 | § 43 V | § 208 IV 1 | § 25 II | § 20 S. 1 |
| § 19 III | § 24 V | § 41 III | § 24 Nr. 13 iVm § 41 III PolG NW | § 20 III | § 19 III | § 25 I 1 | § 43 VI 1 | § 208 IV 2 | § 25 III | – |
| § 19 IV | § 24 VI | § 41 IV | § 24 Nr. 13 iVm § 41 IV PolG NW | § 20 IV | § 19 IV | § 25 I 3 | § 43 VII | § 208 II | § 25 IV | – |
| § 20 I | § 25 I | § 42 I | § 24 Nr. 13 iVm § 42 I PolG NW | § 21 I | § 20 I | § 25 V 1, 2 | § 44 I | § 208 V 1, 2, 3 | § 26 I | § 21 I |
| § 20 II | § 25 II | § 42 II | § 24 Nr. 13 iVm § 42 II PolG NW | § 21 II | § 20 II | § 25 VI 1, 2 | § 44 II | § 209 I | § 26 II | § 21 II |

| | Bund | Baden-Würt-tem-berg | Bayern | | Berlin | Brandenburg | | Bremen | Ham-burg | Hessen | Meck-len-burg-Vor-pom-mern |
|---|---|---|---|---|---|---|---|---|---|---|---|
| **ME-PolG** | **BPolG** | **PolG BW** | **Bay PAG** | **Bay LStVG** | **Bln ASOG** | **Bbg PolG** | **Bbg OBG** | **Brem PolG** | **Hbg SOG** | **HSOG** | **SOG MV** |
| § 20 III | § 46 III | §§ 31 VIII, 60 III | Art. 24 III | – | § 37 III | § 24 III | § 23 iVm § 24 III Bbg-PolG | § 22 III, VI | § 16a III | § 39 III | § 60 II |
| § 20 IV | § 46 IV | § 2 I, III Pol-DVO | Art. 24 IV | – | § 37 IV | § 24 IV | § 23 iVm § 24 IV Bbg-PolG | § 22 IV, VI | § 16a IV | § 39 IV | § 60 III |
| § 20 V | § 46 V | – | Art. 24 V | – | § 37 V | § 20 V | § 23 iVm § 20 V Bbg-PolG | § 22 V, VI | § 16a V | § 39 V | § 60 IV |
| § 21 | § 47 | §§ 32 I, 60 III | Art. 25 | – | § 38 | § 25 | § 23 iVm § 25 Bbg-PolG | § 23 | § 14 I 1 | § 40 | § 61 I |
| § 22 I | § 48 I | § 3 I 1, 2 Pol-DVO | Art. 26 I | – | § 39 I | § 26 I | § 23 iVm § 26 I Bbg-PolG | § 24 I | § 14 III 1, 2 | § 41 I | § 62 V |
| § 22 II | § 48 II | §§ 32 II, 60 III | Art. 26 II | – | § 39 II | § 26 II | § 23 iVm § 26 II Bbg-PolG | § 24 II | § 14 II | § 41 II | § 62 II |
| § 22 III | § 48 III | § 3 I 1 HS 2 Pol-DVO | Art. 26 III | – | § 39 III | § 26 III | § 23 iVm § 26 III Bbg-PolG | § 24 III | – | § 41 III | § 63 I |
| § 22 IV | § 48 IV | – | Art. 26 IV | – | § 39 IV | § 26 IV | § 23 iVm § 26 IV Bbg-PolG | – | – | § 41 IV | § 63 II |

| | Nieder-sachsen | Nordrhein-Westfalen | | Rhein-land-Pfalz | Saarland | Sachsen | Sachsen-Anhalt | Schles-wig-Hol-stein | Thüringen | |
|---|---|---|---|---|---|---|---|---|---|---|
| **MEPolG** | **NSOG** | **PolG NW** | **OBG NW** | **POG RP** | **Saarl PolG** | **Sächs PolG** | **SOG LSA** | **LVwG SH** | **Thür PAG** | **Thür OBG** |
| § 20 III | § 25 III | § 42 III | § 24 Nr. 13 iVm § 42 III PolG NW | § 21 III | § 20 III | § 25 VI 3 | § 44 III | § 209 II | § 26 III | § 21 III |
| § 20 IV | § 25 IV | § 42 IV | § 24 Nr. 13 iVm § 42 IV PolG NW | § 21 IV | § 20 IV | § 25 VII 1–5 | § 44 IV | § 209 III | § 26 IV | § 21 IV |
| § 20 V | § 25 V | § 42 V | § 24 Nr. 13 iVm § 42 V PolG NW | § 21 V | § 20 V | § 25 VII 6 | § 44 V 1 | § 209 IV | § 26 V | § 21 V |
| § 21 | § 26 | § 43 | § 24 Nr. 13 iVm § 43 PolG NW | § 22 | § 21 | § 26 I | § 45 | § 210 I | § 27 | § 22 I |
| § 22 I | § 27 I | § 44 I | § 24 Nr. 13 iVm § 44 I PolG NW | § 23 I | § 22 I | § 29 I 1, 2 | § 46 I | § 211 V | § 28 I | § 23 I |
| § 22 II | § 27 II | § 44 II | § 24 Nr. 13 iVm § 44 II PolG NW | § 23 II | § 22 II | – | § 46 II | § 211 II | § 28 II | § 23 II |
| § 22 III | – | § 44 III | § 24 Nr. 13 iVm § 44 III PolG NW | § 23 III | § 22 III | § 29 I 1 2.HS | § 46 III | § 212 I 1, 2 | § 28 III | § 23 III |
| § 22 IV | – | § 44 IV | § 24 Nr. 13 iVm § 44 IV PolG NW | § 23 IV | 22 IV | – | § 46 IV | § 212 II | § 28 IV | § 23 IV |

| | **Bund** | **Baden-Würt-tem-berg** | **Bayern** | | **Berlin** | **Brandenburg** | | **Bremen** | **Ham-burg** | **Hessen** | **Meck-len-burg-Vor-pom-mern** |
|---|---|---|---|---|---|---|---|---|---|---|---|
| **ME-PolG** | **BPolG** | **PolG BW** | **Bay PAG** | **Bay LStVG** | **Bln ASOG** | **Bbg PolG** | **Bbg OBG** | **Brem PolG** | **Hbg SOG** | **HSOG** | **SOG MV** |
| § 23 I | § 49 I | § 3 II 1 Pol-DVO | Art. 27 I | – | § 40 I | § 27 I | § 23 iVm § 27 I Bbg-PolG | § 25 I | § 14 IV | § 42 I | § 64 I |
| § 23 II | § 49 II | § 3 II 4 Pol-DVO | Art. 27 II | – | § 40 II | § 27 II | § 23 iVm § 27 II Bbg-PolG | § 25 II | – | § 42 II | § 64 II |
| § 23 III | § 49 III | § 3 II 3 Pol-DVO | Art. 27 III | – | § 40 III | § 27 III | § 23 iVm § 27 III Bbg-PolG | § 25 III | § 14 V 1, 2, 4 | § 42 III | – |
| § 23 IV | § 49 IV | – | Art. 27 IV | – | § 40 IV | § 27 IV | § 23 iVm § 27 IV Bbg-PolG | § 25 IV | § 14 VI | § 42 IV | § 64 IV |
| § 24 I | § 50 I | 32 IV | Art. 28 I | – | § 41 I | § 28 I | § 23 iVm § 28 I Bbg-PolG | § 26 I | § 14 III 1 | § 43 I | § 61 I |
| § 24 II | § 50 II | § 3 II 2 Pol-DVO, § 34 II 4 | Art. 28 II | – | § 41 II | § 28 II | § 23 iVm § 28 II Bbg-PolG | § 26 II | § 14 V 4, 5 | § 43 II | – |
| § 24 III | § 50 III | § 3 I 3, 4 Pol-DVO, § 34 IV | Art. 28 III 2, 3 | – | § 41 III 1–5 | § 28 III | § 23 iVm § 28 III Bbg-PolG | § 26 III | § 14 III 3, 4, 5, V 4 | § 43 III | – |
| § 24 IV | § 50 IV | – | Art. 28 IV | – | § 41 IV | § 28 IV | § 23 iVm § 28 IV Bbg-PolG | § 26 IV | – | § 43 IV | – |

| | Nieder-sachsen | Nordrhein-Westfalen | | Rhein-land-Pfalz | Saarland | Sachsen | Sachsen-Anhalt | Schles-wig-Hol-stein | Thüringen | |
|---|---|---|---|---|---|---|---|---|---|---|
| **MEPolG** | **NSOG** | **PolG NW** | **OBG NW** | **POG RP** | **Saarl PolG** | **Sächs PolG** | **SOG LSA** | **LVwG SH** | **Thür PAG** | **Thür OBG** |
| § 23 I | § 28 I | § 45 I | § 24 Nr. 13 iVm § 45 I PolG NW | § 24 I | § 23 I | § 29 II 1 | § 47 I | § 213 I | § 29 I | § 24 I |
| § 23 II | § 28 II | § 45 II | § 24 Nr. 13 iVm § 45 II PolG NW | § 24 II | § 23 II | § 29 II 3 | § 47 II | § 213 II 2, 3 | § 29 II | § 24 II |
| § 23 III | § 28 III | § 45 III | § 24 Nr. 13 iVm § 45 III PolG NW | § 24 III | § 23 III | § 28 II 1, IIa | § 47 III | § 213 II 1, III | § 29 III | § 24 III |
| § 23 IV | § 28 IV | § 45 IV | § 24 Nr. 13 iVm § 45 IV PolG NW | § 24 IV | § 23 IV | § 28 III | § 47 IV | § 213 IV | § 29 IV | § 24 IV |
| § 24 I | § 29 I | § 46 I | § 24 Nr. 13 iVm § 46 I PolG NW | § 25 I | § 24 I | – | § 48 I | – | § 30 I | § 25 I |
| § 24 II | § 29 II | § 46 II | § 24 Nr. 13 iVm § 46 II PolG NW | § 25 II | § 24 II | § 28 IV 2 | § 48 II | – | § 30 II | § 25 II |
| § 24 III | § 29 III | § 46 III | § 24 Nr. 13 iVm § 46 III PolG NW | § 25 III | § 24 III | § 28 IV 1 | § 48 III 1, 2, 4, 6, 7 | – | § 30 III | § 25 III |
| § 24 IV | § 29 IV | § 46 IV | § 24 Nr. 13 iVm § 46 IV PolG NW | § 25 IV | § 24 IV | – | § 48 IV | – | § 30 IV | § 25 IV |

| | Bund | Baden-Württemberg | Bayern | | Berlin | Brandenburg | | Bremen | Hamburg | Hessen | Mecklenburg-Vorpommern |
|---|---|---|---|---|---|---|---|---|---|---|---|
| **ME-PolG** | **BPolG** | **PolG BW** | **Bay PAG** | **Bay LStVG** | **Bln ASOG** | **Bbg PolG** | **Bbg OBG** | **Brem PolG** | **Hbg SOG** | **HSOG** | **SOG MV** |
| § 25 I | – | § 60 V | Art. 50 I | – | § 52 I | § 50 I | § 2 | § 37 I | § 5 I Hbg-VwVG | § 44 I | § 82a I |
| § 25 II | – | – | Art. 50 III | – | § 52 III | § 50 II | § 2 | § 37 II | § 5 II Hbg-VwVG | § 44 III | § 82a II |
| § 25 III | – | – | Art. 50 IV | – | § 52 IV | § 50 III | § 2 | § 37 III | § 5 III Hbg-VwVG | – | § 82a III |
| § 26 I | – | – | Art. 51 I | – | § 53 I | § 51 I | § 2 | § 38 I | – | § 45 I | § 82b I |
| § 26 II | – | – | Art. 51 II | – | § 53 II | § 51 II | § 2 | § 38 II | – | § 45 II | § 82b II |
| § 26 III | – | – | Art. 51 IV | – | § 53 III | § 51 III | § 2 | § 38 III | – | § 45 III | § 82b III |
| § 27 I | – | – | Art. 52 I | – | § 54 I | § 52 I | § 2 | § 39 I | – | § 46 I | § 82c I |
| § 27 II | – | – | Art. 52 II | – | § 54 II | § 52 II | § 2 | § 39 II | – | § 46 II | § 82c II |
| § 27 III | – | – | Art. 52 III | – | § 54 III | § 52 III | § 2 | § 39 III | – | § 46 III | § 82c III |
| § 28 I | § 6 I VwVG | §§ 2 I, 18 LVwVG | Art. 53 I | Art. 19 I Bay-Vw-ZVG | § 5a S. 1 BlnVw-VfG iVm § 6 I VwVG | § 53 I | – | § 11 I Brem-VwVG; 40 I Nr. 2 Brem-PolG | §§ 14, 18 I Hbg-VwVG | § 47 I | § 80 I |
| § 28 II | § 6 II VwVG | – | Art. 53 II | – | § 5a S. 1 BlnVw-VfG iVm § 6 II VwVG | § 53 II | – | § 11 II Brem-VwVG | – | § 47 II | § 81 I |

| | **Nieder-sachsen** | **Nordrhein-Westfalen** | | **Rhein-land-Pfalz** | **Saarland** | **Sachsen** | **Sachsen-Anhalt** | **Schles-wig-Hol-stein** | **Thüringen** | |
|---|---|---|---|---|---|---|---|---|---|---|
| **MEPolG** | **NSOG** | **PolG NW** | **OBG NW** | **POG RP** | **Saarl PolG** | **Sächs PolG** | **SOG LSA** | **LVwG SH** | **Thür PAG** | **Thür OBG** |
| § 25 I | § 51 I | § 47 I | § 2 iVm<br>§ 47 I<br>PolG<br>NW | § 96 I | § 41 I | § 61 I | § 50 I | § 168 II<br>1 Nr. 1 | § 48 I | – |
| § 25 II | § 51 II | § 47 II | § 2 iVm<br>§ 47 II<br>PolG<br>NW | § 96 II | § 41 II | § 61 II | § 50 II | § 34 II 2 | § 48 II | – |
| § 25 III | § 51 III | § 47 III | § 2 iVm<br>§ 47 III<br>PolG<br>NW | § 96 III | § 41 III | § 61 III | § 50 III | § 32 I | § 48 III | – |
| § 26 I | § 52 I | § 48 I | § 2 iVm<br>§ 48 I<br>PolG<br>NW | § 97 I | § 42 I | § 62 I | § 51 I | – | § 49 I | – |
| § 26 II | § 52 II | § 48 II | § 2 iVm<br>§ 48 II<br>PolG<br>NW | § 97 II | § 42 II | § 62 II | § 51 II | – | § 49 II | – |
| § 26 III | § 52 III | § 48 III | § 2 iVm<br>§ 48 III<br>PolG<br>NW | § 97 III | § 42 III | § 62 III | § 51 III | – | § 49 III | – |
| § 27 I | § 53 I | § 49 I | § 2 iVm<br>§ 49 I<br>PolG<br>NW | § 98 I | § 43 I | § 63 I | § 52 I | – | § 50 I | – |
| § 27 II | § 53 II | § 49 II | § 2 iVm<br>§ 49 II<br>PolG<br>NW | § 98 II | § 43 II | § 63 II | § 52 II | – | § 50 II | – |
| § 27 III | § 53 III | § 49 III | § 2 iVm<br>§ 49 III<br>PolG<br>NW | § 98 III | § 43 III | § 63 III | § 52 III | – | § 50 III | – |
| § 28 I | § 64 I | § 50 I | § 55 I<br>VwVG<br>NW | § 61 I<br>VwVG<br>RP | § 44 I | § 30 I,<br>§ 2<br>Sächs-<br>VwVG | § 53 I | §§ 228<br>I, 229 I | § 51 I | – |
| § 28 II | § 64 II | § 50 II | § 55 II<br>VwVG<br>NW | § 61 II<br>VwVG<br>RP | § 44 II | – | § 53 II | § 230 I<br>1, 2 | § 51 II | – |

| | **Bund** | **Baden-Württemberg** | **Bayern** | | **Berlin** | **Brandenburg** | | **Bremen** | **Hamburg** | **Hessen** | **Mecklenburg-Vorpommern** |
|---|---|---|---|---|---|---|---|---|---|---|---|
| **ME-PolG** | **BPolG** | **PolG BW** | **Bay PAG** | **Bay LStVG** | **Bln ASOG** | **Bbg PolG** | **Bbg OBG** | **Brem PolG** | **Hbg SOG** | **HSOG** | **SOG MV** |
| § 29 I | § 9 I VwVG | § 19 I LVwVG | Art. 54 I | Art. 29 II BayVw-ZVG | § 5a S. 1 BlnVw-VfG iVm § 9 I VwVG | § 54 I 1 | – | § 13 I Brem-VwVG | § 14 Hbg-VwVG | § 48 I | § 86 I |
| § 29 II | – | – | Art. 54 II | – | – | § 54 I 2 | – | § 17 I | § 18 II Hbg-VwVG | § 48 II | – |
| § 29 III | § 13 VI 1 VwVG | § 19 IV LVwVG | Art. 54 III | Art. 37 I 1 und 2 Bay-Vw-ZVG | § 5a S. 1 BlnVw-VfG iVm § 13 VI 1 VwVG | § 54 II 1, 2 | – | § 17 VI Brem-VwVG | § 15 II Hbg-VwVG | § 48 III | § 86 II |
| § 30 I | § 10 VwVG | § 25 LVwVG | Art. 55 I 1 | Art. 32 S. 1 BayVw-ZVG | § 5a S. 1 BlnVw-VfG iVm § 10 VwVG | § 55 I | – | § 15 Brem-VwVG | § 19 I 1 Hbg-VwVG | § 49 I | § 89 I |
| § 30 II | – | § 31 V LVwVG | Art. 55 II | – | – | § 55 II | – | § 19 III Brem-VwVG; § 40 I Nr. 1 iVm § 26 III Brem-PolG | § 19 II Hbg-VwVG | § 49 II | § 89 II |

| | Niedersachsen | Nordrhein-Westfalen | | Rheinland-Pfalz | Saarland | Sachsen | Sachsen-Anhalt | Schleswig-Holstein | Thüringen | |
|---|---|---|---|---|---|---|---|---|---|---|
| **MEPolG** | **NSOG** | **PolG NW** | **OBG NW** | **POG RP** | **Saarl PolG** | **Sächs PolG** | **SOG LSA** | **LVwG SH** | **Thür PAG** | **Thür OBG** |
| § 29 I | § 65 I | § 51 I | § 57 I VwVG NW | § 62 I VwVG RP | § 45 I | § 19 II Sächs-VwVG | § 54 I | § 235 I | § 52 I | § 8 II Nr. 3 OBG, § 6 S. 2 Thürvollzugs-dienst-VO, § 44 II Thür-VwZVG |
| § 29 II | § 65 II | § 51 II | § 57 II VwVG NW | - | § 45 II | – | § 54 II | – | § 52 II | – |
| § 29 III | § 65 III | § 51 III 1 | § 57 III 1 VwVG NW | § 62 III 1 VwVG RP | § 45 III | § 19 V 1 Sächs-VwVG | § 54 III | § 235 II | § 52 III | § 8 II Nr. 3 OBG, § 6 S. 2 Thürvollzugs-dienst-VO, § 47 II Thür-VwZVG |
| § 30 I | § 66 I | § 52 I 1 | § 59 I VwVG NW | § 63 I VwVG RP | § 46 I | § 24 I 1 Sächs-VwVG | § 55 I 1 | § 238 I | § 53 I | § 8 II Nr. 3 OBG, § 6 S. 2 Thürvollzugs-dienst-VO, § 50 I Thür-VwZVG |
| § 30 II | § 66 II | § 52 II | § 59 II VwVG NW | § 63 II VwVG RP | § 46 II | § 24 II, III Sächs-VwVG | § 55 II | § 238 II | § 53 II | § 8 II Nr. 3 OBG, § 6 S. 2 Thürvollzugs-dienst-VO, § 50 II, III Thür-VwZVG |

| | **Bund** | **Baden-Württemberg** | **Bayern** | | **Berlin** | **Brandenburg** | | **Bremen** | **Hamburg** | **Hessen** | **Mecklenburg-Vorpommern** |
|---|---|---|---|---|---|---|---|---|---|---|---|
| **ME-PolG** | **BPolG** | **PolG BW** | **Bay PAG** | **Bay LStVG** | **Bln ASOG** | **Bbg PolG** | **Bbg OBG** | **Brem PolG** | **Hbg SOG** | **HSOG** | **SOG MV** |
| § 31 I | § 11 III VwVG | § 23 LVwVG | Art. 56 I | Art. 31 I, II 1 BayVw-ZVG | § 5a S. 3 Bln-Vwv-VfG iVm § 11 III VwVG | § 56 I | – | § 14 II 1 Brem-VwVG | § 20 II Hbg-VwVG | § 50 I | § 88 II, III |
| § 31 II | – | – | Art. 56 II | – | – | § 56 II | – | § 18 I, II Brem-VwVG | – | § 50 II | – |
| § 31 III | – | – | Art. 56 III | Art. 31 III 1 BayVw-ZVG | – | § 56 III | – | § 19 IV, V Brem-VwVG | § 26 I Hbg-VwVG | § 50 III | – |
| § 32 I | § 16 I 1, II VwVG | § 24 I 1, II LVwVG | Art. 57 I | Art. 33 I, II BayVw-ZVG | § 5a S. 1 BlnVw-VfG iVm § 16 I 1, II VwVG | § 57 I | – | § 20 I, II, III Brem-VwVG | §§ 24, 25 I Hbg-VwVG | § 51 I | § 91 I |
| § 32 II | § 16 III VwVG | § 24 III LVwVG | Art. 57 II | Art. 33 III BayVw-ZVG | § 5a S. 1 BlnVw-VfG iVm § 16 III VwVG | § 57 II | – | § 20 IV Brem-VwVG | § 25 II 3 Hbg-VwVG | § 52 II | § 91 II |

| | Nieder-sachsen | Nordrhein-Westfalen | | Rhein-land-Pfalz | Saarland | Sachsen | Sachsen-Anhalt | Schles-wig-Hol-stein | Thüringen | |
|---|---|---|---|---|---|---|---|---|---|---|
| **MEPolG** | **NSOG** | **PolG NW** | **OBG NW** | **POG RP** | **Saarl PolG** | **Sächs PolG** | **SOG LSA** | **LVwG SH** | **Thür PAG** | **Thür OBG** |
| § 31 I | § 67 I | § 53 I | § 60 I 1 VwVG NW | § 64 II 1, 2 VwVG RP | § 47 I | § 22 I Sächs-VwVG | § 56 I | § 237 II, III | § 54 I | § 8 II Nr. 3 OBG, § 6 S. 2 Thürvoll-zugs-dienst-VO, § 48 II 1 Thür-VwZVG |
| § 31 II | § 67 II 1 | § 53 II | § 60 II VwVG NW | § 64 II 4 VwVG RP | § 47 II | § 22 II Sächs-VwVG | § 56 II | – | § 54 II | – |
| § 31 III | § 67 II 2 | § 53 III 1 – 2 | § 60 III VwVG NW | § 64 III VwVG RP | – | – | § 56 III | – | § 54 III | § 8 II Nr. 3 OBG, § 6 S. 2 Thürvoll-zugs-dienst-VO, § 48 III 1 Thür-VwZVG |
| § 32 I | § 68 I | § 54 I | § 61 I VwVG NW | § 67 I VwVG-RP | § 48 I | § 23 I 1, II Sächs-VwVG | § 57 I | § 240 I | § 55 I | § 8 II Nr. 3 OBG, § 6 S. 2 Thürvoll-zugs-dienst-VO, § 49 I, II Thür-VwZVG |
| § 32 II | § 68 II | § 54 II | § 61 II VwVG NW | § 67 II VwVG RP | § 48 II | § 23 III Sächs-VwVG | § 57 II | § 240 II | § 55 II | § 8 II Nr. 3 OBG, § 6 S. 2 Thürvoll-zugs-dienst-VO, § 49 III Thür-VwZVG |

| | **Bund** | **Baden-Württemberg** | **Bayern** | | **Berlin** | **Brandenburg** | | **Bremen** | **Hamburg** | **Hessen** | **Mecklenburg-Vorpommern** |
|---|---|---|---|---|---|---|---|---|---|---|---|
| **ME-PolG** | **BPolG** | **PolG BW** | **Bay PAG** | **Bay LStVG** | **Bln ASOG** | **Bbg PolG** | **Bbg OBG** | **Brem PolG** | **Hbg SOG** | **HSOG** | **SOG MV** |
| § 33 I | § 12 VwVG | § 52 I 1 | Art. 58 I | Art. 34 S. 1 BayVw-ZVG | § 5a S. 1 BlnVw-VfG iVm § 12 VwVG | § 58 I | – | § 16 Brem-VwVG; § 40 II Brem-PolG | § 14c) Hbg-VwVG | § 52 I | – |
| § 33 II | – | – | Art. 58 II | – | – | § 58 II | – | § 41 V 2 | – | § 52 II | – |
| § 34 I | § 13 I VwVG | § 20 I LVwVG | Art. 59 I | Art. 36 I BayVw-ZVG | § 5a S. 1 BlnVw-VfG iVm § 13 I VwVG | § 59 I | – | § 17 I Brem-VwVG | §§ 18 II, 27 Hbg-VwVG | § 53 I | § 87 I, II |
| § 34 II | § 13 II VwVG | § 20 II LVwVG | Art. 59 II | Art. 36 II BayVw-ZVG | § 5a S. 1 BlnVw-VfG iVm § 13 II VwVG | § 59 II | – | § 17 II Brem-VwVG | § 18 II 2 Hbg-VwVG | § 53 II | § 87 III |
| § 34 III | § 13 III VwVG | § 20 III LVwVG | Art. 59 III | Art. 36 III BayVw-ZVG | § 5a S. 1 BlnVw-VfG iVm § 13 III VwVG | § 59 III | – | § 17 III Brem-VwVG | – | § 53 III | § 87 IV |

| | **Nieder-sachsen** | **Nordrhein-Westfalen** | | **Rhein-land-Pfalz** | **Saarland** | **Sachsen** | **Sachsen-Anhalt** | **Schles-wig-Hol-stein** | **Thüringen** | |
|---|---|---|---|---|---|---|---|---|---|---|
| **MEPolG** | **NSOG** | **PolG NW** | **OBG NW** | **POG RP** | **Saarl PolG** | **Sächs PolG** | **SOG LSA** | **LVwG SH** | **Thür PAG** | **Thür OBG** |
| § 33 I | § 69 VI | § 55 I | § 62 I VwVG NW | § 65 I VwVG RP | § 49 I 1 | § 32 I 1, V | § 58 VI | § 239 | § 56 I | – |
| § 33 II | § 69 VII | § 55 II | § 62 II VwVG NW | § 65 III VwVG RP | § 49 I 2 | – | § 58 VII | – | § 56 II | – |
| § 34 I | § 70 I | § 56 I | § 63 I VwVG NW | § 66 I VwVG RP | § 50 I | § 20 I Sächs-VwVG | § 59 I | § 236 I, II | § 57 I | § 8 II Nr. 3 OBG, § 6 S. 2 Thürvoll-zugs-dienst-VO, § 46 I Thür-VwZVG |
| § 34 II | § 70 II | § 56 II | § 63 II VwVG NW | § 66 II VwVG RP | § 50 II | § 20 II Sächs-VwVG | § 59 II | § 236 III | § 57 II | § 8 II Nr. 3 OBG, § 6 S. 2 Thürvoll-zugs-dienst-VO, § 46 II Thür-VwZVG |
| § 34 III | § 70 III | § 56 III | § 63 III VwVG NW | § 66 III 1, 2 VwVG RP | § 50 III | § 20 III Sächs-VwVG | § 59 III | § 236 IV 1, 2 | § 57 III | § 8 II Nr. 3 OBG, § 6 S. 2 Thürvoll-zugs-dienst-VO, § 46 III 1 Thür-VwZVG |

| | **Bund** | **Baden-Württemberg** | **Bayern** | | **Berlin** | **Brandenburg** | | **Bremen** | **Hamburg** | **Hessen** | **Mecklenburg-Vorpommern** |
|---|---|---|---|---|---|---|---|---|---|---|---|
| **ME-PolG** | **BPolG** | **PolG BW** | **Bay PAG** | **Bay LStVG** | **Bln ASOG** | **Bbg PolG** | **Bbg OBG** | **Brem PolG** | **Hbg SOG** | **HSOG** | **SOG MV** |
| § 34 IV | § 13 IV 1 VwVG | § 20 V LVwVG | Art. 59 IV | Art. 36 IV 1 BayVw-ZVG | § 5a S. 1 BlnVw-VfG iVm § 13 IV 1 VwVG | § 59 IV | – | § 17 V Brem-VwVG | – | § 53 IV | § 87 |
| § 34 V | § 13 V VwVG | § 20 IV LVwVG | Art. 59 V | Art. 36 V BayVw-ZVG | § 5a S. 1 BlnVw-VfG iVm § 13 V VwVG | § 59 V | – | § 17 IV Brem-VwVG | – | § 53 V | § 87 V |
| § 34 VI | § 13 VII VwVG | – | Art. 59 VI | Art. 36 VII BayVw-ZVG | § 5a S. 1 BlnVw-VfG iVm § 13 VII VwVG | § 59 VI | – | § 17 VII Brem-VwVG | – | § 53 VI | – |
| § 35 I | § 1 I UZwG | – | Art. 60 I | Art. 18 I Bay-Vw-ZVG | § 1 I, II UZwG Bln | § 60 I | – | § 40 II | § 17 I, III | § 54 I | § 101 I |

| | **Niedersachsen** | **Nordrhein-Westfalen** | | **Rheinland-Pfalz** | **Saarland** | **Sachsen** | **Sachsen-Anhalt** | **Schleswig-Holstein** | **Thüringen** | |
|---|---|---|---|---|---|---|---|---|---|---|
| **MEPolG** | **NSOG** | **PolG NW** | **OBG NW** | **POG RP** | **Saarl PolG** | **Sächs PolG** | **SOG LSA** | **LVwG SH** | **Thür PAG** | **Thür OBG** |
| § 34 IV | § 70 IV | § 56 IV | § 63 IV VwVG NW | § 66 IV VwVG RP | § 50 IV | § 20 V SächsVwVG | § 59 IV | § 236 VI 1 | § 57 IV | § 8 II Nr. 3 OBG, § 6 S. 2 Thürvollzugsdienst-VO, § 46 V 1 ThürVwZVG |
| § 34 V | § 70 V | § § 56 V | § 63 V VwVG NW | § 66 V VwVG RP | § 50 V | § 20 IV SächsVwVG | § 59 V | § 236 V | § 57 V | § 8 II Nr. 3 OBG, § 6 S. 2 Thürvollzugsdienst-VO, § 46 IV ThürVwZVG |
| § 34 VI | § 70 VI | § 56 VI | § 63 VI VwVG NW | § 66 VI VwVG RP | § 50 VI | – | § 59 VI | – | § 57 VI | § 8 II Nr. 3 OBG, § 6 S. 2 Thürvollzugsdienst-VO, § 46 VI ThürVwZVG |
| § 35 I | § 72 I | § 57 I | – | § 57 II | § 51 | § 32 V | § 60 I | § 250 I | § 58 I | § 8 II Nr. 3 OBG, § 6 S. 2 Thürvollzugsdienst-VO, § 51 II 1 ThürVwZVG, § 58 I PAG |

| | **Bund** | **Baden-Württemberg** | **Bayern** | | **Berlin** | **Brandenburg** | | **Bremen** | **Hamburg** | **Hessen** | **Mecklenburg-Vorpommern** |
|---|---|---|---|---|---|---|---|---|---|---|---|
| **ME-PolG** | **BPolG** | **PolG BW** | **Bay PAG** | **Bay LStVG** | **Bln ASOG** | **Bbg PolG** | **Bbg OBG** | **Brem PolG** | **Hbg SOG** | **HSOG** | **SOG MV** |
| § 35 II | § 1 II UZwG | – | Art. 60 II | – | § 1 III UZwG Bln | § 60 II | – | § 40 IV | – | § 54 II | § 101 II |
| § 36 I | § 2 I UZwG | § 50 I | Art. 61 I | – | § 2 I UZwG Bln | § 61 I | – | § 41 I | § 18 I | § 55 I | § 102 I |
| § 36 II | § 2 II UZwG | – | Art. 61 II | – | § 2 II UZwG Bln | – | – | § 41 II | § 18 II | § 55 II | § 102 II |
| § 36 III | § 2 III UZwG | § 50 II iVm zu § 50 II VwV PolG | Art. 61 III | – | § 2 III UZwG Bln | § 61 II | – | § 41 III | § 18 III | § 55 III | § 102 III |

| | **Nieder-sachsen** | **Nordrhein-Westfalen** | | **Rhein-land-Pfalz** | **Saarland** | **Sachsen** | **Sachsen-Anhalt** | **Schles-wig-Hol-stein** | **Thüringen** | |
|---|---|---|---|---|---|---|---|---|---|---|
| **MEPolG** | **NSOG** | **PolG NW** | **OBG NW** | **POG RP** | **Saarl PolG** | **Sächs PolG** | **SOG LSA** | **LVwG SH** | **Thür PAG** | **Thür OBG** |
| § 35 II | § 72 II | § 57 II | § 75 VwVG NW | § 57 IV | – | – | § 60 II | § 250 II | § 58 II | § 8 II Nr. 3 OBG, § 6 S. 2 Thürvollzugs-dienst-VO, § 51 II 1 ThürVw-ZVG, § 58 II PAG |
| § 36 I | § 69 I | § 58 I | § 67 I VwVG NW | § 58 I | § 49 II | § 31 I | § 58 I | § 251 I | § 59 I | § 8 II Nr. 3 OBG, § 6 S. 2 Thürvollzugs-dienst-VO, § 51 II 1 ThürVw-ZVG, § 59 I PAG |
| § 36 II | § 69 II | § 58 II | § 67 II VwVG NW | § 58 II | § 49 III | – | § 58 II | § 251 II | § 59 II | § 8 II Nr. 3 OBG, § 6 S. 2 Thürvollzugs-dienst-VO, § 51 II 1 ThürVw-ZVG, § 59 II PAG |
| § 36 III | § 69 III | § 58 III | § 67 III VwVG NW | § 58 III | § 49 IV | § 31 II 1 | § 58 III | § 251 III | § 59 III | § 8 II Nr. 3 OBG, § 6 S. 2 Thürvollzugs-dienst-VO, § 51 II 1 ThürVw-ZVG, § 59 III PAG |

| | Bund | Baden-Württemberg | Bayern | | Berlin | Brandenburg | | Bremen | Hamburg | Hessen | Mecklenburg-Vorpommern |
|---|---|---|---|---|---|---|---|---|---|---|---|
| **ME-PolG** | **BPolG** | **PolG BW** | **Bay PAG** | **Bay LStVG** | **Bln ASOG** | **Bbg PolG** | **Bbg OBG** | **Brem PolG** | **Hbg SOG** | **HSOG** | **SOG MV** |
| § 36 IV | § 2 IV UZwG | § 50 II iVm zu § 50 II VwV PolG | Art. 61 IV 1 | – | § 2 IV UZwG Bln | § 61 III | – | § 41 IV | § 18 IV | § 55 IV | § 102 IV |
| § 37 I | § 7 I UZwG | – | Art. 62 I | – | § 6 I UZwG Bln | § 62 I | – | § 42 I | § 20 I | § 56 I | § 104 I |
| § 37 II | § 7 II UZwG | – | Art. 62 II | – | § 6 II UZwG Bln | § 62 II | – | § 42 II | § 20 II | § 56 II | § 104 II |
| § 37 III | § 7 III UZwG | – | Art. 62 III | – | § 6 III UZwG Bln | § 62 III | – | § 42 III | § 20 III | § 56 III | § 104 III |

| | **Nieder-sachsen** | **Nordrhein-Westfalen** | | **Rhein-land-Pfalz** | **Saarland** | **Sachsen** | **Sachsen-Anhalt** | **Schles-wig-Hol-stein** | **Thüringen** | |
|---|---|---|---|---|---|---|---|---|---|---|
| **MEPolG** | **NSOG** | **PolG NW** | **OBG NW** | **POG RP** | **Saarl PolG** | **Sächs PolG** | **SOG LSA** | **LVwG SH** | **Thür PAG** | **Thür OBG** |
| § 36 IV | § 69 IV | § 58 IV | § 67 IV VwVG NW | § 58 IV | § 49 V 1 | § 31 III | § 58 IV 1 | § 251 IV | § 59 IV 1 | - ; vgl. § 8 II Nr. 3 OBG, § 6 S. 2 Thürvoll-zugs-dienst-VO, § 51 II 2 ThürVw-ZVG |
| § 37 I | § 72 I | § 59 I | § 71 I VwVG NW | § 59 I | § 52 I | – | § 61 I | § 253 I | § 60 I | § 8 II Nr. 3 OBG, § 6 S. 2 Thürvoll-zugs-dienst-VO, § 51 II 1 ThürVw-ZVG, § 60 I PAG |
| § 37 II | § 72 II | § 59 II | § 71 II VwVG NW | § 59 II | § 52 II | – | § 61 II | § 253 II | § 60 II | § 8 II Nr. 3 OBG, § 6 S. 2 Thürvoll-zugs-dienst-VO, § 51 II 1 ThürVw-ZVG, § 60 II PAG |
| § 37 III | § 72 III | § 59 III | § 71 III VwVG NW | § 59 III | § 52 III | – | § 61 III | § 253 III | § 60 III | § 8 II Nr. 3 OBG, § 6 S. 2 Thürvoll-zugs-dienst-VO, § 51 II 1 ThürVw-ZVG, § 60 III PAG |

| | **Bund** | **Baden-Württemberg** | **Bayern** | | **Berlin** | **Brandenburg** | | **Bremen** | **Hamburg** | **Hessen** | **Mecklenburg-Vorpommern** |
|---|---|---|---|---|---|---|---|---|---|---|---|
| **ME-PolG** | **BPolG** | **PolG BW** | **Bay PAG** | **Bay LStVG** | **Bln ASOG** | **Bbg PolG** | **Bbg OBG** | **Brem PolG** | **Hbg SOG** | **HSOG** | **SOG MV** |
| § 37 IV | § 7 IV UZwG | – | Art. 62 IV | – | § 6 IV UZwG Bln | § 62 IV | – | – | § 20 IV | § 56 IV | § 104 IV |
| § 38 | § 5 UZwG | – | Art. 63 | – | § 5 UZwG Bln | § 63 | – | § 43 | § 21 | § 57 | § 105 |
| § 39 I | § 13 I 1, 2 UZwG | § 52 II | Art. 64 I | – | § 10 UZwG Bln | § 64 I | – | § 44 I | § 22 I | § 58 I | – |
| § 39 II | – | – | Art. 64 II | – | – | § 64 II | – | § 44 II | § 22 II | § 58 II | – |

| | **Nieder-sachsen** | **Nordrhein-Westfalen** | | **Rhein-land-Pfalz** | **Saarland** | **Sachsen** | **Sachsen-Anhalt** | **Schles-wig-Hol-stein** | **Thüringen** | |
|---|---|---|---|---|---|---|---|---|---|---|
| **MEPolG** | **NSOG** | **PolG NW** | **OBG NW** | **POG RP** | **Saarl PolG** | **Sächs PolG** | **SOG LSA** | **LVwG SH** | **Thür PAG** | **Thür OBG** |
| § 37 IV | § 72 IV | § 59 IV | § 71 IV VwVG NW | § 59 IV | § 52 IV | – | § 61 IV | § 253 IV | § 60 IV | § 8 II Nr. 3 OBG, § 6 S. 2 Thürvoll-zugs-dienst-VO, § 51 II 1 ThürVw-ZVG, § 60 IV PAG |
| § 38 | § 73 | § 60 | § 72 VwVG NW | § 60 | § 53 | – | § 62 | § 254 | § 61 | § 8 II Nr. 3 OBG, § 6 S. 2 Thürvoll-zugs-dienst-VO, § 51 II 1 ThürVw-ZVG, § 61 PAG |
| § 39 I | § 74 I | § 61 I | § 69 I VwVG NW | § 61 I | § 54 I | § 32 II | § 63 I | § 259 I | § 62 I | § 8 II Nr. 3 OBG, § 6 S. 2 Thürvoll-zugs-dienst-VO, § 51 II 1 ThürVw-ZVG, § 62 I 1, 2 PAG |
| § 39 II | § 74 II | § 61 II | – | § 61 II | § 54 II | § 32 III | § 63 II | § 259 II | § 62 II | - ; vgl. § 8 II Nr. 3 OBG, § 6 S. 2 Thürvoll-zugs-dienst-VO, § 51 II 2 ThürVw-ZVG |

| | **Bund** | **Baden-Württemberg** | **Bayern** | | **Berlin** | **Brandenburg** | | **Bremen** | **Hamburg** | **Hessen** | **Mecklenburg-Vorpommern** |
|---|---|---|---|---|---|---|---|---|---|---|---|
| **ME-PolG** | **BPolG** | **PolG BW** | **Bay PAG** | **Bay LStVG** | **Bln ASOG** | **Bbg PolG** | **Bbg OBG** | **Brem PolG** | **Hbg SOG** | **HSOG** | **SOG MV** |
| § 39 III | § 13 I 3, II UZwG | – | Art. 64 III | – | § 21 UZwG-Bln | § 64 III | – | § 44 III, IV | § 22 III | § 58 III | – |
| § 40 | § 8 UZwG | – | Art. 65 | – | § 20 I UZwG Bln | § 65 | – | § 45 | § 23 | § 59 | § 106 |
| § 41 I | § 12 I UZwG | § 53 I | Art. 66 I | – | § 9 I UZwG Bln | § 66 I | – | § 46 I | § 24 I | § 60 I | § 108 I |
| § 41 II | § 12 II 1 UZwG | § 54 II | Art. 66 II | – | § 9 II 1 UZwG Bln | § 66 II | – | § 46 II | §§ 24 II 1, 25 II 1 | § 60 II | § 108 II |

| | **Nieder-sachsen** | **Nordrhein-Westfalen** | | **Rhein-land-Pfalz** | **Saarland** | **Sachsen** | **Sachsen-Anhalt** | **Schles-wig-Hol-stein** | **Thüringen** | |
|---|---|---|---|---|---|---|---|---|---|---|
| **MEPolG** | **NSOG** | **PolG NW** | **OBG NW** | **POG RP** | **Saarl PolG** | **Sächs PolG** | **SOG LSA** | **LVwG SH** | **Thür PAG** | **Thür OBG** |
| § 39 III | § 74 III | § 61 III | – | § 61 III | § 54 III, IV | § 32 IV | § 63 III, IV | § 259 III | § 62 III | § 8 II Nr. 3 OBG, § 6 S. 2 Thürvoll-zugs-dienst-VO, § 51 II 1 ThürVw-ZVG, § 62 III 1, 3 PAG |
| § 40 | § 75 | § 62 S. 1 | § 73 VwVG NW | § 62 S. 1 | § 55 | – | § 64 | § 255 | § 63 S. 1 | § 8 II Nr. 3 OBG, § 6 S. 2 Thürvoll-zugs-dienst-VO, § 51 II 1 ThürVw-ZVG, § 63 S. 1 PAG |
| § 41 I | § 76 I | § 63 I | – | § 63 I | §§ 56 I, 57 I 1 | § 33 I | § 65 I | § 257 I | § 64 I | - ; vgl. § 8 II Nr. 3 OBG, § 6 S. 2 Thürvoll-zugs-dienst-VO, § 51 II 2 ThürVw-ZVG |
| § 41 II | § 76 II | § 63 II | – | § 63 II | § 57 I | § 34 I Nr. 2, 3, II | § 65 II | § 258 I | § 64 II | - ; vgl. § 8 II Nr. 3 OBG, § 6 S. 2 Thürvoll-zugs-dienst-VO, § 51 II 2 ThürVw-ZVG |

| | **Bund** | **Baden-Württemberg** | **Bayern** | | **Berlin** | **Brandenburg** | | **Bremen** | **Hamburg** | **Hessen** | **Mecklenburg-Vorpommern** |
|---|---|---|---|---|---|---|---|---|---|---|---|
| **ME-PolG** | **BPolG** | **PolG BW** | **Bay PAG** | **Bay LStVG** | **Bln ASOG** | **Bbg PolG** | **Bbg OBG** | **Brem PolG** | **Hbg SOG** | **HSOG** | **SOG MV** |
| § 41 III | § 12 III UZwG | – | Art. 66 III | – | § 9 III UZwG Bln | § 66 III | – | § 46 III | § 24 III | § 60 III | § 108 III |
| § 41 IV | § 12 II 2 UZwG | § 53 II | Art. 66 IV | – | § 9 II 2 UZwG Bln I | § 66 IV | – | § 46 IV | § 24 II 2, 3 | § 60 IV | – |
| § 42 I | § 10 I UZwG | § 54 I | Art. 67 I | – | §§ 11–15 UZwG Bln | § 67 I | – | § 47 I | § 25 I | § 61 I | § 109 II |
| § 42 II | – | | Art. 67 II | – | – | § 67 II | – | § 47 II | § 25 III | | – |

| | **Nieder-sachsen** | **Nordrhein-Westfalen** | | **Rhein-land-Pfalz** | **Saarland** | **Sachsen** | **Sachsen-Anhalt** | **Schles-wig-Hol-stein** | **Thüringen** | |
|---|---|---|---|---|---|---|---|---|---|---|
| **MEPolG** | **NSOG** | **PolG NW** | **OBG NW** | **POG RP** | **Saarl PolG** | **Sächs PolG** | **SOG LSA** | **LVwG SH** | **Thür PAG** | **Thür OBG** |
| § 41 III | § 76 III | § 63 III | – | § 63 III | § 56 III | – | § 65 III | § 257 III | § 64 III | - ; vgl. § 8 II Nr. 3 OBG, § 6 S. 2 Thürvoll-zugs-dienst-VO, § 51 II 2 ThürVw-ZVG |
| § 41 IV | § 76 IV | § 63 IV | – | § 63 IV | § 56 II | § 33 II | § 65 IV | § 257 II | § 64 IV | - ; vgl. § 8 II Nr. 3 OBG, § 6 S. 2 Thürvoll-zugs-dienst-VO, § 51 II 2 ThürVw-ZVG |
| § 42 I | § 77 I | § 64 I | – | § 64 I | § 57 II | § 34 I | § 66 I | § 258 II | § 65 I | - ; vgl. § 8 II Nr. 3 OBG, § 6 S. 2 Thürvoll-zugs-dienst-VO, § 51 II 2 ThürVw-ZVG |
| § 42 II | § 77 II | § 64 II | – | § 64 II | § 57 III | § 34 III | § 66 II | § 258 III | § 65 II 1 | - ; vgl. § 8 II Nr. 3 OBG, § 6 S. 2 Thürvoll-zugs-dienst-VO, § 51 II 2 ThürVw-ZVG |

| | Bund | Baden-Württemberg | Bayern | | Berlin | Brandenburg | | Bremen | Hamburg | Hessen | Mecklenburg-Vorpommern |
|---|---|---|---|---|---|---|---|---|---|---|---|
| **ME-PolG** | **BPolG** | **PolG BW** | **Bay PAG** | **Bay LStVG** | **Bln ASOG** | **Bbg PolG** | **Bbg OBG** | **Brem PolG** | **Hbg SOG** | **HSOG** | **SOG MV** |
| § 43 I | § 10 II UZwG | § 54 III | Art. 68 I | – | § 16 I UZwG Bln | § 68 I | – | § 46 IV | § 26 I | § 62 I | § 110 I |
| § 43 II | – | – | Art. 68 II | – | – | § 68 II | – | § 46 IV | § 26 II | § 62 II | § 110 II |
| § 44 I | §§ 14, 10 I UZwG | – | Art. 69 I | – | – | – | – | – | – | – | – |
| § 44 II | §§ 12 II 1, 14 UZwG | – | Art. 69 II | – | – | – | – | – | – | – | – |

| | Nieder-sachsen | Nordrhein-Westfalen | | Rhein-land-Pfalz | Saarland | Sachsen | Sachsen-Anhalt | Schles-wig-Hol-stein | Thüringen | |
|---|---|---|---|---|---|---|---|---|---|---|
| **MEPolG** | **NSOG** | **PolG NW** | **OBG NW** | **POG RP** | **Saarl PolG** | **Sächs PolG** | **SOG LSA** | **LVwG SH** | **Thür PAG** | **Thür OBG** |
| § 43 I | § 78 I | § 65 I | – | § 65 I | – | § 34 IV | § 67 I | – | § 66 I | - ; vgl. § 8 II Nr. 3 OBG, § 6 S. 2 Thürvoll-zugs-dienst-VO, § 51 II 2 ThürVw-ZVG |
| § 43 II | § 78 II | § 65 II | – | § 65 II | – | § 34 V | § 67 II | – | § 66 II | - ; vgl. § 8 II Nr. 3 OBG, § 6 S. 2 Thürvoll-zugs-dienst-VO, § 51 II 2 ThürVw-ZVG |
| § 44 I | § 79 I | § 66 I | – | § 66 I | – | – | – | – | § 67 II | - ; vgl. § 8 II Nr. 3 OBG, § 6 S. 2 Thürvoll-zugs-dienst-VO, § 51 II 2 ThürVw-ZVG |
| § 44 II | § 79 II | § 66 II | – | § 66 II | – | – | – | – | § 67 III | - ; vgl. § 8 II Nr. 3 OBG, § 6 S. 2 Thürvoll-zugs-dienst-VO, § 51 II 2 ThürVw-ZVG |

| | **Bund** | **Baden-Württemberg** | **Bayern** | | **Berlin** | **Brandenburg** | | **Bremen** | **Hamburg** | **Hessen** | **Mecklenburg-Vorpommern** |
|---|---|---|---|---|---|---|---|---|---|---|---|
| **ME-PolG** | **BPolG** | **PolG BW** | **Bay PAG** | **Bay LStVG** | **Bln ASOG** | **Bbg PolG** | **Bbg OBG** | **Brem PolG** | **Hbg SOG** | **HSOG** | **SOG MV** |
| § 44 III | § 14 UZwG | 54 IV | Art. 69 III | – | § 8 III UZwG Bln | – | – | – | – | – | – |
| § 44 IV | – | – | Art. 69 IV | – | § 21a UZwG Bln | § 69 | – | § 41 VI | – | § 61 III | § 102 III Hs. 2 |
| § 45 I | § 51 I, II | § 55 I 1 | Art. 70 I, II 1 | Art. 11 I 1, 70 I | § 59 I, II | § 70 iVm § 38 I OBG | § 38 I | § 56 I | § 10 III 1 | § 64 I | § 72 I |
| § 45 II | § 51 III | – | Art. 70 II 1 | Art. 11 I 1, 70 II 1 | § 59 III | – | – | § 56 II | § 10 V | § 64 III | – |
| § 45 III | § 51 IV | § 55 II | Art. 70 V | Art. 11 I 1, 70 V | § 59 IV | § 70 iVm §§ 38 III, 39 V OBG | §§ 38 III, 39 V | § 56 III | – | § 64 IV | – |
| § 46 I | § 52 I | – | Art. 70 VII 1 | Art. 11 I 1, 70 VII 1 | § 60 I | § 70 iVm § 39 I OBG | § 39 I | §§ 57 I | – | § 65 I | § 74 I |
| § 46 II | § 52 II | – | Art. 70 VII 2 | Art. 11 I 1, 70 VII 2 | § 60 II | – | – | §§ 57 I, 58 I | – | § 65 II | – |
| § 46 III | § 52 III | – | Art. 70 VII 4 | Art. 11 I 1, 70 VII 4 | § 60 III | § 70 iVm § 39 II OBG | § 39 II | §§ 57 II, 58 I | § 10 III 1 | § 65 III | § 74 II |

| | Nieder-sachsen | Nordrhein-Westfalen | | Rhein-land-Pfalz | Saarland | Sachsen | Sachsen-Anhalt | Schles-wig-Hol-stein | Thüringen | |
|---|---|---|---|---|---|---|---|---|---|---|
| **MEPolG** | **NSOG** | **PolG NW** | **OBG NW** | **POG RP** | **Saarl PolG** | **Sächs PolG** | **SOG LSA** | **LVwG SH** | **Thür PAG** | **Thür OBG** |
| § 44 III | § 79 III | § 66 III | – | § 66 III | – | – | – | – | § 67 IV | - ; vgl. § 8 II Nr. 3 OBG, § 6 S. 2 Thürvoll-zugs-dienst-VO, § 51 II 2 ThürVw-ZVG |
| § 44 IV | § 79 IV | § 66 IV | – | § 66 IV | § 58 | – | § 68 | – | § 67 V | - ; vgl. § 8 II Nr. 3 OBG, § 6 S. 2 Thürvoll-zugs-dienst-VO, § 51 II 2 ThürVw-ZVG |
| § 45 I | § 80 I | § 67 iVm § 39 I OBG NW | § 39 I | § 68 I | § 68 I | § 52 I 1 | § 69 I | § 221 I | § 68 I | § 52 |
| § 45 II | § 80 II | – | – | § 68 II | § 68 II | – | § 69 III | – | § 68 II | – |
| § 45 III | § 80 III | § 67 iVm § 40 V OBG NW | § 40 V | § 68 III | § 68 III | – | § 69 IV | § 223 VI | § 68 III | – |
| § 46 I | § 81 I | § 67 iVm § 40 I OBG NW | § 40 I | § 69 I | § 69 I | § 53 I | § 70 I | § 223 I | § 69 I | – |
| § 46 II | § 81 II | – | – | § 69 II | § 69 II | § 53 II | § 70 II | – | § 69 II | – |
| § 46 III | § 81 III | § 67 iVm § 40 II OBG NW | § 40 II | § 69 III | § 69 III | § 53 III | § 70 III | § 223 II | § 69 III | – |

| | Bund | Baden-Württemberg | Bayern | | Berlin | Brandenburg | | Bremen | Hamburg | Hessen | Mecklenburg-Vorpommern |
|---|---|---|---|---|---|---|---|---|---|---|---|
| **ME-PolG** | **BPolG** | **PolG BW** | **Bay PAG** | **Bay LStVG** | **Bln ASOG** | **Bbg PolG** | **Bbg OBG** | **Brem PolG** | **Hbg SOG** | **HSOG** | **SOG MV** |
| § 46 IV | § 52 IV | – | – | – | § 60 IV | § 70 iVm § 39 III OBG | § 39 III | §§ 57 III, 58 VIII | – | § 65 IV | § 74 III |
| § 46 V | § 52 V | § 55 I 2, 3 | Art. 70 IV, VII 3 | Art. 11 I 1, 70 IV, VII 3 | § 60 V | § 70 iVm § 39 IV OBG | § 39 IV | §§ 56 I 3, 57 IV | – | § 65 V | – |
| § 47 I | § 53 I | – | – | – | § 61 I | – | – | – | – | § 66 I | – |
| § 47 II | § 53 II | – | Art. 70 III | Art. 11 I 1, 70 III | § 61 II | – | – | § 58 III | – | § 66 II | – |
| § 48 | § 54 | – | – | – | § 62 | § 70 iVm § 40 OBG | § 40 | § 59 | – | § 67 | – |
| § 49 I | § 55 I 1 | § 56 S. 1 | Art. 70 VI | Art. 11 I 2 HS 1 | § 63 I | § 70 iVm § 41 I OBG | § 41 I | § 60 I | – | § 68 I | § 75 I |
| § 49 II | – | § 56 S. 2 | Art. 71 I | – | § 63 II | § 70 iVm § 41 I OBG | § 41 I | § 60 II | – | § 68 II | § 75 II |
| § 49 III | § 55 III | – | Art. 71 II | – | § 63 III | § 70 iVm § 41 I OBG | § 41 I | § 60 III | – | § 68 III | § 75 III |
| § 50 I | § 55 I, II | § 57 | Art. 72 II | – | § 64 I | § 70 iVm § 41 II OBG | § 41 II | § 61 I | § 10 IV | § 69 I | – |
| § 50 II | § 55 II 2 | – | – | – | § 64 II | – | – | § 61 II | – | § 69 II | – |
| § 51 | § 56 | § 58 | Art. 73 I, II | – | § 65 | § 70 iVm § 42 I, II OBG | § 42 I, II | § 62 | – | § 70 | § 77 |
| § 52 I | § 64 I | § 78 I 1, 2 | Art. 11 III POG | – | § 8 I | § 77 I | – | § 81 I | § 30a I | § 102 I | § 9 I |

| | Niedersachsen | Nordrhein-Westfalen | | Rheinland-Pfalz | Saarland | Sachsen | Sachsen-Anhalt | Schleswig-Holstein | Thüringen | |
|---|---|---|---|---|---|---|---|---|---|---|
| **MEPolG** | **NSOG** | **PolG NW** | **OBG NW** | **POG RP** | **Saarl PolG** | **Sächs PolG** | **SOG LSA** | **LVwG SH** | **Thür PAG** | **Thür OBG** |
| § 46 IV | § 81 IV | § 67 iVm § 40 III | § 40 III | § 69 IV | § 69 IV | § 53 IV | § 70 IV | § 223 III | § 69 IV | – |
| § 46 V | § 81 V | § 67 i. V. m §§ 39 II lit. b, 40 IV OBG NW | §§ 39 II lit. b, 40 IV | § 69 V | § 69 V | § 53 V | § 70 V | § 223 IV | § 69 V | – |
| § 47 I | § 82 | – | – | § 70 I | § 70 I | § 54 I | § 71 I | § 222 | § 70 I | – |
| § 47 II | – | – | – | § 70 II | § 70 II | § 54 II | § 71 II | – | § 70 II | – |
| § 48 | § 83 | § 67 iVm § 41 OBG NW | § 41 | § 71 | § 71 | – | § 72 I | § 223 V | § 71 | – |
| § 49 I | § 84 I | § 67 iVm § 42 I S. 1 OBG NW | § 42 I S. 1 | § 72 I | § 72 I | § 56 S. 1 | § 73 I | § 224 I | § 72 I | – |
| § 49 II | § 84 II | § 67 iVm § 42 I 2 OBG NW | § 42 I 2 | § 72 II | § 72 II | § 56 S. 2 | § 73 II | – | § 72 II | – |
| § 49 III | § 84 III | § 67 iVm § 42 I 3 OBG NW | § 42 I 3 | § 72 III | § 72 III | – | § 73 III | – | § 72 III | – |
| § 50 I | § 85 I | § 67 iVm § 42 II OBG NW | § 42 II | § 73 I | § 73 I | § 57 I | § 74 I | § 224 II | § 73 I | – |
| § 50 II | § 85 II | – | – | § 73 II | § 73 II | § 57 II | § 74 II | – | § 73 II | – |
| § 51 | § 86 | § 67 iVm § 43 OBG NW | § 43 | § 74 | § 74 | § 58 | § 75 | § 226 | § 74 | – |
| § 52 I | § 103 I | – | – | § 86 I | § 88 I | § 77 I | § 91 I | § 170 I 1, 2 | – | – |

| | **Bund** | **Baden-Württemberg** | **Bayern** | | **Berlin** | **Brandenburg** | | **Bremen** | **Hamburg** | **Hessen** | **Mecklenburg-Vorpommern** |
|---|---|---|---|---|---|---|---|---|---|---|---|
| **ME-PolG** | **BPolG** | **PolG BW** | **Bay PAG** | **Bay LStVG** | **Bln ASOG** | **Bbg PolG** | **Bbg OBG** | **Brem PolG** | **Hbg SOG** | **HSOG** | **SOG MV** |
| § 52 II | § 64 II, III 2–4 | § 78 II | Art. 11 IV POG | – | § 8 II | § 77 II | – | § 81 II | § 30a II | § 102 II | § 9 II |
| § 52 III | § 64 III 1 | § 78 III 1 | Art. 11 V 1 POG | – | § 8 I, II | § 77 III | – | § 81 III | § 30a I, II | § 102 III | – |
| § 53 I | § 65 I | § 79 I 1 | Art. 10 II POG | – | § 7 I | § 76 I | – | § 82 I | § 30b I | | – |
| § 53 II | § 11 IV 1, 2 | § 79 II | Art. 10 III POG | – | § 7 II | § 76 II | – | § 82 II | § 30b II | – | – |

| | Nieder-sachsen | Nordrhein-Westfalen | | Rhein-land-Pfalz | Saarland | Sachsen | Sachsen-Anhalt | Schles-wig-Hol-stein | Thüringen | |
|---|---|---|---|---|---|---|---|---|---|---|
| **MEPolG** | **NSOG** | **PolG NW** | **OBG NW** | **POG RP** | **Saarl PolG** | **Sächs PolG** | **SOG LSA** | **LVwG SH** | **Thür PAG** | **Thür OBG** |
| § 52 II | § 103 II | – | – | § 86 II | § 88 II | § 77 II | § 91 II | § 170 II | – | – |
| § 52 III | § 103 III | – | – | § 86 III 1 | § 88 III | § 77 III Nr. 1 | § 91 III 1 | § 170 III | – | – |
| § 53 I | § 104 I | – | – | § 87 I 1 | § 89 I 1 | § 78 I 1 | § 92 I 1 | § 171 I | – | – |
| § 53 II | § 104 II | – | – | § 87 II | § 89 II | § 78 II | § 92 II | § 171 II | – | – |

## Sachregister

Die Zahlen bezeichnen die Nummer der Fälle.